MEMÓRIA DO FOGO
II. AS CARAS E AS MÁSCARAS

Livros do autor publicados pela **L&PM** EDITORES:

Amares
Bocas do tempo
O caçador de histórias
De pernas pro ar: a escola do mundo ao avesso
Dias e noites de amor e de guerra
Espelhos – uma história quase universal
Fechado por motivo de futebol
Os filhos dos dias
Futebol ao sol e à sombra
O livro dos abraços
Mulheres
As palavras andantes
O teatro do bem e do mal
Trilogia "Memória do fogo" (Série Ouro)
Trilogia "Memória do fogo":
   Os nascimentos (vol. 1)
   As caras e as máscaras (vol. 2)
   O século do vento (vol. 3)
Vagamundo
As veias abertas da América Latina

EDUARDO GALEANO

MEMÓRIA DO FOGO
II. AS CARAS E AS MÁSCARAS

Tradução de Eric Nepomuceno

www.lpm.com.br

Coleção **L&PM** POCKET, vol. 908

Texto de acordo com a nova ortografia.
Título original: *Las caras y las máscaras (Memoria del Fuego, vol. 2)*
A L&PM Editores agradece à Siglo Veintiuno Editores pela cessão da capa e das ilustrações internas deste livro.
Primeira edição no Brasil: Editora Nova Fronteira, 1986
Primeira edição pela L&PM Editores: 1997, em formato 14x21
Primeira edição na Coleção **L&PM** POCKET: novembro de 2010
Esta reimpressão: outubro de 2022

Tradução: Eric Nepomuceno
Projeto gráfico da capa: Tholön Kunst.
Revisão: Flávio Dotti Cesa, Delza Menin e Priscila Amaral

CIP-Brasil. Catalogação na Fonte
Sindicato Nacional dos Editores de Livros, RJ.

G15c

Galeano, Eduardo H., 1940-
  As caras e as máscaras / Eduardo Galeano; tradução de Eric Nepomuceno. – Porto Alegre, RS: L&PM, 2022.
  400p. – (Coleção L&PM POCKET; v. 908)

  Tradução de: *Las caras y las máscaras (Memoria del Fuego, vol. 2)*
  Inclui bibliografia
  ISBN 978-85-254-2086-2

  1. América Latina - História - Miscelânea. 2. América - História - Miscelânea. I. Título. II. Série

10-4861.   CDD: 980
                            CDU: 94(8)

© Eduardo Galeano, 1997, 2010

Todos os direitos desta edição reservados a L&PM Editores
Rua Comendador Coruja 314, loja 9 – Floresta – 90220-180
Porto Alegre – RS – Brasil / Fone: 51.3225.5777

Pedidos & Depto. Comercial: vendas@lpm.com.br
Fale conosco: info@lpm.com.br
www.lpm.com.br

Impresso no Brasil
Primavera de 2022

Sumário

Este livro 21
Gratidões 22
Dedicatória 22

Promessa da América.. 25
1701/*Vale das Salinas* – A pele de Deus 26
1701/*São Salvador, Bahia* – Palavra da América 26
1701/*Paris* – Tentação da América................................. 27
    Sentinela da América... 28
1701/*Ouro Preto* – Artes malabares................................ 29
1703/*Lisboa* – O ouro, passageiro em trânsito 29
1709/*Ilhas de Juan Fernández* – Robinson Crusoé 30
1711/*Paramaribo* – Elas se calaram................................ 32
    Elas levam a vida nos cabelos................................. 32
    O cimarrão... 33
1711/*Murrí* – Não estão sozinhos nunca 34
1711/*Palenque de São Basílio* – O rei negro, o santo branco e sua santa mulher 34
    A maria-palito 35
1712/*Santa Marta* – Da pirataria ao contrabando 36
1714/*Ouro Preto* – O médico das minas 36
1714/*Vila Nova do Príncipe* – Jacinta 37
1716/*Potosí* – Holguín... 38
1716/*Cusco* – Os imagineiros 39
    Maria, Terra-mãe 40
    A Pachamama 40
    Sereias 41
1717/*Quebec* – O homem que não acreditava no inverno.... 41

1717/*Isle Dupas* – Os fundadores 42
    Retábulo dos índios... 43
    Cantos dos índios Chippewa, na região dos
    Grandes Lagos 45
1718/*São José del Rei* – O pelourinho............................ 45
1719/*Potosí* – A peste 46
1721/*Zacatecas* – Para comer Deus 47
    E se por acaso perdes a alma............................... 48
1726/*Baía de Montevidéu* – Montevidéu 49
1735/*Ouro Preto* – Festas 50
1736/Saint John's – O fogaréu... 51
1738/Trelawny Town – Cudjoe.. 52
1739/New Nanny Town – Nanny 52
    Peregrinação na Jamaica 53
1742/*Ilhas de Juan Fernández* – Anson 54
1753/*Rio Serra Leoa* – Cantemos louvores ao Senhor...... 55
1758/*Cap Français* – Macandal 56
1761/*Cisteil* – Canek 57
1761/*Mérida* – Pedaços 58
1761/*Cisteil* – Sagrado milho.. 58
1763/*Buraco de Tatu* – Por que os altivos davam mau
    exemplo... 59
    Comunhão 60
    Retábulo da Bahia... 60
    Tua outra cabeça, tua outra memória................... 61
1763/*Rio de Janeiro* – Aqui 62
1763/*Tijuco* – O mundo dentro de um diamante 63
1763/*Havana* – O progresso... 64
    Creem os escravos 65
    A paineira.. 65
    A palmeira... 66
1766/*Campos de Areco* – Os cavalos cimarrões 67
1767/*Missões* – História dos sete povoados 67
1767/*Missões* – A expulsão dos jesuítas......................... 69

1767/*Missões* – Não deixam que arranquem sua língua 70
1769/*Londres* – O primeiro romance escrito na América 70
    Os índios e os sonhos no romance de Frances
    Brooke.. 71
1769/*Lima* – O vice-rei Amat... 71
1769/*Lima* – A Perricholi... 72
    O relógio dos sabores 73
1771/*Madri* – Encontro de reis 74
1771/*Paris* – O Século das Luzes 75
1771/*Paris* – Os fisiocratas... 76
1771/*Paris* – O ministro francês das colônias explica
    por que não se devem libertar os mulatos de seu
    congênito "estado de humilhação" 77
1772/*Cap Français* – A colônia mais rica da França......... 78
1772/*Léogane* – Zabeth 79
1773/*São Mateus Huitzilopochco* – A força das coisas ... 79
1774/*San Andrés Itzapan* – Dominus vobiscum............... 80
1775/*Cidade da Guatemala* – Sacramentos 81
1775/*Huehuetenango* – Árvores que sabem, sangram,
    falam... 82
1775/*Gado-Saby* – Bonny 82
1776/*Cape Coast Castle* – Prodígios dos alquimistas no
    tráfego africano.. 83
1776/*Pensilvânia* – Paine 84
1776/*Filadélfia* – Os Estados Unidos................................. 85
1776/*Monticello* – Jefferson 86
1777/*Paris* – Franklin 87
    Se ele tivesse nascido mulher 88
1778/*Filadélfia* – Washington... 89
1780/*Bolonha* – Clavijero defende as terras malditas..... 90
1780/*Sangarara* – Arde a América da cordilheira ao mar...91
1780/*Tungasuca* – Túpac Amaru II.................................... 92
1780/*Pomacanchi* – A oficina é um imenso navio........... 93
    Um poema colonial: se triunfam os índios............ 93

1781/*Bogotá* – Os comuneiros.. 94
1781/*Támara* – As planícies 95
1781/*Zipaquirá* – Galán 95
    Romance popular dos comuneiros 96
1781/*Cusco* – O centro da Terra, a casa dos deuses.......... 97
1781/*Cusco* – De pó e pena são os caminhos do Peru...... 97
1781/*Cusco* – Auto sacramental na câmara de torturas 98
1781/*Cusco* – Ordem de Areche contra os trajes incaicos
    e para que falem os índios a língua castelhana 101
1781/*Cusco* – Micaela.. 102
1781/*Cusco* – Sagrada chuva... 102
    Os índios creem:... 104
    Dançam os índios à glória do paraíso 104
1781/*Chincheros* – Pumacahua.. 105
1781/*La Paz* – Túpac Catari 106
1782/*La Paz* – As libertadoras 107
1782/*Guaduas* – Com olhos de vidro,.............................. 108
1782/*Sicuani* – Este maldito nome................................... 109
1783/*Cidade do Panamá* – Pelo amor da morte 109
1783/*Madri* – Reivindicação das mãos 110
1785/*Cidade do México* – O doutor Villarroel contra a
    pulquería 111
    A *pulquería*... 111
    O *pulque* 112
    O *maguey* 113
    A jarra... 113
1785/*Cidade do México* – Sobre a literatura de ficção na
    época colonial.. 114
1785/*Guanajuato* – O vento sopra onde quer e onde
    pode... 114
1785/*Guanajuato* – Retábulo de prata 115
1785/*Lisboa* – A função colonial 116
1785/*Versalhes* – A batata vira uma grande dama.......... 117
    A batata nasceu do amor e do castigo, segundo
    contam nos Andes... 118

1790/*Paris* – Humboldt 119
1790/*Petit Goâve* – Embora tenham terras e escravos ... 119
1791/*Bois Caiman* – Os conjurados do Haiti 120
    Canção haitiana de amor 121
1792/*Rio de Janeiro* – Os conjurados do Brasil 121
1792/*Rio de Janeiro* – Tiradentes 122
1794/*Paris* – "O remédio do homem é o homem", ... 123
1795/*Montanhas do Haiti* – Toussaint 124
1795/*São Domingos* – A ilha queimada 124
1795/*Quito* – Espejo 125
    Assim satirizava Espejo a oratória desses tempos 126
1795/*Montego Bay* – Instrumentos de guerra 127
1795/*Havana* – Imaginou o rebelde da Galileia que seria
    feitor de escravos? 128
1796/*Ouro Preto* – O Aleijadinho 128
1796/*Mariana* – Ataíde 129
1796/*São Salvador da Bahia* – Noite e neve 130
1796/*Caracas* – Compra-se pele branca 130
1796/*San Mateo* – Simón Rodríguez 131
1797/*La Guaira* – O compasso e o esquadro 132
1799/*Londres* – Miranda 133
    Miranda sonha com Catarina da Rússia 134
1799/*Cumaná* – Um par de sábios a lombo de mula 135
1799/*Montevidéu* – O pai dos pobres 136
1799/*Guanajuato* – Vida, paixão e negócios da classe
    dominante 137
1799/*Cidade Real de Chiapas* – Os *tamemes* 138
1799/*Madri* – Fernando Túpac Amaru 138
1800/*Rio Apure* – Rumo ao Orinoco 139
1800/*Esmeralda del Orinoco* – O senhor do veneno 140
    Curare 141
1800/*Uruana* – Terra e sempre 142
1801/*Lagoa Guatavita* – A deusa no fundo das águas 142
1801/*Bogotá* – Mutis 143

1802/*Mar das Antilhas* – Napoleão restabelece a
   escravidão 144
1802/*Pointe-à-Pitre* – Os indignados 145
1802/*Vulcão Chimborazo* – Nos cumes do mundo 146
1803/*Fort Dauphin* – A ilha requeimada 147
1804/*Cidade do México* – A colônia mais rica da
   Espanha 147
1804/*Madri* – O fiscal do Conselho das Índias aconselha a
   não exagerar na venda dos atestados de brancura 148
1804/*Catamarca* – O pecado de Ambrosio 149
1804/*Paris* – Napoleão 150
1804/*Sevilha* – Frei Servando 151
1806/*Ilha de Trinidad* – Aventuras, desventuras 152
1808/*Rio de Janeiro* – É proibido queimar o Judas 153
1809/*Chuquisaca* – O grito 154
1810/*Atotonilco* – A Virgem de Guadalupe contra a
   Virgem dos Remédios 154
1810/*Guanajuato* – O Pípila 155
1810/*Guadalajara* – Hidalgo 156
1810/*Ao Pé da Colina* – Morelos 157
1811/*Buenos Aires* – Moreno 158
1811/*Buenos Aires* – Castelli 159
1811/*Bogotá* – Nariño 159
   Quadrinhas do mundo às avessas, para violão
   acompanhado de cantor 160
1811/*Chilapa* – O barrigudo 161
1811/*Campos da Banda Oriental* – "Ninguém é mais que
   ninguém", ... 162
1811/*Margens do rio Uruguai* – O êxodo 163
1812/*Cochabamba* – Mulheres 164
1812/*Caracas* – Bolívar 164
1813/*Chilpancingo* – A independência é revolução ou é
   mentira 165
1814/*San Mateo* – Boves 166
1815/*San Cristóbal Ecatepec* – O lago vem buscá-lo 167

1815/*Paris* – Navegantes de mares ou bibliotecas 167
1815/*Mérida de Iucatã* – Fernando VII 168
1815/*Curuzú-Cuatiá* – O ciclo do couro no rio da Prata 169
1815/*Buenos Aires* – Os próceres procuram rei na Europa 170
1815/*Acampamento de Purificación* – Artigas 171
1816/*Campos da Banda Oriental* – A reforma agrária ... 172
1816/*Morro de Chicote* – A arte da guerra 173
1816/*Tarabuco* – Juana Azurduy, ... 173
1816/*Port-au-Prince* – Pétion 174
1816/*Cidade do México* – "O Periquito Sarnento" 175
1817/*Santiago do Chile* – Luciferando 176
1817/*Santiago do Chile* – Manuel Rodríguez 176
1817/*Montevidéu* – Imagens para uma epopeia 177
1817/*Quito* – Manuela Sáenz 178
1818/*Acampamento de Colônia* – A guerra dos de baixo 179
1818/*Corrientes* – Andrezinho 179
1818/*Rio Paraná* – Os corsários patriotas 180
1818/*San Fernando de Apure* – A guerra de morte 181
1819/*Angostura* – Gravuras escolares: a Assembleia Constituinte 182
1820/*Paso del Boquerón* – Final 183
 O senhor 184
1821/*Acampamento Laurelty* – São Baltasar, o rei negro, o mais mago 185
1821/*Carabobo* – Páez 185
1822/*Guaiaquil* – San Martín 186
1822/*Buenos Aires* – Pássaro cantor 187
1822/*Rio de Janeiro* – Tráfego louco 188
1822/*Quito* – Doze ninfas esperam por ele na praça maior 188
1823/*Lima* – As mãos se incham de tanto aplaudir 189
1824/*Lima* – Apesar de tudo 190

1824/*Montevidéu* – Crônicas da cidade, a partir da poltrona do barbeiro 191
1824/*Vale de Junín* – A batalha calada 192
1825/*La Paz* – Bolívia.. 192
1825/*Potosí* – Gravuras escolares: o herói no topo 193
1825/*Potosí* – A dívida inglesa vale um potosí................ 194
A maldição do morro de prata 195
1826/*Chuquisaca* – Bolívar e os índios............................. 196
1826/*Chuquisaca* – Maldita seja a imaginação criadora....197
As ideias de Simón Rodríguez "Para ensinar a pensar" 198
1826/*Buenos Aires* – Rivadavia 199
1826/*Panamá* – Pátrias que são solidões 200
1826/*Londres* – Canning 201
1828/*Bogotá* – Aqui a odeiam.. 201
1828/*Bogotá* – Da carta de Manuela Sáenz a seu esposo, James Thorne... 202
1829/*Corrientes* – Bonpland 203
1829/*Assunção do Paraguai* – Francia, o supremo 204
1829/*Rio de Janeiro* – A bola de neve da dívida externa 205
1830/*Rio Magdalena* – Baixa o barco rumo ao mar 206
1830/*Maracaibo* – Proclama o governador:.................... 207
1830/*Guaira* – Divide et impera.. 208
1830/*Montevidéu* – Gravuras escolares: o juramento da Constituição... 209
1830/*Montevidéu* – A pátria ou a tumba 210
1832/*Santiago do Chile* – Indústria nacional 210
Pregões do mercado em Santiago do Chile.......... 211
1833/*Arequipa* – As lhamas 212
1833/*San Vicente* – Aquino.. 213
1834/*Paris* – Tacuabé... 214
1834/*Cidade do México* – Amar é dar 214
1835/*Ilhas Galápagos* – Darwin 215
1835/*Colúmbia* – Texas.. 216

1836/*San Jacinto* – Cresce o mundo livre 217
1836/*El Álamo* – Retratos do herói de fronteira............ 218
1836/*Hartford* – O Colt.. 219
1837/*Cidade da Guatemala* – Morazán........................... 219
1838/*Buenos Aires* – Rosas.. 220
1838/*Buenos Aires* – "O matadouro" 221
    Algo mais sobre o canibalismo na América 222
1838/*Tegucigalpa* – A América Central se quebra em pedaços,... 223
1839/*Copán* – Vende-se cidade sagrada por cinquenta dólares 223
1839/*Havana* – Fala o tambor, dizem os corpos 224
1839/ *Havana* – Anúncios classificados 225
1839/*Valparaíso* – O iluminador....................................... 226
1839/*Veracruz* – "Dai-me por Deus um marido, ainda que velho, manco ou malparido" 227
1840/*Cidade do México* – Baile de máscaras 227
    Alta sociedade mexicana: assim começa uma visita 228
    Pregões ao longo do dia na Cidade do México.... 229
    Alta sociedade mexicana: assim se despede o médico... 230
1840/*Cidade do México* – Assim é iniciada uma freira de clausura 230
1842/*San José da Costa Rica* – Ainda que o tempo te esqueça, a terra não 232
1844/*Cidade do México* – Os galinhos guerreiros........... 233
1844/*Cidade do México* – Santa Anna 234
1845/*Vuelta de Obligado* – A invasão dos comerciantes 235
1847/*Cidade do México* – A conquista 235
1848/*Vila de Guadalupe Hidalgo* – Os conquistadores........ 236
1848/*Cidade do México* – Os irlandeses 237
1848/*Ibiray* – Um velho de poncho branco em uma casa de pedra vermelha 237

José Artigas, segundo Domingo Faustino Sarmiento.. 238
1848/*Buenos Aires* – Os amantes (I)............................... 239
    Os amantes (II)... 241
1848/*Santos Lugares* – Os amantes (III)..................... 241
1848/*Bacalar* – Cecílio Chi.. 241
1849/*Margens do rio Platte* – Um cavaleiro chamado Varíola... 242
1849/*San Francisco* – O ouro da Califórnia................ 243
1849/*O Moinho* – Eles estavam aqui........................... 244
    Cinzas.. 245
1849/*Baltimore* – Poe.. 246
1849/*San Francisco* – As calças de Lévi...................... 246
1850/*San Francisco* – O caminho do desenvolvimento.....247
1850/*Buenos Aires* – O caminho do subdesenvolvimento: o pensamento de Domingo Faustino Sarmiento....248
1850/*Rio da Prata* – Buenos Aires e Montevidéu em meados do século 248
1850/*Paris* – Dumas.. 249
1850/*Montevidéu* – Lautréamont aos quatro............... 250
1850/*Chan Santa Cruz* – Cruz que fala....................... 250
1851/*Latacunga* – "Ando errante e despido..."............. 251
    As ideias de Simón Rodríguez: "Ou inventamos ou estamos perdidos"................................... 252
1851/*La Serena* – Os precursores 253
1852/*Santiago do Chile* – "O que significou a independência para os pobres?", se pergunta, no cárcere, o chileno Santiago Arcos......................... 254
    O povo do Chile canta à glória do paraíso........... 254
1852/*Mendoza* – As linhas da mão............................. 255
1855/*La Cruz* – O tesouro dos jesuítas 256
1853/*Paita* – Os três.. 257
1854/*Amotape* – Conta uma testemunha como Simón Rodríguez se despediu do mundo 258
1855/*Nova York* – Whitman..................................... 258

1855/*Nova York* – Melville 259
1855/*Território Washington* – "Vocês morrerão sufocados por seus próprios excrementos", adverte Seattle, chefe índio 259
    O faroeste 260
1856/*Granada* – Walker 261
1856/*Granada* – Foi 262
    Walker: "em defesa da escravidão" 262
1858/*Fontes do rio Gila* – As terras sagradas dos apaches 263
1858/*Kaskiyeh* – Jerônimo 264
1858/*San Borja* – Que morra a morte 264
1860/*Chan Santa Cruz* – O centro cerimonial dos rebeldes de Iucatã 265
1860/*Havana* – Poeta em crise 266
1861/*Havana* – Braços de açúcar 267
    Palavras de açúcar 268
1861/*Bull Run* – Os cinzas contra os azuis 268
1862/*Fredericksburg* – O lápis da guerra 269
1863/*Cidade do México* – "A Argélia americana" 270
1863/*Londres* – Marx 271
1865/*La Paz* – Belzu 271
    De um discurso de Belzu ao povo boliviano 272
1865/*La Paz* – Melgarejo 273
1865/*La Paz* – O golpe de estado mais rápido da história 273
1865/*Appomattox* – O General Lee submete sua espada de rubis 274
1865/*Washington* – Lincoln 275
1865/*Washington* – Homenagem 277
1865/*Buenos Aires* – A tríplice infâmia 278
1865/*Buenos Aires* – Com baba de aranha teceram a aliança 279
1865/*San José* – Urquiza 280
1866/*Curupaytí* – Mitre 281

1866/*Curupaytí* – O pincel da guerra... 282
1867/*Campos de Catamarca* – Felipe Varela................... 282
1867/*Planícies de La Rioja* – A tortura 283
1867/*La Paz* – Sobre a diplomacia, ciência das relações
  internacionais 284
  Inscrições em uma rocha do Deserto de Atacama ... 285
1867/*Bogotá* – Publica-se um romance chamado
  "Maria" 285
1867/*Querétaro* – Maximiliano 286
1867/*Paris* – Ser ou copiar, este é o problema................ 286
  Cantar do pobre no Equador.. 287
1869/*Cidade do México* – Juárez.. 287
1869/*San Cristóbal de Las Casas* – Não estão mudos nem
  a terra nem o tempo.. 289
1869/*Cidade do México* – Juárez e os índios 289
1869/*Londres* – Lafargue 290
1869/*Acosta Ñú* – Cai o Paraguai, esmagado debaixo das
  patas dos cavalos,.. 291
1870/*Cerro Corá* – Solano López 292
1870/*Cerro Corá* – Elisa Lynch 292
  O Guarani 293
1870/*Buenos Aires* – Sarmiento 294
1870/*Rio de Janeiro* – Mil candelabros multiplicam luzes
  nos espelhos 294
1870/*Rio de Janeiro* – Mauá.. 295
1870/*Vassouras* – Os barões do café................................... 296
1870/*São Paulo* – Nabuco.. 297
1870/*Buenos Aires* – O bairro norte 297
1870/*Paris* – Lautréamont aos vinte e quatro................. 298
1871/*Lima* – Juana Sánchez.. 299
1873/*Acampamento de Tempú* – Os mambises 300
1875/*Cidade do México* – Martí... 301
1875/*Fort Sill* – Os últimos búfalos do sul....................... 302
  O mais além, o mais dentro... 303

1876/*Little Big Horn* – Touro Sentado 304
1876/*Little Big Horn* – Alce Negro 304
1876/*Little Big Horn* – Custer 305
1876/*War Bonnet Creek* – Buffalo Bill............................ 306
1876/*Cidade do México* – Ir embora 307
1877/*Cidade da Guatemala* – O civilizador 307
1879/*Cidade do México* – Os socialistas e os índios 308
1879/*Ilha de Choele-Choel* – A tiros de Remington........ 309
1879/*Buenos Aires* – Martín Fierro e o crepúsculo do gaúcho.. 310
1879/*Port-au-Prince* – Maceo 310
1879/*Ilhas Chinchas* – O guano 311
1879/*Desertos de Atacama e Tarapacá* – O salitre........... 312
1880/*Lima* – Os chineses 312
1880/*Londres* – Reivindicação da preguiça 313
1881/*Lincoln City* – Billy the Kid................................... 314
1882/*Saint Joseph* – Jesse James..................................... 315
1882/*Pradarias de Oklahoma* – O crepúsculo do *cowboy* 315
1882/*Nova York* – Também o senhor pode triunfar na vida.. 316
1882/*Nova York* – A criação segundo John D. Rockefeller... 317
1883/*Bismarck City* – Os últimos búfalos do norte 318
1884/*Santiago do Chile* – O mago das finanças come carne de soldados 319
1884/*Huancayo* – A pátria paga..................................... 319
1885/*Lima* – "O mal vem do alto", diz Manuel González Prada 320
1885/*Cidade do México* – "Tudo é de todos",................ 321
1885/*Colón* – Prestán 322
1886/*Chivilcoy* – O circo.. 323
1886/*Atlanta* – A coca-cola.. 324
1887/*Chicago* – Cada primeiro de maio, serão ressuscitados 324

1889/*Londres* – North 325
1889/*Montevidéu* – O futebol 326
1890/*Rio da Prata* – Os companheiros 327
1890/*Buenos Aires* – Os cortiços 328
    O solitário 329
    Tangando 330
1890/*Hartford* – Mark Twain 330
1890/*Wounded Knee* – Vento de neve 331
    Canto profético dos sioux 332
1891/*Santiago do Chile* – Balmaceda 333
1891/*Washington* – A outra América 334
1891/*Nova York* – O pensamento começa a ser nosso, acha José Martí 335
1891/*Guanajuato* – Cantarranas, 34. Fotografia instantânea 336
1891/*Purísima del Rincón* – Vidas 337
1892/*Paris* – O escândalo do canal 338
1892/*San José de Costa Rica* – Profecia de um jovem poeta da Nicarágua chamado Rubén Darío 338
1893/*Canudos* – Antônio Conselheiro 339
1895/*Cayo Hueso* – Viaja a liberdade dentro de um charuto 340
1895/*Playitas* – O desembarque 341
1895/*Arroyo Hondo* – Serra adentro 342
1895/*Acampamento de Dos Ríos* – O testamento de Martí 343
1895/*Niquinohomo* – Vai-se chamar Sandino 343
1896/*Port-au-Prince* – Disfarces 344
1896/*Boca de Dos Ríos* – Réquiem 345
1896/*Papeete* – Flora Tristán 346
1896/*Bogotá* – José Asunción Silva 346
1896/*Manaus* – A árvore que chora leite 347
1896/*Manaus* – Dourada idade da borracha 348
1897/*Canudos* – Euclides da Cunha 349

1897/*Canudos* – Em cada morto há mais balas que ossos, ... 350
1897/*Rio de Janeiro* – Machado de Assis......................... 351
1898/*Costas de Cuba* – Esta fruta está para cair 352
1898/*Washington* – Dez mil linchamentos 353
1898/*Morro de San Juan* – Teddy Roosevelt 353
1898/*Costas de Porto Rico* – Esta fruta está caindo 354
1898/*Washington* – O presidente McKinley explica que os Estados Unidos devem ficar com as Ilhas Filipinas por ordem direta de Deus...................... 355
1899/*Nova York* – Mark Twain propõe mudar a bandeira 356
1899/*Roma* – Calamity Jane 357
1899/*Roma* – O império nascente exibe os músculos.... 357
1899/*Saint Louis* – Longe... 358
1899/*Rio de Janeiro* – A arte de curar matando 359
1900/*Huanuni* – Patiño 360
1900/*Cidade do México* – Posada 361
1900/*Cidade do México* – Porfirio Díaz 362
1900/*Cidade do México* – Os Flores Magón..................... 363
1900/*Mérida de Iucatã* – O henequém 364
    Do corrido mexicano do vinte e oito batalhão 365
1900/*Tabi* – A serpente de ferro 366
    O profeta.. 366

Fontes 369
Sobre o autor 393

Este livro

é o segundo volume da trilogia *Memória do fogo*. Não se trata de uma antologia, mas de uma obra de criação literária. O autor se propõe a narrar a história da América, e principalmente da América Latina, revelar suas múltiplas dimensões e penetrar em seus segredos. O vasto mosaico chegará, no terceiro volume, até nossos dias. *As caras e as máscaras* abrange os séculos XVIII e XIX.

Na cabeça de cada texto estão indicados o ano e o lugar onde ocorreu o que o episódio narra. No pé, entre parênteses, os números indicam as principais obras que o autor consultou em busca de informação e sinais de referência. A lista das fontes documentais é oferecida ao final do volume.

As transcrições literais aparecem em itálico.

Gratidões

Além dos amigos que aparecem em *Os nascimentos*, e que continuaram colaborando ao longo deste segundo volume, muitos outros facilitaram o acesso do autor à bibliografia necessária. Entre eles, Mariano Baptista Gumucio, Olga Behar, Claudia Canales, Hugo Chumbita, Galeno de Freitas, Horacio de Marsilio, Bud Flakoll, Piruncha e Jorge Galeano, Javier Lentini, Alejandro Losada, Paco Moncloa, Lucho Nieto, Rigoberto Paredes, Rius, Lincoln Silva, Cintio Vitier e René Zavaleta Mercado.

Desta vez, padeceram as agruras da leitura do rascunho Jorge Enrique Adoum, Mario Benedetti, Edgardo Carvalho, Antonio Doñate, Juan Gelman, María Elena Martínez, Ramírez Contreras, Lina Rodríguez, Miguel Rojas-Mix, Nicole Rouan, Pilar Royo, César Salsamendi, José María Valverde e Federico Vogelius. Sugeriram várias mudanças e evitaram bobagens e disparates.

Novamente Helena Villagra acompanhou este trabalho passo a passo, compartilhando voos e tropeços, com misteriosa paciência, até a última linha.

Este livro
é dedicado a Tomás Borge, à Nicarágua.

Yo no sé dónde nací,
ni sé tampoco quién soy.
No sé de dónde he venío
ni sé para dónde voy.

Soy gajo de árbol caído
que no sé dónde cayó.
¿Dónde estarán mis raíces?
¿De qué árbol soy rama yo?

Eu num sei onde nasci,
nem sei quem é que sou.
Num sei donde eu vim
e nem pra donde eu vou.

Sou galho de árvore caído
que num sei donde ficou.
Onde é que estão minhas raízes?
De que árvore galho sou?

(versos populares de Boyacá,
na Colômbia)

Promessa da América

O tigre azul romperá o mundo.
Outra terra, a que não tem mal, a que não tem morte, vai nascer da aniquilação desta terra. Ela pede que seja assim. Pede a morte, pede o nascimento, esta terra velha e ofendida. Ela está cansadíssima e, de tanto chorar por dentro, ficou cega. Moribunda, atravessa os dias, lixo do tempo, e quando é noite inspira piedade às estrelas. Logo, logo, o Pai Primeiro escutará as súplicas do mundo, terra querendo ser outra, e então soltará o tigre azul que dorme debaixo da sua rede.
Esperando esse momento, os índios guaranis peregrinam pela terra condenada.

– *Você tem alguma coisa que dizer para nós, colibri?*

Dançam sem parar, cada vez mais leves, mais voadores, e cantam os cantos sagrados que celebram o próximo nascimento da outra terra.

– *Lança raios, lança raios, colibri!*

Buscando o paraíso chegaram até as costas do mar e até o centro da América. Rodaram selvas e serras e rios, perseguindo a terra nova, a que será fundada sem velhice nem doença nem nada que interrompa a incessante festa de viver. Os cantos anunciam que o milho crescerá por sua conta e as flechas voarão sozinhas na floresta; e não serão necessários o castigo e o perdão, porque não haverá proibição nem culpa.

(72 e 232)

1701
Vale das Salinas

A PELE DE DEUS

Os índios chiriguanos, do povo guarani, navegaram o rio Pilcomayo, há anos ou séculos, e chegaram até a fronteira do império dos incas. Aqui ficaram, frente às primeiras alturas dos Andes, esperando pela terra sem mal e sem morte. Aqui cantam e dançam os perseguidores do paraíso.

Os chiriguanos não conheciam o papel. Descobrem o papel, a palavra escrita, a palavra impressa, quando os frades franciscanos de Chuquisaca apareceram nesta comarca depois de muito andar, trazendo livros sagrados nos alforjes.

Como não conheciam o papel, nem sabiam que precisavam dele, os índios não tinham nenhum nome para ele. Hoje dizem *pele de Deus,* porque o papel serve para mandar palavras aos amigos que estão longe.

(233 e 252)

1701
São Salvador, Bahia

PALAVRA DA AMÉRICA

O padre Antônio Vieira morreu na virada do século, mas não a sua voz, que continua abrigando o desamparo. Em terras do Brasil ecoam recentes, sempre vivas, as palavras do missionário dos infelizes e dos perseguidos.

Eles não se enganavam, disse, quando liam o destino nas entranhas dos animais que sacrificavam. Nas entranhas, disse. Nas entranhas, e não na cabeça, porque o melhor profeta é aquele capaz do amor, e não o capaz da razão.

(351)

1701
Paris

Tentação da América

Em seu gabinete de Paris, está em dúvida um sábio geógrafo. Guillaume Deslile desenha mapas exatos da terra e do céu. Incluirá o Eldorado no mapa da América, pintará o misterioso lago, como já é costume, em alguma parte do alto Orinoco? Deslile se pergunta se existem de verdade as águas de ouro que Walter Raleigh descreveu grandes como o mar Cáspio. São ou foram de carne e osso os príncipes que mergulham e nadam, ondulantes peixes de ouro, à luz das tochas?

O lago aparece em todos os mapas desenhados até agora. Às vezes, se chama Eldorado; às vezes, Parima. Mas Deslile conhece, de ouvir falar ou de ler por aí, histórias que o fazem duvidar. Buscando o Eldorado, muitos soldados da fortuna penetraram no distante novo mundo, lá onde se cruzam os quatro ventos e se misturam todas as cores e dores, e não encontraram nada. Espanhóis, portugueses, ingleses, franceses e alemães atravessaram abismos que os deuses americanos tinham cavado com unhas ou dentes, violaram as selvas aquecidas pela fumaça de tabaco soprada pelos deuses, navegaram rios nascidos de árvores gigantes que os deuses tinham arrancado pela raiz, e atormentaram ou mataram índios que os deuses tinham criado com saliva, sopro ou sonho. Mas no ar foi-se embora e no ar vai-se embora, sempre, o ouro fugidio, e se desvanece no lago antes que alguém chegue. Eldorado parece nome de uma tumba sem ataúde ou sudário.

Há dois séculos o mundo cresceu e se fez redondo, e desde então os perseguidores de ilusões saem, de todos os cais, para as terras da América. Amparados por um deus navegante e conquistador, atravessam, comprimindo-se nos navios, o mar imenso. Junto a pastores e tropeiros que a Europa não matou de guerra, peste ou fome, viajam capitães, mercadores, vagabundos, místicos e aventureiros. Todos buscam o milagre. No outro lado do mar, mágico mar que lava sangues e transforma destinos, se oferece, escancarada, a grande promessa de todos os tempos. Lá se vingarão os mendigos. Lá se transformarão em marqueses os esfarrapados, em santos os aventureiros e em fundadores os condenados à forca. As vendedoras de amor se farão donzelas de alto dote.

(326)

SENTINELA DA AMÉRICA

Na noite pura viviam os índios, os muito antigos, na cordilheira dos Andes. O condor trouxe o sol para eles. O condor, o mais velho dos voadores, deixou cair uma bolinha de ouro entre as montanhas. Os índios apanharam a bolinha e sopraram com toda a força dos pulmões, e soprando o ouro para o céu, no céu deixaram o ouro aceso para sempre. O sol suava ouro, e com o ouro de seus raios os índios modelaram os animais e as plantas que povoam a terra.

Uma noite, a lua brilhou envolvida por três auréolas, sobre as montanhas: uma auréola de sangue, anunciadora de guerra; outra de fogo, anunciadora de incêndio; e uma auréola negra, de ruína. Então os índios fugiram para os altos páramos, carregando o ouro sagrado, e junto com o ouro se deixaram cair no fundo de lagoas e vulcões.

O condor, aquele que trouxe o sol para os andinos, é o zelador desses tesouros. Com grandes asas imóveis sobrevoa os picos nevados e as águas e as crateras fumegantes. O ouro avisa a ele quando vai chegar a cobiça: o ouro geme, e assovia, e grita. O condor se lança, vertical, e seu bico arranca os olhos dos ladrões e suas garras estraçalham a carne deles.

Só o sol pode ver as costas do condor, sua cabeça calva, seu pescoço enrugado. Só o sol conhece a sua solidão. Visto da terra, o condor é um voo invulnerável.

(246)

1701
Ouro Preto

Artes malabares

O morro de prata de Potosí não é miragem, nem os socavões fundos do México estão guardando apenas delírios e trevas; e os rios do centro do Brasil dormem em leitos de ouro de verdade.

O ouro do Brasil é distribuído em sorteios ou punhaladas, pela sorte ou pela morte. Ganha imensas fortunas quem não perde a vida, embora o rei português fique com a quinta parte de tudo. A quinta parte, aliás, é modo de falar. Muito, muito ouro foge de contrabando e isso não pode ser evitado nem que ponham tantos guardas como árvores nos bosques fechados da região.

Os frades das minas brasileiras dedicam mais tempo a traficar ouro que a salvar almas. Os santos de madeira oca servem de vasilhame para tais misteres. Longe, na costa, o monge Roberto falsifica selos como quem reza rosários, e assim as barras de ouro mal-havidas mostram o selo da Coroa. Roberto, monge beneditino do convento de Sorocaba, fabricou também uma chave toda-poderosa, que derrota qualquer fechadura.

(11)

1703
Lisboa

O ouro, passageiro em trânsito

Faz um par de anos, o governador-geral do Brasil lançou profecias tão certeiras quanto inúteis. Da Bahia, João de Lencastre advertiu ao rei de Portugal que os bandos de aventureiros converteriam a região mineira em santuário de criminosos e vagabundos; e acima de tudo, anunciou ao rei outro perigo muito mais grave: em Portugal poderia acontecer, com o ouro, a mesma coisa que na Espanha com a prata; na mesma hora em que recebe sua prata da América, a Espanha lhe diz adeus com lágrimas nos olhos. O ouro brasileiro poderia entrar pela baía de Lisboa e continuar viagem pelo rio Tejo, sem parar em chão português, rumo à Inglaterra, França, Holanda, Alemanha...

Como se fosse eco da voz do governador, é assinado o tratado de Methuen. Portugal pagará com o ouro do Brasil os tecidos ingleses. Com o ouro do Brasil, colônia alheia, a Inglaterra dará um tremendo impulso ao seu desenvolvimento industrial.

(11, 48 e 226)

1709
Ilhas de Juan Fernández

ROBINSON CRUSOÉ

O vigia anuncia fogos distantes. Para buscá-los, os flibusteiros do *Duke* mudam a rota e põem a proa em direção à costa do Chile.

A nau se aproxima das ilhas de Juan Fernández. Uma canoa, um talho de espuma, vem ao seu encontro, lá da fila de fogueiras. Sobe na coberta um novelo de cabelos e imundície, que treme de febre e emite ruídos pela boca.

Dias depois, o capitão Rogers vai entendendo. O náufrago se chama Alexander Selkirk e é um colega escocês, sábio em velas, ventos e saques. Chegou à costa de Valparaíso na expedição do pirata William Dampier. Graças à Bíblia, ao punhal e ao fuzil, Selkirk sobreviveu mais de quatro anos numa dessas ilhas sem ninguém. Com tripas de cabrito soube armar artes de pescaria; cozinhava com sal cristalizado nas rochas e para a iluminação usava óleo de lobos-marinhos. Construiu uma cabana nas alturas e, ao lado, um curral de cabras. No tronco de uma árvore marcava a passagem do tempo. A tempestade lhe trouxe restos de um naufrágio e também um índio quase afogado. Chamou o índio de Sexta-Feira, porque esse era o dia. Dele aprendeu o segredo das plantas. Quando chegou o grande barco, Sexta-Feira preferiu ficar. Selkirk jurou que ia voltar, e Sexta-Feira acreditou.

Dentro de dez anos, Daniel Defoe publicará, em Londres, as aventuras de um náufrago. Em seu livro, Selkirk será Robinson Crusoé, nascido em York. A expedição do pirata britânico Dampier, que tinha limpado a costa do Peru e do Chile, se transformará em uma respeitável viagem de comércio. A ilhota deserta e sem história saltará do Pacífico para a boca do Orinoco, e o náufrago viverá nela vinte e oito anos. Robinson também salvará a vida de um selvagem canibal: *master*, amo, será a primeira palavra que ensinará em língua inglesa. Selkirk marcava com a ponta de uma faca as orelhas de cada cabra que capturava. Robinson projetará a divisão da ilha, seu reino, para vendê-la em lotes; marcará cada objeto que recolher do barco naufragado, fará a contabilidade de tudo que produza na ilha e fará o balanço de cada situação, o *dever* das desgraças, o *haver* das sortes. Robinson atravessará, como Selkirk, as duras provações da solidão, o pavor e a loucura; mas na hora do resgate Alexander Selkirk é um espantalho esfarrapado que não consegue falar e se assusta com tudo. Robinson Crusoé, ao contrário, invicto domador da natureza, voltará para a Inglaterra, com seu fiel Sexta-Feira, fazendo contas e projetando aventuras.

(92, 149 e 259)

1711
Paramaribo

Elas se calaram

Os holandeses cortam o tendão de Aquiles do escravo que foge pela primeira vez, e quem insiste fica sem a perna direita; mas não há jeito de evitar que se difunda a peste da liberdade no Suriname.

O capitão Molinay desce pelo rio até Paramaribo. Sua expedição volta com duas cabeças. Foi preciso decapitar as prisioneiras, porque já não podiam se mover inteiras através da selva. Uma se chama Flora, a outra, Sery. Elas ainda têm os olhos pregados no céu. Não abriram a boca apesar dos açoites, do fogo e das tenazes incandescentes, teimosamente mudas como se não tivessem pronunciado palavra alguma desde o remoto dia em que foram engordadas e untadas de óleo e lhes rasparam os cabelos, desenhando-lhes nas cabeças estrelas e meias-luas, para vendê-las no mercado de Paramaribo. Todo o tempo mudas, Flora e Sery, enquanto os soldados lhes perguntavam onde se escondiam os negros fugidos: elas olhavam o céu sem piscar, perseguindo nuvens maciças como montanhas que andavam lá no alto, à deriva.

(173)

Elas levam a vida nos cabelos

Por mais negros que crucifiquem ou pendurem em ganchos de ferro que atravessam suas costelas, são incessantes as fugas nas quatrocentas plantações da costa do Suriname. Selva adentro, um leão negro flameja na bandeira amarela dos cimarrões. Na falta de balas, as armas disparam pedrinhas ou botões de osso; mas a floresta impenetrável é o melhor aliado contra os colonos holandeses.

Antes de escapar, as escravas roubam grãos de arroz e de milho, pepitas de trigo, feijão e sementes de abóbora. Suas enormes cabeleiras viram celeiros. Quando chegam nos refúgios abertos na selva, as mulheres sacodem as cabeças e fecundam, assim, a terra livre.

(173)

O CIMARRÃO

O jacaré, disfarçado de tronco, aproveita o sol. Giram os olhos na ponta dos chifres do caracol. Com acrobacias de circo, o pássaro corteja a pássara. O aranho sobe pela perigosa teia da aranha, lençol e mortalha onde abraçará e será devorado. Um bando de macacos se lança de assalto às frutas silvestres nos ramos: os gemidos dos macacos atordoam a floresta fechada e não deixam ouvir as ladainhas das cigarras nem as perguntas das aves. Mas soam passos estranhos no tapete de folhas e de repente a selva se cala e se paralisa, se encolhe e espera. Quando soa o primeiro tiro, a selva inteira foge em debandada.

O tiro anuncia a caçada dos cimarrões. *Cimarrón*, voz antilhana, significa "flecha que busca a liberdade". Assim chamaram os espanhóis o touro que fugia para o monte, e depois a palavra ganhou outras línguas, cimarrão, *maroom*, *marron*, para batizar o escravo que em todas as regiões da América busca o amparo das selvas e pântanos, vales profundos e longe do amo levanta uma casa livre e a defende abrindo caminhos falsos e armadilhas mortais.

O cimarrão gangrena a sociedade colonial.

(264)

1711
Murrí

Não estão sozinhos nunca

Também existem índios cimarrões. Para trancá-los debaixo do controle de frades e capitães, são fundados cárceres como a recém-nascida aldeia de Murrí, na região do Chocó.

Aqui chegaram há tempos as imensas canoas de asas brancas, buscando os rios de ouro que descem da cordilheira; e desde então andam fugindo os índios. Uma infinidade de espíritos os acompanha peregrinando pela selva e pelos rios.

O feiticeiro conhece as vozes que chamam os espíritos. Para curar os enfermos, sopra sua concha de caracol na direção das matas habitadas pelo pecari, a ave-do-paraíso e o peixe que canta. Para adoecer os sadios, mete nos pulmões deles a borboleta da morte. O feiticeiro sabe que não existe terra, água ou ar vazio de espíritos nas terras do Chocó.

(121)

1711
Palenque de São Basílio

O rei negro, o santo branco e sua santa mulher

Faz mais de um século que o negro Domingo Bioho fugiu das galeras de Cartagena das Índias e foi rei-guerreiro no pântano. Batalhões de cães e homens armados de arcabuzes o perseguiram e caçaram, e várias vezes Domingo foi enforcado. Em vários dias de grande festa, Domingo foi arrastado pelas ruas de Cartagena, amarrado no rabo de uma mula, e várias vezes cortaram seu pênis e o pregaram num poste alto. Seus caçadores foram premiados com sucessivas mercês de terras e várias vezes ganharam títulos de marqueses; mas nos terrenos cercados de estacas dos cimarrões do canal do Dique ou do baixo Cauca, Domingo Bioho reina e ri com sua inconfundível cara pintada.

Os negros livres vivem em estado de alerta, treinados para lutar desde que nascem e protegidos por despenhadeiros e fossos fundos de farpas envenenadas. O mais importante dos cercados dessa região, que existe e resiste há um século, tomará nome de santo. Vai se chamar São Basílio, porque logo sua imagem chegará pelo rio Magdalena. São Basílio será o primeiro branco autorizado a entrar. Virá com mitra e bastão de comando e trará uma igrejinha de madeira cheia de milagres. Não se assustará com o escândalo da nudez, nem falará jamais com voz de amo. Os cimarrões lhe oferecerão casa e mulher. Conseguirão para ele uma santa fêmea, Catarina, para que no outro mundo Deus não lhe dê como esposa uma burra e para que juntos se desfrutem nesta terra, enquanto nela estiverem.

(108 e 120)

A MARIA-PALITO

Tem muito bicho nas terras onde Domingo Bioho reina para a eternidade em seus terrenos cercados. Os mais temidos são o tigre, a jiboia abraçadora e a serpente que se enrosca nos galhos e desliza nas choças. Os mais fascinantes são o peixe mayupa, que caga pela cabeça, e a maria-palito.

Como a aranha, a maria-palito devora seus amantes. Quando o macho a abraça pelas costas, ela vira para ele sua cara sem queixo, mede-o com seus olhos saltados, crava-lhe os dentes e o almoça com toda a calma, até transformá-lo em nada.

A maria-palito é muito beata. Sempre tem seus braços em prece, e come rezando.

(108)

1712
Santa Marta

Da pirataria ao contrabando

Entre as pernas verdes da serra Nevada, que molha seus pés no mar, ergue-se um campanário rodeado de casas de madeira e palha. Nelas vivem as trinta famílias brancas do porto de Santa Marta. Ao redor, em choças de taquara e barro, ao abrigo das folhas de palmeira, vivem os índios, negros e mestiços que ninguém perdeu tempo em contar.

Os piratas sempre foram o pesadelo desses litorais. Há quinze anos, o bispo de Santa Marta teve que esvaziar o órgão da igreja para improvisar munições. Há uma semana, as naus inglesas atravessaram os tiros de canhão dos fortes que vigiam a baía e amanheceram tranquilamente na praia.

Todo mundo fugiu para as montanhas.

Os piratas esperaram. Não roubaram nem um lenço, não incendiaram nenhuma casa.

Os vizinhos, desconfiados, se aproximaram pouco a pouco; e Santa Marta se transformou agora em um mercado alegre. Os piratas, armados até os dentes, vieram vender e comprar. Barganham, mas são escrupulosos na hora de pagar.

Lá longe, as fábricas britânicas crescem e exigem mercados. Muitos piratas viram contrabandistas, embora nenhum deles saiba que diabo quer dizer isso de *acumulação de capital*.

(36)

1714
Ouro Preto

O médico das minas

Esse médico não crê em drogas nem nos caríssimos pozinhos vindos de Portugal. Desconfia das sangrias e dos purgantes e faz pouco caso do patriarca Galeno e de suas tábuas da lei. Luís Gomes Ferreira aconselha a seus pacientes um banho por dia, o que na Europa seria claro sinal de heresia ou loucura, e receita ervas e raízes da região. Muitas vidas o doutor Ferreira salvou, graças ao bom senso e à antiga experiência dos índios e à ajuda da moça-branca, aguardente de cana que ressuscita moribundos.

Pouco ou nada pode fazer, porém, contra o costume dos mineiros de abrir barrigas a tiro ou faca. Aqui toda fortuna é glória de um momento, e mais vale o sabido que o valente. Não há ciência que valha na guerra implacável pela conquista do barro negro que esconde sóis nas entranhas. O capitão Tomás de Souza, tesoureiro do rei, andava buscando ouro e encontrou chumbo. O médico não pôde fazer nada, a não ser o sinal da cruz. Todo o mundo achava que o capitão tinha uma tonelada de ouro guardada, mas os credores só encontraram alguns escravos para repartir.

Raramente o médico atende um doente negro. Nas minas brasileiras, o escravo é usado e jogado fora. Em vão, o doutor Ferreira recomenda aos amos um trato mais cuidadoso, pois assim estão pecando contra Deus e contra os seus próprios interesses. Nos lavadouros de ouro e nas galerias subterrâneas não há negro que dure dez anos, mas um punhado de ouro compra um menino novo, que custa tanto quanto um punhado de sal ou um porco inteirinho.

(48)

1714
Vila Nova do Príncipe

Jacinta

Ela consagra a terra que pisa. Jacinta de Siqueira, africana do Brasil, é a fundadora dessa vila do Príncipe e das minas de ouro dos barrancos de Quatro Vinténs. Mulher negra, mulher verde, Jacinta se abre e se fecha como planta carnívora engolindo homens e parindo filhos de todas as cores, nesse mundo que ainda não tem mapa. Jacinta avança, rompendo a selva, à cabeça dos facínoras que vêm em lombo de mula, descalços, armados de velhos fuzis, e que, ao entrar na mina, deixam a consciência pendurada em um galho ou enterrada no pântano: Jacinta, nascida em Angola, escrava na Bahia, mãe do ouro de Minas Gerais.

(89)

1716
Potosí

Holguín

O vice-rei de Lima, dom Diego Rubio Morcillo de Auñón, entra em Potosí debaixo de cento e vinte arcos triunfais de prata lavrada, ao longo de um túnel de quadros que mostram Ícaro e Eros, Mercúrio, Endimião, o Colosso de Rodes e Eneias fugindo de Troia.

Potosí, aí, já não é o que era. Sua população foi reduzida à metade. A cidade recebe o vice-rei em rua de madeira, e não de prata. Mas ecoam, como nos tempos assombrosos, as trombetas e os tambores: pajens com elegantes librés iluminam, com tochas de cera, o passo dos capitães a cavalo, dos governadores e dos juízes, dos corregedores, dos embaixadores... Com a noite, chega, radiante, o baile à fantasia: a cidade oferece ao empoado visitante a homenagem dos doze heróis de Espanha, os doze pares de França e as doze sibilas. Cumprimentam-no e saúdam-no, em fulgurantes vestimentas, Cid, o campeador, e o imperador Carlos, e tudo que é ninfa e príncipe árabe e rei etíope que o mundo viu ou sonhou.

Melchor Pérez Holguín retrata essa jornada prodigiosa. Pinta as mil personagens, uma por uma, e pinta Potosí e o morro mais generoso do universo, cores de terra, sangue, fumaça, fulgores de prata, e pinta a sua própria imagem ao pé do vasto quadro: Holguín, mestiço cinquentão, nariz de águia, longos cabelos negros chovendo do chapéu de aba revirada, a palheta erguida em uma mão. Também pinta dois velhotes de bastão e escreve as palavras que saem de suas bocas:

– *Fia batizada viu junto tar maravia.*

– *Trabaio em cento i tantos anos num vi grandeza tamanha.*

Talvez Holguín não saiba que maravilha é a que ele cria, achando que copia; nem sabe que sua obra continuará viva quando as pompas de Potosí tenham sido apagadas da face da terra e ninguém se lembre de vice-rei algum.

(16 e 215)

1716
Cusco

Os imagineiros

Diego Quispe Tito, o professor de Holguín, morreu pouco depois que seus olhos morreram. Quando viu chegando a cegueira, e a morte, pintou sua própria imagem a caminho do Paraíso, com a borla imperial dos incas na testa. Quispe foi o mais talentoso dos artistas índios de Cusco. Em suas obras voam papagaios entre anjos e pousam sobre São Sebastião crivado de flechas.

Caras, aves e frutas daqui aparecem, de contrabando, nas paisagens da Europa ou do Céu.

Enquanto os espanhóis queimam quenas e ponchos na Praça Maior, os imagineiros de Cusco dão um jeito de pintar travessas de abacates, pimentões, frutas-de-conde, morango e marmelos sobre a mesa da Última Ceia, e pintam o Menino

Jesus brotando do ventre da Virgem e a Virgem dormindo, em leito de ouro, abraçada a São José.

O povo ergue cruzes de milho, enfeita as cruzes com grinaldas de batata; e aos pés dos altares veem-se oferendas de abóboras e melancias.

(138 e 300)

Maria, Terra-mãe

Nas igrejas dessas comarcas volta e meia aparece a Virgem coroada de penas ou protegida por um guarda-sol, como princesa inca, e Deus aparece em forma de sol, entre macacos que sustentam colunas e molduras que oferecem frutas, peixes e aves do trópico.

Uma tela sem assinatura mostra a Virgem Maria no morro de prata de Potosí, entre o sol e a lua. Num lado está o papa de Roma e noutro, o rei da Espanha. Mas Maria não está em cima do morro, e sim *dentro* dele. Ela é o morro, um morro com cara de mulher e mãos de oferenda, Maria-morro, Maria-pedra, fecundada por Deus como o sol fecunda a terra.

(137)

A Pachamama

No planalto andino, *mama* é a Virgem e *mama* é a terra e o tempo.

Fica zangada a terra, a mãe terra, a *Pachamama*, se alguém bebe sem lhe oferecer. Quando ela sente muita sede, quebra a botija e derrama o que está lá dentro.

A ela se oferece a placenta do recém-nascido, enterrando-a entre as flores, para que a criança viva; e para que o amor viva, os amantes enterram cachos de cabelos.

A deusa terra recolhe nos braços os cansados e os maltrapilhos que dela brotaram, e se abre para lhes dar refúgio no fim da viagem. Lá embaixo da terra, os mortos florescem.

(247)

Sereias

Na porta principal da catedral de Puno, Simón de Astro entalhara na pedra duas sereias.

Embora as sereias simbolizem o pecado, o artista não esculpirá monstros. O artista criará duas formosas moças índias que alegremente tocarão o *charango*, e amarão sem sombra de culpa. Elas serão as sereias andinas, Quesintuu e Umantuu, que em tempos antigos brotaram das águas do lago Titicaca para fazer amor com o deus Tunupa, deus aimará do fogo e do raio, que ao passar deixou uma fieira de vulcões.

(137)

1717
Quebec

O homem que não acreditava no inverno

De acordo com o que contou Rabelais e Voltaire repetiu, é tão frio o frio do Canadá que as palavras se congelam ao sair da boca e ficam suspensas no ar. No final de abril, os primeiros sóis partem os gelos sobre os rios e a primavera explode no meio de gemidos de ressurreição. Então, e só então, é possível escutar as frases pronunciadas no inverno.

Os colonos franceses temem o inverno mais do que temem os índios, e invejam os animais que o atravessam dormindo. Nem o urso nem a marmota percebem as maldades do frio: vão embora do mundo por alguns meses, enquanto o inverno parte as árvores com o ruído de tiros e transforma os humanos em estátuas de sangue congelado e carne de mármore.

O português Pedro da Silva passava os invernos levando cartas em um trenó de cães, sobre os gelos do rio São Lourenço. No verão, viajava de canoa e, às vezes, por culpa dos ventos, demorava um mês inteiro indo e vindo de Quebec a Montreal. Pedro levava decretos do governador, relatórios de frades e funcionários, ofertas de vendedores de peles, promessas de amigos, segredos de amantes.

O primeiro carteiro do Canadá trabalhou durante um quarto de século sem pedir licença ao inverno. Agora morreu.

(96)

1717
Isle Dupas

Os fundadores

O mapa do Canadá ocupa uma parede inteira. Entre a costa leste e os grandes lagos, algumas cidades, alguns fortes. Mais além, um imenso espaço de mistério. Na outra parede, debaixo dos canos cruzados dos mosquetões, estão penduradas cabeleiras de índios inimigos, escurecidas por fumaça de cachimbo.

Sentado em uma cadeira de balanço, Pierre de La Vérendrye morde o cachimbo. La Vérendrye não escuta o berreiro do filho recém-nascido. Com os olhos semicerrados olha o mapa e se deixa levar pelos impetuosos rios que nenhum europeu navegou até agora.

Ele regressou vivo dos campos de batalha da França, onde o deram por morto com um tiro no peito e vários cortes de sabre. No Canadá não lhe falta o que comer, graças ao trigo de seus campos e à sua pensão de alferes inválido de guerra; mas se aborrece e delira.

Suas pernas feridas chegarão mais longe que seus mais loucos sonhos. As explorações de La Vérendrye tornarão esse mapa ridículo. Indo para oeste, em busca do mar que conduz ao litoral da China, chegará pelo norte a lugares onde o cano do mosquetão se arrebenta de frio ao disparar e, pelo sul, subirá o desconhecido rio Missouri. Esse bebê que está chorando ao seu lado, no berço de madeira, será o descobridor do invencível muro das montanhas rochosas.

Missionários e mercadores de pele seguirão os passos do explorador. Assim aconteceu, sempre. Assim foi com Cartier, Champlain e La Salle.

A Europa paga bons preços pelas peles de castor, nútria, marta, cervo, raposa e urso. Em troca dessas peles, os índios recebem armas, para se matarem entre si ou para morrer em guerras entre os ingleses e os franceses que disputam suas terras. Os índios também recebem aguardente, que transforma em trapo o guerreiro mais robusto, e pestes mais arrasadoras que as piores tempestades de neve.

(176 e 330)

Retábulo dos Índios

Entre os índios do Canadá não existe nenhum barrigudo e nenhum corcunda, dizem os frades e os exploradores franceses. Se existe algum manco, ou cego, ou caolho, é por ferimento de guerra.

Não conhecem a propriedade nem a inveja, conta Pouchot, e chamam o dinheiro de *serpente dos franceses*.

Consideram ridículo obedecer a um semelhante, diz Lafitau. Escolhem chefes que não têm nenhum privilégio; e quem se torna mandão é destituído. As mulheres opinam e decidem, igualzinho aos homens. Os conselhos de anciãos e as assembleias públicas têm a última palavra; mas nenhuma palavra humana soa mais forte que a voz dos sonhos.

Obedecem aos sonhos como os cristãos ao comando divino, observa Brébeuf. Obedecem todos os dias, porque, através dos sonhos, a alma fala todas as noites; e quando chega o fim do inverno e se rompem os gelos do mundo, celebram uma longa festa consagrada aos sonhos. Então os índios se disfarçam e toda loucura é permitida.

Comem quando têm fome, anota Cartier. Não conhecem outro relógio além do apetite.

São libertinos, adverte Le Jeune. Tanto a mulher como o homem podem romper seu matrimônio quando bem quiserem. A virgindade não significa nada para eles. Champlain descobriu anciãs que tinham se casado vinte vezes.

Segundo Le Jeune, trabalhar não lhes agrada, mas inventar mentiras os fascina. Ignoram a arte, a não ser a arte de pelar crânios de inimigos. São vingativos: por vingança comem piolhos ou vermes e todo bicho que goste de carne humana. São incapazes, comprova Biard, de entender qualquer ideia abstrata.

Segundo Brébeuf, os índios não conseguem entender a ideia de inferno. Jamais tinham ouvido falar de castigo eterno. Quando os cristãos os ameaçam com o inferno, os selvagens perguntam: *E meus amigos estarão no inferno?*

(97)

Cantos dos índios Chippewa, na região dos Grandes Lagos

Ando às vezes
  com pena de mim
  enquanto o vento me leva
  pelos céus afora.

O arbusto
  se sentou debaixo da árvore
  e canta.

(38 e 340)

1718
São José del Rei

O pelourinho

A horda aventureira derruba selvas, abre montanhas, desvia rios; e enquanto o fogo revela fulgores nas pedras ferruginosas, os perseguidores do ouro comem sapos e raízes e fundam cidades sob o duplo signo da fome e do castigo.

A instalação do pelourinho indica o nascimento de cada cidade na região brasileira do ouro: o pelourinho é o centro de tudo, e ao seu redor ficarão as casas, as igrejas nos topos dos morros: o pelourinho, com uma coroa na ponta alta e um par de argolas para prender os escravos que mereçam o açoite.

Erguendo a espada na frente do pelourinho, o conde de Assumar dá nascimento oficial à aldeia de São José del Rei. Quatro meses levou a viagem do Rio de Janeiro até aqui, e no caminho comeu carne de macaco e formigas assadas.

Essa terra lhe dá pânico e asco. O conde de Assumar, governador de Minas Gerais, acredita que o espírito de rebelião é uma segunda natureza dessa gente intratável e sem domicílio: aqui os astros induzem à desordem, diz, e a água exala motins e a terra solta vapor de tumultos: são insolentes as nuvens, rebeldes os ares, e o ouro, desaforado.

Manda o conde que seja cortada a cabeça de todo fugitivo, e organiza milícias para perseguir a negrada rebelde. Os *desraçados*, nem brancos nem negros, miseráveis filhos do senhor e da escrava ou mistura de mil sangues, são os caçadores de escravos fugidos. Nascidos para viver fora da lei, são bons para morrer matando. Eles, mulatos e mestiços, são muitos: não existem aqui mulheres brancas nem existe maneira para cumprir a vontade do rei que, lá de Lisboa, ordenou evitar *a descendência defeituosa e impura*.

(122 e 209)

1719
Potosí

A peste

Há três anos, o céu mandou uma advertência, *fogo espantoso, presságio de calamidade:* o cometa, sol solto, sol louco, apontava para o morro de Potosí sua cauda acusadora.

No começo desse ano, nasceu um menino de duas cabeças no bairro de São Pedro e o padre relutava entre fazer um batizado ou dois.

E apesar do cometa e do monstro, persistiu um Potosí à moda francesa, roupas e costumes *reprovados por Deus; vergonhosos ao sexo, ofensivos à natureza e escandalosos à decência civil e política.* A cidade festejou os carnavais como sempre, farras e confusões *mui contra a honestidade;* e quando seis formosas donzelas se puseram a dançar nuas, justo aí a peste fulminou.

Padece Potosí de mil penas e mortes. Deus enfureceu-se com os índios, que pagam os pecados da cidade jorrando rios de sangue.

Segundo dom Matías Ciriaco y Selda, *médico sábio e mui respeitado*, Deus empregou, para vingar-se, a má influência de Saturno, que altera o sangue e o converte em urina e cólera.

(16)

1721
Zacatecas

Para comer Deus

Repicam os sinos chamando para a festa de celebração. O centro mineiro de Zacatecas assinou um tratado de paz com os índios huicholes. Retirados nas montanhas de Nayarit, os huicholes tinham defendido sua independência durante dois séculos, invulneráveis ao contínuo acossamento, e agora se submetem à coroa espanhola. O tratado lhes garante que não serão obrigados a servir nas minas.

Nas peregrinações rumo às suas terras sagradas, os huicholes não têm mais remédio a não ser passar na região mineira, ansiosa por mão de obra. O Avô Fogo os protege do escorpião e da serpente, mas pouco pode contra os caçadores de índios.

A longa viagem até a meseta de Viricota, através dos morros desolados e dos pedregais de nunca acabar, é uma viagem às origens, pelo caminho dos deuses. Em Viricota, os huicholes revivem a primeira caçada ao veado. Ali regressam ao eterno momento em que o Senhor dos Veados ergueu com seus chifres o sol recém-nascido, aceitou sacrificar-se para que a vida humana fosse possível e com seu próprio sangue fecundou o milho.

O veado, deus dos deuses, mora em um cacto, o *peyote*, muito difícil de encontrar. O *peyote*, pequeno e feio, se esconde entre as pedras. Quando o descobrem, os huicholes atiram flechas no cacto, e quando ele é apanhado, chora. Depois o sangram, esfolam e cortam sua carne em rodelas. Ao redor da fogueira, os huicholes comem o cacto sagrado, e então começa o transe. Na beira da loucura, no êxtase onde tudo é sempre e tudo é nunca, eles são deuses enquanto acontece a comunhão.

(31)

E se por acaso perdes a alma...

O que essa índia huichole, a ponto de parir, está fazendo? Ela lembra. Recorda intensamente a noite de amor de onde vem a criança que vai nascer. Pensa nisso com toda a força de sua memória e sua alegria. Assim o corpo se abre, feliz da felicidade que teve, e então nasce um bom huichole, que será digno do gozo que o fez.

Um bom huichole cuida da alma, sua alumbradora força de vida, mas sabe-se bem que a alma é menor que uma formiga e mais suave que um sussurro, uma coisa de nada, um arzinho, e em qualquer descuido pode se perder.

Um rapaz tropeça e rola serra abaixo e a alma se solta e cai no rolar, amarrada que estava só por um fio de teia de aranha. Então o jovem huichole se atordoa e fica doente. Balbuciando chama o guardião dos cantos sagrados, o sacerdote feiticeiro.

O que procura esse velho índio cavoucando a serra? Percorre o rastro por onde andou o doente. Sobe, muito em silêncio, entre os rochedos afiados, explorando as ramagens, folha por folha, e debaixo das pedrinhas. *Onde caiu a vida? Onde se assustou a vida?* Caminha lentamente e com os ouvidos muito abertos, porque as almas perdidas choram e às vezes assoviam como a brisa.

Quando encontra a alma, o sacerdote feiticeiro a levanta na ponta de uma pluma, a enrola em um minúsculo floco de algodão e, dentro de uma palhinha oca, a leva de volta a seu dono, que não morrerá.

(124)

1726
Baía de Montevidéu

MONTEVIDÉU

Ao oriente do arco do rio Uruguai, as ondulantes planícies fazem mais vacas que trevos. Os bandeirantes do Brasil, engolidores de fronteiras, ambicionam essa vasta mina de carnes e couros; e a bandeira de Portugal já ondula na costa do rio da Prata, sobre a fortaleza de Colônia do Sacramento. Para conter a investida, o rei da Espanha manda fundar um povoado na baía de Montevidéu.

Protegida pelo canhão e pela cruz, surge a cidade nova. Brota em uma ponta de terra e rochedos, que o vento açoita e os índios ameaçam. De Buenos Aires chegam os primeiros povoadores, quinze jovens, dezenove crianças e uns quantos escravos que não aparecem na lista – mãos negras para o machado, a enxada e a forca, peitos para dar leite, uma voz para cantar pregões.

Os fundadores, quase todos analfabetos, recebem do rei o privilégio da fidalguia. Estreiam o direito de se chamar *dom* nas rodas do mate, genebra e cigarros:

– *À sua saúde, dom.*
– *À sua.*

O empório cheira à erva-mate e a fumo. É a primeira casa com porta de madeira e parede de adobe entre as choças de couro esparramadas à sombra do forte. O empório serve bebida, conversa e violão, e além disso vende botões e frigideiras, biscoitos e qualquer coisa.

Do empório, nascerá o café. Montevidéu será a cidade dos cafés. Nenhuma esquina será esquina sem um café cúmplice para a confidência ou a confusão, pequenos templos onde toda solidão terá refúgio e todo encontro será celebrado e onde a fumaça dos cigarros será o incenso.

(278 e 315)

1735
Ouro Preto

Festas

Arcos de flores cobrem as ruas de Ouro Preto, e à sua sombra desfila o Santíssimo Sacramento entre paredes de seda e damasco. Os Quatro Ventos e os Sete Planetas vão e vêm sobre cavalos forrados de joias e em altos tronos fulguram a Lua, as Ninfas e a Estrela D'Alva, com seus cortejos de anjos. No fim de uma semana de fogos de artifício e festa contínua, a procissão canta a gratidão ao Ouro, alvíssaras ao Diamante e devoções a Deus.

Os diamantes são uma novidade na região. Até há pouco eram usados para marcar pontos nas rodas de baralho. Quando se soube que eram diamantes esses cristaizinhos, o monarca de Portugal deu de presente a Deus os primeiros e depois ao Papa e depois comprou do Vaticano o caro, muito caro título de Rei Fidelíssimo.

As ruas de Ouro Preto sobem e descem de verdade, como fios de navalha, e nos topos e abismos se dividem suas gentes. As festas dos lá de cima são sinais de celebração obrigatória, mas as festas dos lá de baixo provocam suspeita e castigo.

As peles escuras escondem ameaças de feitiçaria e perigos de rebelião. Cantos e viola de pobre são pecado, mulata que ri muito arrisca-se à cadeia ou ao desterro, e no domingo de folia o escravo negro pode perder a cabeça.

(209)

1736
Saint John's

O FOGARÉU

Selaram o juramento bebendo na mesma caneca uma mistura de rum e pó de sepultura e sangue de galo, e explodiu um terremoto de tambores. Tinham preparado a pólvora para fazer voar o governador e todos os senhores principais da ilha britânica de Antígua. Foi isto que o promotor contou. Foi no que acreditaram os juízes.

Seis escravos negros morrem de fome, amarrados ao patíbulo, e cinco outros homens são esquartejados. Setenta e sete são queimados vivos. Outros dois se salvam contando mentiras que mandam os próprios pais para a fogueira.

Os conspiradores são carvão ou carne podre, mas vagam pela praia ao amanhecer. Quando baixa a maré deixa a descoberto maravilhas na areia, e os pescadores passam pelos mortos, que andam buscando água e comida para continuar a viagem rumo ao além.

(78)

1738
Trelawny Town

Cudjoe

As plantas e as pessoas transpiram a jorros nas montanhas peludas do oeste da Jamaica. Vem o sol a se esconder, quando o longo lamento do chifre anuncia que o chefe inimigo chegou ao desfiladeiro.

Dessa vez, o coronel Guthrie não vem lutar. Os comerciantes ingleses de escravos oferecem paz aos cimarrões. Prometem respeitar a liberdade que ganharam em longos anos de guerra e reconhecem a propriedade das terras onde vivem. Em troca, os cimarrões se transformam em guardas de seus irmãos prisioneiros: de agora em diante, eles ajudarão a castigar as revoltas de escravos nas plantações de açúcar e entregarão os fugitivos que aparecerem por aqui pedindo refúgio.

O chefe Cudjoe sai ao encontro do coronel Guthrie. Cudjoe leva na cabeça um chapéu sem abas e veste uma casaca que já foi azul e teve mangas. O pó vermelho da Jamaica iguala as cores das peles e das roupas, mas no colete do coronel não falta nenhum botão e ainda é possível adivinhar a brancura de sua cacheada peruca. Cudjoe se abaixa e beija os sapatos do coronel.

(78, 86 e 264)

1739
New Nanny Town

Nanny

Depois de firmar um pacto com Cudjoe, o chefe dos cimarrões de Sotavento, o coronel Guthrie marcha rumo ao oriente da ilha. Alguma misteriosa mão desliza no rum um veneno fulminante e Guthrie cai como chumbo do cavalo.

Uns meses mais tarde, ao pé de uma montanha muito alta, o capitão Adair consegue a paz no oriente. Quao, o chefe dos cimarrões de Barlovento, aceita as condições exibindo espadim e rico chapéu.

Mas nos precipícios do oriente, mais poder que Quao tem Nanny. Os bandos dispersos de Barlovento obedecem à Nanny, assim como a obedecem os esquadrões de mosquitos. Nanny, grande fêmea de barro aceso, amante dos deuses, veste apenas um colar de dentes de soldados ingleses.

Ninguém a vê, todos a veem. Dizem que morreu, mas ela se atira nua, negra rajada, no meio do tiroteio. Agacha-se de costas para o inimigo, e sua bunda magnífica atrai as balas. Às vezes as devolve, multiplicadas, e às vezes as transforma em flocos de algodão.

(78 e 264)

Peregrinação na Jamaica

Vêm dos ocos das árvores, dos buracos da terra, das grotas das rochas.

Não os detêm as chuvas nem os rios. Atravessam pântanos, abismos, bosques. Não os despista a névoa nem os assustam os sóis ferozes. Descem das montanhas, lentos, implacáveis. Marcham de perfil, em linha reta, sem desvios. As couraças brilham ao sol. Os batalhões de guerreiros machos encabeçam a peregrinação. Diante do perigo erguem suas armas, suas tenazes. Muitos morrem ou perdem um braço abrindo caminho. Range a terra da Jamaica, coberta pelo imenso exército de caranguejos.

É longa a viagem rumo ao mar. Depois de dois ou três meses, chegam os que chegam, exaustos. Então as fêmeas se adiantam e se deixam cobrir pelas ondas do mar, e o mar lhes arranca as ovas.

Poucos voltam. Dos milhões que iniciaram a viagem até o mar, poucos voltam. Mas o mar incuba, debaixo da areia, um novo povo de caranguejos. E logo o novo povo empreende a travessia para as montanhas de onde suas mães vieram, e não há quem os detenha.

Os caranguejos não têm cabeça. Chegaram tarde à divisão de cabeças que lá, na África, o deus-rei fez, em seu palácio de algodão e cobre. Os caranguejos não têm cabeça, mas sonham e sabem.

(86)

1742
Ilhas de Juan Fernández

Anson

Acreditam os chilenos que as ondas desse mar são cavalos de espumosas bocas que as bruxas cavalgam com rendas de sargaço. As ondas se lançam ao assalto dos penhascos, que não acreditam em bruxas, e os castelos de rocha se deixam açoitar com remoto desdém. Lá no alto, um macho caprino de barba venerável contempla, digno como um rei, o vaivém da espuma.

Sobram poucas cabras nas ilhas de Juan Fernández. Há anos, os espanhóis trouxeram do Chile uma manada de cães para arrebatar aos piratas essa comida fácil. Os homens do comandante Anson perseguem, em vão, as sombras dos cornos pelos penhascos e precipícios; e acreditam que reconhecem a marca de Alexander Selkirk nas orelhas de algumas cabras que agarram.

A bandeira inglesa flameja intacta nos mastros. A frota de lorde George Anson voltará a Londres arrasada pela fome e escorbuto, mas tão esplêndido será o tesouro que quarenta carretas, puxadas por bois, não serão suficientes para tirá-lo do porto. Em nome do aperfeiçoamento da Cartografia, da Geografia e da Astronomia, da Geometria e da Arte da Navegação, o cientista Anson caçou a tiros de canhão vários navios espanhóis e incendiou algumas aldeias, levando até as perucas e os calções bordados.

Nesses anos, o império britânico está nascendo na passagem da pirataria para o contrabando; mas Anson é um pirata no velho estilo.

(10)

1753
Rio Serra Leoa

CANTEMOS LOUVORES AO SENHOR

A revelação de Deus aconteceu à luz dos relâmpagos. O capitão John Newton converteu-se ao cristianismo numa noite de blasfêmias e bebedeira, quando uma súbita tempestade esteve a ponto de jogar seu barco nas profundezas do oceano. Desde então, é um eleito do Senhor. A cada entardecer, prega um sermão. Reza antes de cada refeição e começa cada jornada cantando salmos que a marujada repete roucamente em coro. No fim de cada viagem, paga em Liverpool uma cerimônia especial de ação de graças ao Altíssimo.

Enquanto espera a chegada de um carregamento na foz do rio Serra Leoa, o capitão Newton espanta medos e mosquitos e roga a Deus que proteja a nave *African* e todos os seus tripulantes, e que chegue intacta à Jamaica a mercadoria que se dispõe a embarcar.

O capitão Newton e seus numerosos colegas praticam o comércio triangular entre a Inglaterra, a África e as Antilhas. De Liverpool embarcam tecidos, aguardentes, fuzis e facas que são trocados por homens, mulheres e crianças na costa africana. Os barcos apontam a proa em direção às ilhas do

Caribe, e lá trocam os escravos por açúcar, melado, algodão e fumo que levam para Liverpool, a fim de reiniciar o ciclo.

Em suas horas de ócio, o capitão contribui para a sagrada liturgia compondo hinos. Essa noite, trancado em seu camarote, começa a escrever um novo hino, enquanto espera uma caravana de escravos que está atrasada, porque alguns deles quiseram se matar comendo barro, pelo caminho. Já tem título. O hino vai se chamar *Como soa doce o nome de Jesus*. Os primeiros versos nascem, e o capitão cantarola possíveis melodias embaixo do lampião cúmplice que balança.

(193)

1758
Cap Français

MACANDAL

Em frente a uma grande assembleia de cimarrões, Français Macandal tirou um lenço amarelo de um copo d'água:
– *Primeiro, foram os índios.*
E depois, um lenço branco:
– *Agora, os brancos são os donos.*
E então agitou um lenço negro aos olhos dos cimarrões e anunciou que tinha chegado a hora de quem veio da África. Agitou o lenço com sua única mão, pois a outra tinha ficado entre os dentes de ferro da moenda de cana.

Nas planícies do norte do Haiti, o maneta Macandal era o senhor do fogo e do veneno. Um gesto dele, e ardiam os canaviais; e por seu sortilégio despencavam, no meio do jantar, jorrando baba e sangue, os senhores do açúcar.

Sabia transformar-se em iguana, formiga ou mosca, vestido de dentes, antenas ou asas; mas foi agarrado. E foi condenado. E está sendo queimado vivo.

A multidão vislumbra, entre as chamas, o corpo que se retorce e sacode, quando de repente um alarido racha a terra, feroz grito de dor e de júbilo, e Macandal se solta do poste e da morte: uivando, flamejando, atravessa a fumaça e se perde no ar.

Para os escravos, não é nenhum assombro. Eles sabiam que ficaria no Haiti, na cor de toda sombra, o peregrino da noite.

(63 e 115)

1761
Cisteil

Canek

Os índios maias proclamam a independência de Iucatã e anunciam a próxima independência da América.

– *Puras penas nos trouxe o poder da Espanha. Puras penas e nada mais.*

Jacinto Uc, aquele que acariciando folhas de árvore faz soar trombetas, vira rei. Canek, *serpente negra*, é o nome que escolhe. O rei de Iucatã amarra no pescoço o manto de Nossa Senhora da Conceição e fala aos outros índios. Rolaram pelo chão os grãos de milho, cantaram a guerra. Os profetas, os homens de peito quente, os iluminados dos deuses, tinham dito que quem morrer lutando despertará. Diz Canek que não é rei por amor ao poder, que o poder quer mais e mais poder e que se derrama a água quando a xícara está cheia. Diz que é rei contra o poder dos poderosos e anuncia o fim da servidão e dos postes de flagelação e dos índios em fila beijando a mão do amo. *Não poderão nos amarrar: vai lhes faltar corda.*

Na aldeia de Cisteil e em outros povoados se propagam os ecos, palavras que se tornam gritos, e os frades e capitães rolam em sangue.

(67 e 144)

1761
Mérida

Pedaços

Depois de muita morte, foi preso. São José foi o patrono da vitória colonial.

Acusam Canek de ter açoitado Cristo e de ter enchido de capim a boca de Cristo.

É condenado. Vão arrebentá-lo vivo, a golpes de ferro, na praça principal de Mérida.

Canek entra na praça, no lombo de uma mula, a cara quase escondida debaixo de uma enorme coroa de papel. Na coroa se lê a sua infâmia: *Revoltou-se contra Deus e contra o Rei*.

É esquartejado pouco a pouco, sem que lhe deem o alívio da morte, pior que animal no matadouro; e vão arrojando seus pedaços à fogueira. Uma longa ovação acompanha a cerimônia. Debaixo da ovação, murmura-se que os servos botarão vidro moído no pão dos amos.

(67 e 144)

1761
Cisteil

Sagrado milho

Os verdugos lançam aos ventos as cinzas de Canek, para que não ressuscite no dia do Juízo Final. Morrem oito de seus chefes no garrote vil e cortam a orelha de duzentos índios. E para culminar o castigo, doendo no que é mais sagrado, os soldados queimam as sementeiras de milho das comunidades rebeldes.

O milho está vivo. Sofre se é queimado, ofende-se quando é pisado. Talvez o milho sonhe com os índios, como os índios sonham com o milho. O milho organiza o espaço e o tempo e a história da gente feita de carne de milho.

Quando Canek nasceu, cortaram-lhe o umbigo em cima de uma espiga. Em nome do recém-nascido, semearam os grãos manchados de seu sangue. Desse plantio Canek se alimentou, e bebeu água de sereno, que contém a luz do amanhecer; e foi crescendo.

(1, 67, 144 e 228)

1763
Buraco de Tatu

POR QUE OS ALTIVOS DAVAM MAU EXEMPLO

Os baqueanos, que veem como de dia nas noites sem lua, evitaram as armadilhas. Graças a eles, os soldados puderam atravessar o labirinto de espadas, estacas afiadas que traem quem pisa, e ao amanhecer se lançaram sobre a aldeia dos negros livres.

Fumaça de pólvora, fumaça de incêndio, ar espesso e azedo na beira da praia de Itapoã: ao meio-dia não sobra nada do Buraco de Tatu, refúgio de cimarrões que tanto ofenderam, há vinte anos, a vizinha cidade de São Salvador da Bahia.

O vice-rei jurou que limpará o Brasil de negros cimarrões, mas eles brotam de tudo que é lado. Em vão o capitão Bartolomeu Bueno arrancou em Minas quatro mil pares de orelhas.

A golpes de culatra fazem fila os que não caíram na defesa do Buraco de Tatu. Todos são marcados no peito, com a letra *F*, de *Fugido,* e devolvidos aos donos. O capitão Joaquim da Costa Cardoso, que anda mal de dinheiro, vende os meninos a preço de ocasião.

(264 e 284)

Comunhão

Muito terá que ocultar a História, dama de véus rosados, beijadora dos que vencem. Bancará a distraída ou ficará doente de fingida amnésia; mentirá que foram mansos e resignados, talvez até felizes, os escravos negros do Brasil.

Mas os amos das plantações obrigam o cozinheiro a provar na frente deles cada prato. Venenos de lenta agonia escorregam entre as delícias da mesa. Os escravos matam; e também se matam ou fogem, que são maneiras de roubar ao amo a sua principal riqueza. Ou se sublevam acreditando, dançando, cantando, que é a maneira de se redimir e ressuscitar.

O cheiro das canas cortadas embebeda o ar das plantações e ardem fogos na terra e nos peitos: o fogo tempera as lâminas, repicam os tambores. Os tambores invocam os velhos deuses, que voam até essa terra de exílio, respondendo às vozes de seus filhos perdidos, e entram neles e fazem amor com eles arrancando-lhes música e uivos, devolvendo-lhes assim, intacta, a vida quebrada.

Na Nigéria ou no Daomé, os tambores pedem fecundidade para as mulheres e as terras. Aqui, não. Aqui, as mulheres geram escravos e as terras os aniquilam. Aqui, os deuses agrários cedem o passo aos deuses guerreiros. Os tambores não pedem fecundidade, pedem vingança; Ogum, o deus do ferro, afia punhais, e não enxadas.

(27)

Retábulo da Bahia

Dizem os que mandam na Bahia que *negro não vai pro Céu, nem que seja rezador, porque tem o cabelo duro, espeta Nosso Senhor*. Dizem que não dorme: ronca. Que não come: engole. Que não conversa: resmunga. Que não morre: acaba.

Dizem que Deus fez o branco e pintou o mulato. O negro, dizem, o Diabo o cagou.

Toda festa de negros é tida como homenagem a Satanás, negro cruel, rabo, cascos, tridente, mas os que mandam sabem que, se os escravos se divertem de vez em quando, trabalham mais, vivem mais anos e têm mais filhos. Assim como a capoeira, ritual e mortal maneira de lutar corpo a corpo, faz de conta que é uma brincadeira vistosa, também o candomblé finge que é só dança e barulho. Nunca faltam, além disso, Virgens ou santos para disfarçar: não há quem proíba Ogum quando ele vira São Jorge, cavaleiro louro, e os astutos deuses negros encontram esconderijo até nas chagas de Cristo.

Na Semana Santa dos escravos, é um justiceiro negro quem faz explodir o traidor, o Judas branco, boneco pintado de cal; e quando os escravos mostram a Virgem na procissão, é o negro São Benedito quem está no centro de todas as homenagens. A Igreja não conhece esse santo. Segundo os escravos, São Benedito foi escravo como eles, cozinheiro de um convento, e os anjos mexiam as panelas enquanto ele rezava suas preces.

Santo Antônio é o preferido dos amos. Santo Antônio ostenta galões militares, recebe soldo e é especialista em vigiar negros. Quando um escravo escapa, o amo joga o santo no canto das escórias. Santo Antônio fica em penitência, de boca para baixo, até que os cães agarrem o fugitivo.

(27 e 65)

Tua outra cabeça, tua outra memória

Do relógio de sol do convento de São Francisco, uma lúgubre inscrição recorda aos caminhantes como a vida é fugaz: *Cada hora que passa te fere e a última te matará.*

São palavras escritas em latim. Os escravos negros da Bahia não entendem latim nem sabem ler. Da África trouxeram deuses alegres e brigões: com eles estão, com eles se vão. Quem morre, entra. Soam os tambores para que o morto não se perca e chegue à região de Oxalá. Lá na casa do criador dos criadores, espera por ele sua outra cabeça, a cabeça imortal. Todos nós temos duas cabeças e duas memórias. Uma cabeça de barro, que será pó, e outra invulnerável para sempre às mordidas do tempo e da paixão. Uma memória que a morte mata, bússola que acaba com a viagem, e outra memória, a memória coletiva, que viverá enquanto viver a aventura humana no mundo.

Quando o ar do universo se agitou e respirou pela primeira vez, e nasceu o deus dos deuses, não havia separação entre a terra e o céu. Agora parecem divorciados; mas o céu e a terra voltam a se unir cada vez que alguém morre, cada vez que alguém nasce e cada vez que alguém recebe os deuses em seu corpo palpitante.

(361)

1763
Rio de Janeiro

Aqui

Há um quarto de século, Luís da Cunha propôs ao rei de Portugal que se mudasse com sua corte de Lisboa para o Rio de Janeiro, e que nesta cidade se proclamasse Imperador do Oeste. A capital do Império devia ficar aqui, no centro da abundância, porque Portugal não podia viver sem as riquezas do Brasil, mas o Brasil, advertia Luís da Cunha, viveria facilmente sem Portugal.

O trono continua, por enquanto, em Lisboa. Mas o centro da colônia se desloca do norte para o sul. Bahia, porto do açúcar, cede lugar ao Rio de Janeiro, porto do ouro e dos diamantes. O Brasil cresce rumo ao sul e rumo ao oeste, avançando contra as fronteiras espanholas.

A nova capital ocupa o lugar mais lindo do mundo. Aqui os morros parecem casais de amantes, há no ar aromas que fazem rir e a brisa quente excita os pássaros. As coisas e as pessoas são feitas de música e o mar fulgura aos olhos de um jeito que seria um prazer afogar-se.

(48)

1763
Tijuco

O MUNDO DENTRO DE UM DIAMANTE

Entre as altas rochas vermelhas que mais parecem dragões, ondula a terra rasgada pela mão do homem: a região dos diamantes exala um pó de fogo que avermelha as paredes da cidade do Tijuco. Perto corre um arroio e longe se estendem as montanhas cor de mar ou de cinza. Do leito e dos esconderijos do arroio saem os diamantes que atravessam as montanhas, navegam do Rio de Janeiro a Lisboa e de Lisboa a Londres, onde são lapidados e multiplicam seu preço várias vezes para depois dar brilho ao mundo inteiro.

Muito diamante escapa de contrabando. Jazem sem sepultura, carniça para urubu, os mineiros clandestinos que foram apanhados, mesmo que o corpo de delito tenha o tamanho do olho de uma pulga; e ao escravo suspeito de engolir o que não deve aplicam violento purgante de pimenta brava.

Todo diamante pertence ao rei de Portugal e a João Fernandes de Oliveira, que aqui reina contratado pelo rei. Ao seu lado, Xica da Silva também se chama Xica que Manda. Ela é mulata, mas usa roupas europeias proibidas para quem tem pele escura e faz alarde indo à missa de liteira, acompanhada por um cortejo de negras enfeitadas como princesas; e, no templo, ocupa o lugar principal. Não há nobre dessas bandas que não baixe o cangaço frente à sua mão cheia de anéis de ouro, e não há quem recuse seus convites para a mansão da serra. Lá, Xica da Silva oferece banquetes e apresentações de teatro, a estreia de *Os encantos de Medeia* ou qualquer peça da moda, e depois leva os convidados para navegar pelo lago que Oliveira mandou cavar para ela porque ela queria mar e mar não havia. Chega-se ao cais por escadarias douradas, e passeia-se num grande navio tripulado por dez marinheiros.

Xica da Silva usa peruca de cachos brancos. Os cachos cobrem a testa e ocultam a marca feita a ferro, quando ela era escrava.

(307)

1763
Havana

O PROGRESSO

Faz um ano que, distribuindo tiros de canhão, os ingleses entraram pela praia de Cojímar.

Enquanto Havana assinava a rendição, depois de longo assédio, os barcos negreiros esperavam fora do porto. Quando ancoraram na baía, os compradores arrebataram a mercadoria. Os mercadores, é costume, seguem os guerreiros. Um único traficante, John Kennion, vendeu mil e setecentos escravos durante a ocupação britânica. Ele e seus colegas duplicaram a força de trabalho das plantações, tão antiquadas que ainda cultivam todo tipo de alimentos e têm uma única máquina, um trapiche que gira moendo cana ao ritmo dos bois.

O domínio britânico sobre Cuba durou apenas dez anos, mas os espanhóis custam a reconhecer a colônia que recuperam. A sacudida dos ingleses despertou Cuba de seu longo cochilo agrário. Essa ilha se transformará, nos tempos que virão, em uma imensa fábrica de açúcar, trituradora de escravos e devastadora de tudo.

Serão arrasadas as terras de tabaco, as plantações de milho e as hortas. Serão devastados os bosques e secados os arroios. Cada escravo negro será espremido até se acabar em sete anos.

(222)

Creem os escravos

Os deuses movem o sangue e a seiva. Em cada erva de Cuba respira um deus e por isso está vivinho, que nem gente, o monte. O monte, templo dos deuses africanos, casa dos avós dos africanos, é sagrado e tem segredos. Se alguém não o cumprimenta, o monte fica bravo e nega saúde e sorte. É preciso dar-lhe presentes e cumprimentá-lo para receber as folhas que curam chagas e fecham caminho à desgraça. Cumprimenta-se o monte com palavras rituais ou palavras que saírem. Cada um fala com os deuses como sente ou como pode.

Nenhum deus é totalmente bom ou totalmente mau. Pode salvar, pode matar. A brisa refresca e o ciclone arrasa, mas os dois são ar.

(56)

A paineira

– *Boa tarde, mãe Paineira. A bênção.*

A imponente paineira é árvore de mistério. A preferida pelos antepassados e pelos deuses. Foi respeitada pelo dilúvio. Está a salvo do raio e do furacão.

Não se pode dar-lhe as costas nem pisar sua sombra sem pedir licença para a paineira. Quem desce o machado sobre seu tronco sagrado sente a machadada no próprio corpo. Dizem que às vezes aceita morrer queimada, por ser o fogo o seu filho preferido.

Ela se abre quando alguém lhe pede refúgio, e, para defender o fugitivo, se cobre de espinhos.

(56)

A palmeira

Na palmeira altiva vive Xangô, o deus negro que se chama Santa Bárbara quando se disfarça em mulher cristã. As folhas do penacho são seus braços: lá de cima, dispara esse artilheiro do céu. Xangô come fogo, veste-se com relâmpagos, fala trovões e fulmina a terra com seus raios. Os inimigos, faz virar cinza.

Guerreiro e festeiro, brigão e namorador, Xangô não se cansa de distribuir porradas ou amores. Os deuses o odeiam; as deusas vivem loucas por ele. De seu irmão Ogum, roubou a mulher: Oiá, que diz que é a Virgem da Candelária, combate ao lado de Xangô com duas espadas. Outra de suas mulheres, Oxum, faz amor com ele nos rios, e juntos devoram manjares de açúcar e canela.

(28 e 56)

1766
Campos de Areco

Os cavalos cimarrões

Com o templo lotado cantaram, em Buenos Aires, os vinte meninos índios do coro da missão dos jesuítas em São Xavier. Cantaram na catedral e em várias igrejas; e o público soube agradecer a essas vozes vindas do alto dos céus. Também fez milagres a orquestra guarani de violinos e trombetas marinhas.

Os músicos empreendem o regresso, conduzidos pelo frade Hermann Paucke. Duas semanas de viagem os separam de suas casas no litoral. Nas paradas do caminho, Paucke recolhe e desenha tudo que vê: plantas, pássaros, costumes.

Nos campos de Areco, Paucke e seus músicos guaranis assistem ao sacrifício dos cavalos cimarrões. Os peões levam aos currais esses cavalos selvagens, misturados com os mansos, e lá os laçam e vão puxando, um a um, para campo aberto. Então derrubam os cavalos e abrem seus ventres de um talho só. Os cimarrões ainda galopam, pisando as tripas, até rolar no pasto; no dia seguinte, os ossos amanhecem descarnados pelos cachorros.

Os cavalos selvagens andam pelo pampa em tropas que mais parecem cardumes, peixes voadores ondulando entre o ar e o pasto, e contagiam os cavalos mansos com seus hábitos de liberdade.

(55)

1767
Missões

História dos sete povoados

O rei da Espanha tinha dado de presente sete povoados a seu sogro, o rei de Portugal. Ofertou-os vazios, mas estavam habitados. Esses povoados eram sete missões fundadas pelos padres jesuítas, para índios guaranis, a leste do alto rio Uruguai. Como muitas outras missões da região guarani, tinham servido de baluartes da sempre acossada fronteira.

Os guaranis se negaram a ir embora. Iam trocar de pasto, como rebanho de ovelhas, só porque o amo decidia? Os jesuítas tinham ensinado os guaranis a usar relógios, arados, sinos, clarinetes e livros impressos em sua própria língua guarani; mas também tinham ensinado os índios a fabricar canhões para se defender dos caçadores de escravos.

Soldados portugueses e espanhóis arrebanharam os índios e os índios regressaram, escorregando pela noite, às suas sete aldeias. E novamente os índios foram arrebanhados e novamente regressaram, mas voltaram feito vento arrasador, tormenta de relâmpagos, incendiando as fortificações; e todo mundo soube que os frades estavam do lado deles. *A vontade do rei é a vontade de Deus,* diziam os superiores da ordem de Loyola, *vontade impenetrável que nos põe à prova: quando Abraão obedeceu à voz divina, e ergueu a espada sobre o pescoço do próprio filho Isaac, Deus soube mandar um anjo para impedir o golpe no momento exato.*

Mas os sacerdotes jesuítas se negavam a imolar os índios e de nada serviram as ameaças do arcebispo de Buenos Aires, que anunciou a excomunhão de índios e padres. Em vão os figurões da Igreja mandaram queimar a pólvora e arrebentar os canhões e as lanças que nas missões tinham detido, mil vezes, as investidas portuguesas contra a fronteira espanhola.

Longa foi a guerra dos sete povoados contra as duas coroas. Na batalha do morro Caybaté, caíram mil e quinhentos índios.

As sete missões foram arrasadas, mas o rei de Portugal nunca pôde desfrutar a oferenda que o rei da Espanha tinha feito.

Os reis não perdoaram a ofensa. Três anos depois da batalha de Caybaté, o rei de Portugal expulsou os jesuítas de todos os seus domínios. E agora é imitado pelo rei da Espanha.

(76 e 189)

1767
Missões

A EXPULSÃO DOS JESUÍTAS

As instruções chegam em envelopes lacrados vindos de Madri. Vice-reis e governadores as executam imediatamente, em toda a América. Pela noite, de surpresa, agarram os padres jesuítas e os embarcam rapidamente para a remota Itália. Mais de dois mil sacerdotes vão para o desterro.

O rei da Espanha castiga os filhos de Loyola, que tão filhos da América viraram, por serem culpados de reiterada desobediência e suspeitos do projeto de um reino índio independente.

Ninguém chora por eles como os guaranis. As numerosas missões dos jesuítas na região guarani anunciavam a prometida terra sem mal e sem morte; e os índios chamavam de *karaí* os sacerdotes, que era nome reservado aos seus profetas.

Dos restos da missão de São Luís Gonzaga, os índios fazem chegar uma carta ao governador de Buenos Aires. *Não somos escravos,* dizem. *Não gostamos do costume dos senhores de cada um por si em vez de se ajudarem uns aos outros.*

De repente acontece a debandada. Desaparecem os bens comuns e o sistema comunitário de produção e de vida. As fazendas missionárias são vendidas pela melhor oferta. Caem as igrejas, as fábricas e as escolas; as ervas daninhas invadem as plantações de mate e os campos de trigo. As folhas dos livros servem de cartuchos para a pólvora. Os índios fogem para a selva ou viram vagabundos ou putas ou bêbados.

Nascer índio volta a ser insulto ou crime.

(189)

1767
Missões

Não deixam que arranquem sua língua

Nas gráficas das missões paraguaias tinham sido feitos alguns dos melhores livros impressos na América colonial. Eram livros religiosos, publicados em língua guarani, com letras e gravuras que os índios talhavam em madeira.

Nas missões falava-se o guarani e lia-se o guarani. A partir da expulsão dos jesuítas, é imposta aos índios a língua castelhana, obrigatória e única.

Ninguém se resigna a ficar mudo e sem memória. Ninguém obedece.

(117)

1769
Londres

O primeiro romance escrito na América

Há dez anos, os sinos de Londres foram gastos celebrando as vitórias do Império britânico no mundo. A Cidade de Quebec tinha caído, depois de intenso bombardeio, e a França tinha perdido seus domínios no Canadá. O jovem general James Wolfe, que comandava o exército inglês, tinha anunciado que esmagaria a *praga canadense;* mas morreu sem ver realizada sua promessa. Dizem as más-línguas que Wolfe se media ao despertar e cada dia se achava mais alto, até que uma bala interrompeu seu crescimento.

Agora Frances Brooke publica em Londres um romance. A *história de Emily Montagne,* que mostra os oficiais de Wolfe conquistando corações na terra conquistada a tiros de canhão. A autora, uma inglesa gorducha e simpática, vive e escreve no Canadá. Através de duzentas e vinte e oito cartas, conta suas impressões e suas experiências na nova colônia britânica e tece alguns romances entre galãs de uniforme e suspirosas jovenzinhas da alta sociedade de Quebec. As bem-educadas paixões conduzem ao matrimônio, depois de uma passagem pela casa da modista, os salões de baile e os piqueniques nas ilhas. As grandiosas cataratas e os sublimes lagos proporcionam o cenário adequado.

(50, 52 e 176)

Os índios e os sonhos no romance de Frances Brooke

Os índios conservam a maior parte de suas antigas superstições. Eu assinalaria sua fé nos sonhos, loucura da qual não podem se curar apesar das repetidas decepções... Um selvagem nos estava contando um sonho profético, que, segundo ele, anunciava a morte de um oficial inglês, e eu não pude conter um sorriso. "Vocês, europeus", me disse, "são a gente menos razoável do mundo. Caçoam de nossa fé nos sonhos e, no entanto, esperam que nós acreditemos em coisas que são mil vezes mais incríveis."

(50)

1769
Lima

O vice-rei Amat

Na hora em que as famílias se ajoelham para rezar o rosário, o trisságio, a novena e as preces para os defuntos, se escutava o trote da carruagem do vice-rei rodando em direção ao teatro. Um rumor de escândalo faz eco atrás das gelosias entreabertas. Cessam as rezas, soltam-se os rumores: o rígido vice-rei de Lima perdeu a cabeça por uma atriz dos subúrbios.

Noite após noite, dom Manuel de Amat y Junyent assiste a tudo que é zarzuela, comédia e auto sacramental ou recital que tenha Micaela Villegas gingando as cadeiras ou sapateando no palco. Do enredo, nem toma conhecimento. Quando Micaela, canela, canela fina, canela de galho, começa a cantar, salta a peruca do velho vice-rei: aplaude com fúria e arrebenta o assoalho com sua bengala. Ela responde revirando os olhos, sorrindo debaixo da pinta imprescindível e oferecendo os seios em reverências de muita lantejoula.

O vice-rei tinha sido homem de quartel, não de saraus. Solteirão de cara adusta, com cinco cicatrizes trazidas das guerras do Norte da África, chegou a Lima para limpar de ladrões os caminhos e expulsar os malandros sem ofício ou benefício. Debaixo desse céu de chumbo, mais teto que céu, teve vontade de se matar; e enforcando gente venceu a tentação.

Oito anos depois de sua chegada, o vice-rei aprendeu a roubar, a comer pimenta ardida e *picante de cuy* e a estudar decotes com binóculo. A nau que o trouxe de Valparaíso tinha uma mulher nua como carranca de proa.

(26 e 245)

1769
Lima

A Perricholi

Como toda limenha, Micaela Villegas abre seu decote mas esconde os pés, protegidos por minúsculos sapatos de cetim branco. Como todas elas, adora exibir rubis e safiras até no ventre, embora fossem, e eram, de fantasia.

Filha de mestiço provinciano e pobre, Micaela percorria as lojas dessa cidade pelo simples prazer de olhar ou apalpar sedas de Lyon e veludos de Flandres, e mordia os lábios quando descobria um colar de ouro e brilhantes no pescoço de um gatinho pertencente a uma dama de alta classe.

Micaela abriu caminho no palco e conseguiu ser, enquanto durasse cada função, rainha, ninfa ou deusa. Agora é, além disso, Primeira Cortesã ao longo do dia e da noite. Está rodeada por uma nuvem de escravos negros, suas joias não admitem dúvida e os condes beijam sua mão.

As damas de Lima se vingam chamando-a de Perricholi. Foi como a batizou o vice-rei ao chamá-la *Perra Chola* (Cadela Índia) com sua boca sem dentes. Contam que a amaldiçoou assim, como esconjuro, enquanto a fazia subir pela escadinha para o leito alto, porque ela despertou nele perigosos pânicos e ardores e molhaduras e securas que o devolveram, trêmulo, aos seus anos remotos.

(93, 245 e 304)

O RELÓGIO DOS SABORES

Com a leiteira, às sete, nasce o barulho de Lima. Com cheiro de santidade chega, atrás, a vendedora de tisanas.

Às oito passa o vendedor de requeijão.

Às nove, outra voz oferece doce de canela.

Às dez, os *tamales*, pamonhas salgadas, procuram bocas para alegrar.

Às onze é hora de melões e doces de coco e milho tostado.

Ao meio-dia, passeiam pelas ruas as bananas e romãs, os abacaxis, as frutas-de-conde leitosas e de veludo verde, os abacates prometendo polpa suave.

À uma, chegam os bolinhos de mel quente.

Às duas, a doceira anuncia *picarones,* bolos que convidam à gula, e atrás dela vem a canjica com canela e não há boca que esqueça.

Às três aparece o vendedor de *anticuchos,* pedacinhos de coração de boi no espeto, seguido pelos vendedores de mel e açúcar.

Às quatro, a pimenteira vende guisados e fogos.

Cinco horas é a hora do *cebiche,* peixe cru curtido em limão.

Às seis, nozes.

Às sete, a papinha de milho que ficou no ponto depois de ter sido exposta ao tempo nos telhados.

Às oito, os sorvetes de muitos sabores e muitas cores abrem de par em par, rajadas frescas, as portas da noite.

(93 e 245)

1771
Madri

Encontro de reis

Grandes caixas chegam ao palácio, vindas dos desertos incandescentes do Peru. O monarca espanhol lê o relatório do funcionário que as envia: esta é a tumba completa de um rei *mochica,* muito anterior aos incas; os herdeiros dos *mochicas* e dos *chimus* vivem agora em espantosa penúria, e são cada vez menos; seus vales estão nas mãos de um *punhado de maus espanhóis*.

Abrem-se as caixas. Um rei de mil e setecentos anos aparece aos pés de Carlos III. Tem dentes, unhas e cabelos ainda invictos, e carne de pergaminho grudada aos ossos, e brilha de ouro e plumas sua roupa vistosa. O cetro, um deus do milho com grinalda de plantas, acompanha o remoto visitante; e também viajaram para Madri as vasilhas que estavam enterradas com ele.

O rei da Espanha contempla, atônito, as cerâmicas que rodeavam o colega defunto. Jazia o rei dos *mochicas* com o prazer à sua volta: as cerâmicas representam casais de amantes que se abraçam e se penetram de mil maneiras, ignorantes do pecado original, gozando sem saber que por culpa desse ato de desobediência fomos condenados a viver na terra.

(355)

1771
Paris

O Século das Luzes

Abrem-se brechas, na Europa, nos veneráveis muros de catedrais e palácios. A burguesia ataca, armada de máquinas a vapor, volumes da *Enciclopédia* e outros aríetes da revolução industrial.

De Paris brotam as desafiantes ideias que, voando por cima do *populacho ignorante*, dão sua marca ao século. Tempos de *furor de aprender*, e da *febre de inteligência*: o Século das Luzes ergue a razão humana, razão da minoria que pensa, contra os dogmas da Igreja e os privilégios da nobreza. A condenação, a perseguição e o desterro não fazem mais do que estimular os sábios filhos dos filósofos ingleses e do fecundo Descartes, *o que começou por duvidar de tudo*.

Nenhum tema é alheio aos filósofos da Ilustração, da lei da gravidade ao celibato eclesiástico. A instituição da escravidão merece seus ataques contínuos. A escravidão contraria a natureza, sustenta Denis Diderot, diretor da *Enciclopédia, Dicionário Racional das Ciências, das Artes e dos Ofícios*: um homem não pode ser propriedade de seu amo pela mesma razão que uma criança não pode ser propriedade de seu pai, nem uma mulher, de seu marido, nem um servo, de seu patrão, nem um súdito, de seu rei, e quem acreditar no contrário está confundindo pessoas com coisas. Helvétius disse que *não chega à Europa barril de açúcar que não esteja tingido de sangue humano;* e Cândido, o personagem de Voltaire, encontra no Suriname um escravo sem uma das mãos, que foi comida por uma moenda de cana, e sem uma perna, cortada por ter fugido:

– *Este é o preço para que os senhores comam açúcar na Europa.*

Se admitimos que os negros são seres humanos, admitimos que somos pouco cristãos, diz Montesquieu. Toda religião que abençoe a escravidão merece ser proibida, afirma o abade Raynal. Jean-Jacques Rousseau sente vergonha de ser homem.

(95 e 98)

1771
Paris

Os fisiocratas

Mais que um crime, a escravidão é um erro econômico, dizem os fisiocratas.

Na última edição das *Efemérides do cidadão*, Pierre Dupont de Nemours explica que a escravidão perpetua os métodos arcaicos de cultivo e freia o desenvolvimento das colônias francesas nas Antilhas e em terra firme da América. Apesar da incessante reposição da mão de obra gasta, a escravidão implica um desperdício e uma deterioração do capital investido. Dupont de Nemours propõe que sejam reconhecidos como elementos de cálculo as perdas produzidas pela mortalidade precoce dos escravos, os incêndios dos cimarrões e os gastos da constante guerra contra eles, a péssima preparação das colheitas e as ferramentas que se estragam por ignorância ou má vontade. A má vontade e a preguiça, diz, são armas que o escravo emprega para recuperar uma parte de sua pessoa, roubada pelo amo; e a inépcia responde à absoluta falta de estímulo ao desenvolvimento da inteligência. É a escravidão, e não a natureza, que faz o escravo.

Só a mão de obra livre será eficazmente produtiva, segundo os filósofos economistas da escola fisiocrática. Eles acreditam que a propriedade é sagrada, mas unicamente em liberdade é possível realizar-se na plenitude a produção do valor.

(98)

1771
Paris

O MINISTRO FRANCÊS DAS COLÔNIAS EXPLICA POR QUE NÃO SE DEVEM LIBERTAR OS MULATOS DE SEU CONGÊNITO "ESTADO DE HUMILHAÇÃO"

Sua Majestade considerou que uma tal graça tenderia a destruir a diferença que a natureza interpôs entre brancos e negros, e que o preconceito político cuidou de manter como uma distância que jamais poderão transpor as gentes de cor e seus descendentes; enfim, que interessa à boa ordem não debilitar o estado de humilhação congênita à espécie, em qualquer grau em que ela se perpetue; preconceito tanto mais útil, quanto está no próprio coração dos escravos, e contribui de primordial maneira para o próprio repouso das colônias...

(139)

1772
Cap Français

A COLÔNIA MAIS RICA DA FRANÇA

Os frades negaram o ofício funerário à diva da Comédia do Cabo, mademoiselle Morange, cuja perda irreparável é chorada em seis teatros e em mais de seis alcovas do Haiti. Não merece responsório nenhum comediante, por ser o teatro uma ocupação infame, com condenação eterna; mas um dos atores, campainha na mão e crucifixo no peito, batina negra e tonsura brilhante, caminha cantando salmos em latim, à testa do cortejo da virtuosa falecida.

Antes de chegar ao cemitério, a polícia já está atrás do barítono e seus cúmplices, que desaparecem num segundo. O povaréu os acolhe e os esconde. Quem não sente simpatia por esses comediantes que sopram cultas brisas de loucura entre os aborrecidos ares do Haiti?

Nos palcos dessa colônia, a mais rica da França, são aplaudidas obras recém-estreadas em Paris, e os teatros são como os de lá, ou gostariam de ser. Aqui, o público senta-se de acordo com a cor da pele: ao centro, o marfim; à direita, o cobre; e o ébano, escassos negros livres, à esquerda.

As pessoas ricas assistem aos espetáculos navegando em marés de leques, mas o calor provoca inundações debaixo das perucas empoadas. Cada dama branca parece uma joalheria: ouros, pérolas e diamantes dão uma moldura de grande brilho aos peitos úmidos, que saltam da seda exigindo obediência e desejo.

Os mais poderosos colonos do Haiti vivem se cuidando do sol e dos cornos. Só saem de casa na hora do crepúsculo, quando o sol castiga menos, e só então se arriscam a aparecer em cadeiras de mão ou carruagens de muitos cavalos; e é notório que as damas amam muito, e muito enviúvam.

(115 e 136)

1772
Léogane

Zabeth

Desde que aprendeu a andar, fugiu. Amarraram aos seus tornozelos uma pesada corrente, e acorrentada cresceu; mas mil vezes saltou as muralhas de madeira e mil vezes foi apanhada pelos cães nas montanhas do Haiti.

Com ferro em brasa, marcaram a flor de lis na sua face. Puseram-lhe uma coleira de ferro e argolas de ferro e foi trancada num engenho, e ela afundou os dedos entre cilindros trituradores de cana e depois, a dentadas, arrancou as bandagens. Tornaram a acorrentá-la, e agora ela agoniza cantando maldições.

Zabeth, essa mulher de ferro, pertence à senhora Galbaud du Fort, que mora em Nantes.

(90)

1773
São Mateus Huitzilopochco

A força das coisas

A igreja dessa aldeia está de dar pena. O padre, recém-chegado da Espanha, resolve que Deus não pode continuar morando em casa tão lúgubre e carcomida e põe mãos à obra: para levantar paredes sólidas, manda que os índios tragam pedras das ruínas dos tempos da idolatria.

Não há ameaça ou castigo que os faça obedecer. Os índios se negam a mover essas pedras do lugar onde os avós dos avós adoravam os deuses. Essas pedras não prometem nada, mas salvam do esquecimento.

(135 e 322)

1774
San Andrés Itzapan

Dominus vobiscum

Os índios são obrigados a cuspir cada vez que falam em qualquer um dos seus deuses.

São obrigados a dançar danças novas, o Baile da Conquista e o Baile de Mouros e Cristãos, que celebram a invasão da América e a humilhação dos infiéis.

São obrigados a cobrir seus corpos, porque a luta contra a idolatria é também uma luta contra a nudez, a perigosa nudez que produz em quem a contempla, segundo o arcebispo da Guatemala, *muita lesão no cérebro*.

São obrigados a repetir de cor a Ladainha, a Ave-Maria e o Pai-Nosso.

Terão virado cristãos os índios da Guatemala?

O frade doutrinador de San Andrés Itzapan não tem muita certeza. Diz que explicou o mistério da Santíssima Trindade dobrando um pano e mostrando-o aos índios: *Olhai: um pano só, em três dobras. Assim também é Deus.* E diz que os índios ficaram convencidos de que Deus é de pano.

Os índios fazem a Virgem desfilar em andores de plumas, e chamando-a de *Avó da Luz* pedem todas as noites que ela traga o sol na manhã seguinte; mas com maior devoção veneram a serpente que ela esmaga com o pé. Oferecem incenso à serpente, velho deus que dá bom milho e bom veado e ajuda a matar os inimigos. Mais do que a São Jorge, celebram o dragão, cobrindo-o de flores; e as flores aos pés do apóstolo São Tiago rendem homenagem ao cavalo, e não ao apóstolo. Identificam-se com Jesus, que foi condenado sem provas, como eles; mas não adoram a cruz, por ser símbolo de sua imolação, e sim porque a cruz tem a forma do fecundo encontro da chuva com a terra.

(322)

1775
Cidade da Guatemala

Sacramentos

Os índios não cumprem os rituais da Páscoa se estes não coincidem com dias de chuva, de colheita ou de plantio. O arcebispo da Guatemala, Pedro Cortés Larraz, dita um novo decreto ameaçando quem se esquece, assim, da salvação da alma.

Tampouco os índios vão à missa. Não respondem ao chamado nem ao sino; é preciso ir buscá-los a cavalo por aldeias e plantações e arrastá-los à força. A falta é castigada com oito chibatadas, mas a missa ofende os deuses maias e isso pode mais que o medo de apanhar. Cinquenta vezes por ano, a missa interrompe o trabalho agrário, cotidiana cerimônia de comunhão com a terra. Acompanhar passo a passo os ciclos de morte e ressurreição do milho é, para os índios, uma forma de rezar; e a terra, templo imenso, lhes dá provas, dia a dia, do milagre da vida que renasce. Para eles, toda terra é igreja e todo bosque, santuário.

Para fugir do castigo no pelourinho da praça, alguns índios se aproximam do confessionário, onde aprendem a pecar, e se ajoelham diante do altar, onde comungam comendo o deus de milho. Mas só levam seus filhos à pia batismal depois de tê-los levado, monte adentro, para oferecê-los aos antigos deuses. Ante eles, celebram as alegrias da ressurreição. Tudo que nasce, nasce de novo.

(322)

1775
Huehuetenango

Árvores que sabem, sangram, falam

O frade entra em Huehuetenango atravessando neblinas de incenso. Ele crê que assim os fiéis estão rendendo homenagem ao Deus verdadeiro. Mas as mães cobrem com mantos os recém-nascidos, para que o padre não os adoeça com o olhar. O incenso não se ergue por gratidão ou boas-vindas, mas por exorcismo. Arde a resina do copal e ondula a fumaça suplicando aos antigos deuses maias que cessem as pestes que os cristãos trouxeram.

O copal, que sangra incenso, é árvore sagrada. Sagrada é a paineira, que durante as noites vira mulher, e o cedro, e todas as árvores que sabem escutar as penas humanas.

(322)

1775
Gado-Saby

Bonny

Uma avalanche de tiros abre caminho para os oitocentos soldados vindos da Holanda. A aldeia cimarrona de Gado-Saby range e cai. Por trás das cortinas de fumaça e fogo, os rastros de sangue se perdem na beira da selva.

O coronel suíço Fourgeaud, veterano das guerras da Europa, decide acampar entre as ruínas. Na calada da noite, soam vozes misteriosas vindas da floresta e assoviam tiros que obrigam os soldados a se atirar no chão.

A tropa passa a noite cercada por disparos, insultos e canções de desafio e vitória. Os cimarrões, invisíveis, dão gargalhadas quando o coronel Fourgeaud, do chão, promete liberdade e comida a troco da rendição.

– *Morto de fome!* – gritam mil vozes da selva. – *Espantalho!*

As vozes chamam os soldados holandeses de *escravos brancos* e anunciam que logo o chefe Bonny mandará em toda essa terra do Suriname.

Quando o amanhecer rompe o cerco, o coronel Fourgeaud descobre que seus homens não foram feridos por balas e sim por pedrinhas, botões e moedas. Também descobre que os cimarrões passaram a noite inteira carregando, selva adentro, sacos de arroz, mandioca e inhame, enquanto o tiroteio de projéteis e palavras imobilizava os holandeses.

Bonny foi o autor da manobra. Bonny, caudilho dos cimarrões, não tem no corpo a marca de ferro. Sua mãe, escrava, fugiu do leito do amo e foi pari-lo livre na selva.

(264)

1776
Cape Coast Castle

Prodígios dos alquimistas no tráfego africano

O capitão Peleg Clarke leva muito tempo barganhando na costa da África.

O barco fede. O capitão ordena a seus marinheiros que subam à coberta com os escravos já comprados, para banhá-los; mas nem bem tiram suas correntes, os negros se atiram ao mar. Nadando para terra, são devorados pela correnteza.

A perda dessa mercadoria machuca a honra do capitão Clarke, veterano pastor desses rebanhos, e fere o prestígio dos negreiros de Rhode Island. Os estaleiros norte-americanos se orgulham de construir os barcos mais seguros para o tráfico da Guiné. Suas prisões flutuantes são bem-feitas, mas tão bem-feitas, que só registram uma rebelião de escravos a cada quatro anos e meio, média quatro vezes menor que a dos franceses e duas vezes menor que a das empresas especializadas da Inglaterra.

Muito têm que agradecer a seus negreiros as treze colônias que daqui a pouco serão os Estados Unidos da América. O rum, bom remédio para a alma e para o corpo, se transforma em escravos na costa africana. Depois, esses negros se transformam em melaço nas ilhas antilhanas da Jamaica e Barbados. Dali viaja o melaço para o norte e se transforma em rum nas destilarias de Massachusetts. E então novamente o rum atravessa o mar para a África. Cada viagem se completa com a venda de tabaco, tábuas, ferragens, farinha, carne salgada e compras de especiarias nas ilhas. Os negros que sobram vão parar nas plantações da Carolina do Sul, Geórgia e Virgínia.

Assim, o tráfico de escravos dá lucro aos navegantes, aos comerciantes, aos agiotas e aos donos de estaleiros, destilarias, serrarias, salinas, moinhos, plantações e empresas de seguros.

(77 e 193)

1776
Pensilvânia

Paine

Chama-se "Common Sense". O panfleto foi publicado no começo do ano e circulou pelas colônias norte-americanas como água ou pão. O autor, Tom Paine, inglês vindo a essas terras há dois anos, exorta a que declarem a independência de uma vez por todas: *O direito ao governo próprio é nosso direito natural. Por que duvidamos?*

A monarquia, diz Paine, *é uma forma ridícula de governo*. Na melhor das hipóteses, Paine considera o governo um mal necessário; na pior, um mal intolerável. E a monarquia é a pior das hipóteses. Qualquer homem honrado, diz, *vale mais que todos os rufões coroados que tenham existido*, e chama Jorge III *Fera Real da Grã-Bretanha*.

No mundo inteiro, diz, a liberdade é objeto de caçadas ferozes. Na Europa, é olhada como uma estranha; a Ásia e a África a expulsaram faz tempo e os ingleses já a advertiram de que deve ir-se embora. Paine exorta os colonos da América a converter esse solo em refúgio de homens livres: *Recebam os fugitivos e preparem, a tempo, um asilo para a condição humana!*

(243)

1776
Filadélfia

Os Estados Unidos

A Inglaterra nunca prestou muita atenção às suas treze colônias na costa atlântica norte-americana. Não têm ouro, nem prata, nem açúcar; as colônias nunca foram imprescindíveis, nunca foram impedidas de crescer. Elas caminharam sozinhas: assim foi desde o distante tempo em que os peregrinos pisaram pela primeira vez as terras pedregosas que chamaram de Nova Inglaterra, e era tão duro o solo que dizem que foi preciso espalhar as sementes a tiro. Agora, em pleno desenvolvimento, as treze colônias inglesas precisam correr.

As treze colônias têm fome do Oeste. Muitos pioneiros sonham em se lançar além das montanhas, levando como bagagem um rifle, um machado e um punhado de milho; mas a coroa britânica marcou a fronteira no topo dos Apalaches e reservou aos índios as terras do lado de lá. As treze colônias têm fome de mundo. Seus navios já andam por todos os mares; mas a coroa britânica obriga-as a comprarem o que ela quer e a venderem onde ela decide.

De repente, rompem-se as amarras. As treze colônias se negam a continuar tributando obediência e dinheiro ao rei de uma ilha tão distante. Erguem bandeira própria, decidem chamar-se Estados Unidos da América, renegam o chá e proclamam que o rum, produto nacional, é bebida patriótica.

Todos os homens nascem iguais, diz a declaração de independência. Os escravos, meio milhão de escravos negros, não são avisados.

(130 e 224)

1776
Monticello

Jefferson

O redator da declaração de independência, certidão de nascimento dos Estados Unidos, é homem de mil talentos e curiosidades.

Incansável leitor de termômetros, barômetros e livros, Thomas Jefferson pergunta e descobre, perseguindo a revelação da natureza e querendo abraçar todas as dimensões do pensamento humano. Está reunindo uma fabulosa biblioteca e um universo de pedras, fósseis e plantas; e sabe tudo o que pode ser sabido sobre a filosofia neoplatônica, a gramática latina, a estrutura da língua grega e a organização da sociedade através da história. Conhece a fundo sua terra, a Virgínia, cada filho e cada avô de cada família, cada fiapo de erva; e está em dia com as novidades da técnica no mundo. Passa o tempo ensaiando máquinas de vapor, novos modelos de arado e métodos originais para produzir manteiga e queijo. Ele imaginou sua mansão de Monticello, desenhou-a e construiu-a sem um só erro.

Os puritanos contavam a população por *almas*. Jefferson a conta por *indivíduos da espécie humana*. Dentro da espécie, os negros são quase iguais. Os negros têm memória aceitável e nenhuma imaginação e sua pobre inteligência jamais poderia entender Euclides. Aristocrata da Virgínia, Jefferson prega a democracia, uma democracia de proprietários, e a liberdade de pensamento e fé; mas defende a hierarquia do sexo e da cor. Seus planos de educação não chegam até as mulheres, nem aos índios, nem aos negros. Jefferson condena a escravidão e é, continuará sendo, senhor de escravos. As mulatas o atraem mais que as brancas, mas teme a perda da pureza racial e acha que a mistura de sangues é a pior das desgraças que ameaçam o colono branco.

(41 e 161)

1777
Paris

Franklin

O norte-americano mais célebre chega à França em missão desesperada. Benjamin Franklin vem pedir auxílio contra as tropas coloniais inglesas, que ocuparam a Filadélfia e outros redutos patrióticos. Usando de todo o peso de seu prestígio pessoal, o embaixador se propõe a despertar glórias e rancores no coração dos franceses.

Não há no mundo rei ou plebeu que não conheça Franklin, desde que ele empinou um papagaio e descobriu que os fogos e os trovões do céu não expressam a ira de Deus e sim a eletricidade da atmosfera. Suas descobertas científicas provêm da vida cotidiana. O mais complicado está no mais humilde, a aurora e seus desenhos que não se repetem nunca, o óleo que se atira na água e alisa as ondas, a mosca afogada no vinho que revive ao sol. Observando que o suor mantém o corpo fresco em dias de calor sufocante, Franklin imaginou um sistema de produção de frio por evaporação.

Também inventou e fabricou aquecedores e relógios e um instrumento de música, a harmônica de cristal, que inspirou Mozart; e como ficava aborrecido por ter de trocar constantemente os óculos para ler ou ver de longe, cortou as lentes e as uniu dentro de um mesmo aro, e assim deu nascimento às lentes bifocais.

Mas Franklin se fez popularíssimo quando percebeu que a eletricidade procura as pontas afiadas e derrotou os raios colocando uma vareta de ferro pontiaguda no alto de uma torre. Por ser Franklin o porta-voz dos rebeldes da América, o rei da Inglaterra ordenou que os para-raios britânicos terminem em ponta redonda.

(79)

Se ele tivesse nascido mulher

Dos dezesseis irmãos de Benjamin Franklin, Jane é a que mais se parece com ele em talento e força de vontade.

Mas na idade em que Benjamin saiu de casa para abrir seu próprio caminho, Jane casou-se com um seleiro pobre, que a aceitou sem dote, e dez meses depois deu à luz seu primeiro filho. Desde então, durante um quarto de século, Jane teve um filho a cada dois anos. Algumas crianças morreram, e cada morte abriu-lhe um talho no peito. As que viveram exigiram comida, abrigo, instrução e consolo. Jane passou noites a fio ninando os que choravam, lavou montanhas de roupa, banhou montões de crianças, correu do mercado à cozinha, esfregou torres de pratos, ensinou abecedários e ofícios, trabalhou ombro a ombro com o marido na oficina e atendeu os hóspedes cujo aluguel ajudava a encher a panela. Jane foi esposa devota e viúva exemplar; e quando os filhos já estavam crescidos, encarregou-se dos próprios pais, doentes, de suas filhas solteironas e de seus netos desamparados.

Jane jamais conheceu o prazer de se deixar flutuar em um lago, levada à deriva pelo fio de um papagaio, como costuma fazer Benjamin, apesar da idade. Jane nunca teve tempo de pensar, nem se permitiu duvidar. Benjamin continua sendo um amante fervoroso, mas Jane ignora que o sexo possa produzir outra coisa além de filhos.

Benjamin, fundador de uma nação de inventores, é um grande homem de todos os tempos. Jane é uma mulher do seu tempo, igual a quase todas as mulheres de todos os tempos, que cumpriu com seu dever nesta terra e expiou sua parte de culpa na maldição bíblica. Ela fez o possível para não ficar louca e buscou, em vão, um pouco de silêncio.

Seu caso não despertará o interesse dos historiadores.

(313)

1778
Filadélfia

Washington

O primeiro dos soldados é também o mais prestigioso dos granjeiros, o mais veloz dos cavaleiros, o caçador mais certeiro. Não dá a mão a ninguém, nem permite que ninguém olhe em seus olhos. Ninguém o chama de George. De sua boca jamais escapa um elogio, mas tampouco escapa alguma queixa; e sempre dá exemplo de firmeza e bravura, por mais que o façam sofrer suas úlceras e cáries e febres.

Com a ajuda de homens e armas da França, o exército de George Washington arranca das mãos britânicas a cidade de Filadélfia. A guerra pela independência dos Estados Unidos, casacas negras contra casacas vermelhas, está se tornando longa e penosa.

(224 e 305)

1780
Bolonha

Clavijero defende as terras malditas

Um dos jesuítas expulsos da América, Francisco Javier Clavijero, escreve na Itália a sua *História antiga do México*. Em quatro volumes, o sacerdote conta *a vida de um povo de heróis*, ato de tomada de consciência, consciência nacional, consciência histórica, dos *criollos* que começam a chamar de México a Nova Espanha e já pronunciam com orgulho a palavra pátria. A obra assume a defesa da América, tão atacada nesses anos por Paris, Berlim ou Edimburgo: *Se a América não tinha trigo, a Europa não tinha milho... Se a América não tinha romãs ou limões, agora tem; mas a Europa não tinha, nem tem, nem pode ter, frutas-de-conde, abacates, bananas, sapotis...*

Com inocência e paixão arremete Clavijero contra os enciclopedistas que descrevem o Novo Mundo como um empório de abjeções. O conde de Buffon afirma que na América o céu é avarento e a terra ficou podre por causa das chuvas; que os leões são calvos, pequenos e covardes, e o tapir, um elefante de bolso; que lá os cavalos ficam anões, que nem os cachorros e os porcos, que os índios, frios como serpentes, não têm alma nem ardor diante da fêmea. Também Voltaire fala de leões e homens imberbes, e o barão de Montesquieu explica que os povos vis nascem em terras quentes. O abade Guillaume Raynal se indigna porque na América as cordilheiras vão de norte a sul em vez de correr de este a oeste, como devem, e seu colega prussiano Corneille de Pauw retrata o índio americano como animal degenerado e frouxo. Segundo De Pauw, o clima de lá deixa os animais desconjuntados e sem rabo; as mulheres são tão feias que se confundem com os varões e não tem gosto o açúcar nem cheiro o café.

(73 e 134)

1780
Sangarara

Arde a América da cordilheira ao mar

Passaram-se dois séculos desde que o sabre do verdugo partiu o pescoço de Túpac Amaru, o último dos incas, na Praça Maior de Cusco. Realiza-se agora o mito que naquele momento nasceu da sua morte. A profecia se cumpre: a cabeça se junta com o corpo e Túpac Amaru, renascido, ataca.

José Gabriel Condorcanqui, Túpac Amaru II, entra na aldeia de Sangarara, ao som de grandes caracóis marinhos, *para cortar o mau governo de tanto ladrão ordinário que rouba o mel de nossos favos*. Atrás de seu cavalo branco, cresce um exército de desesperados. Lutam com estilingues, paus e facas esses soldados nus. São, na maioria, índios *que passam a vida em vômitos de sangue* nos socavões de Potosí ou se extenuam em construções e fazendas.

Troar de tambores, nuvens de bandeiras, cinquenta mil homens coroando as serras: avança e arrasa Túpac Amaru, libertador de índios e negros, castigador dos *que nos puseram nesse estado de morte tão deplorável*. Os mensageiros galopam sublevando povoados do vale do Cusco até as costas de Arica e as fronteiras de Tucumán, *porque os que caem nessa guerra têm certeza de que renascerão depois*.

Muitos mestiços se juntam à revolta. Também uns quantos *criollos*, europeus de sangue, mas americanos de nascimento.

(183 e 344)

1780
Tungasuca

Túpac Amaru II

Antônio Oblitas, escravo do corregedor Arriaga, içou uma corda forte, corda de forca, corda de mulas, na praça deste povoado de Tungasuca, e o vento balançou durante a semana inteira o corpo de Arriaga, chefão de índios, dono de negros, dono de Antônio.

Essa mão que pinta é a mão que enforcou. Antônio Oblitas está pintando o retrato do homem que ordenou a liberdade de todos os escravos do Peru. Na falta de cavalete, jaz o quadro nuns sacos de milho. Sobre a áspera madeira vão e vêm, criando cor, os pincéis de Antônio, verdugo de seu amo, nunca mais escravo. Túpac Amaru posa a cavalo, ao ar livre. Não veste sua habitual jaqueta de veludo negro nem seu chapéu de três pontas. O herdeiro dos incas mostra roupas de filho do sol, insígnia de rei: leva na cabeça, como seus antepassados, o casco de plumas, a tríplice coroa e a borla dependurada, o sol de ouro sobre o peito e na mão, comandando, traz o cetro cheio de espinhos. Ao redor do imóvel cavaleiro vão surgindo cenas da recente vitória contra as tropas coloniais. Da mão de Antônio brotam soldadinhos e fumaceiras, índios em guerra, as chamas devorando a igreja de Sangarara e os presos fugindo do cárcere.

Nasce o quadro entre duas batalhas, durante a vigília das armas. Há muito Túpac Amaru e seu cavalo posam. Tão de pedra estão que Antônio se pergunta se respiram. Cores vivas vão cobrindo a madeira, muito lentamente. O pintor se abandona nesse longo instante de trégua. Assim o artista e seu modelo fogem do tempo, enquanto dura o retrato, para que não haja derrota que chegue nem morte que vença.

(137, 183 e 344)

1780
Pomacanchi

A OFICINA É UM IMENSO NAVIO

que navega sobre terras da América, uma galera que jamais deixa de navegar, noite e dia impulsionada pelos índios que remam para um porto que jamais alcançarão: para a costa que se afasta, remam e remam os índios; e a chibata os acorda quando são vencidos pelo sono.

Homens, mulheres, crianças e velhos fiam, tecem e lavram algodão e lã nos teares. Os reis prometem horários e salários, mas os índios atirados nesses grandes galpões ou cárceres só saem dali quando chega a hora do enterro.

Pelo sul de Cusco anda Túpac Amaru libertando índios atados aos teares. Os ventos da grande rebelião tiram o sono dos vice-reis de Lima, Buenos Aires e Bogotá.

(170 e 320)

UM POEMA COLONIAL: SE TRIUNFAM OS ÍNDIOS...

...nos fizessem trabalhar
do modo que eles trabalham
e o quanto agora os rebaixam
nos fizessem rebaixar.
Ninguém pudesse esperar
casa, propriedade, esplendores,
ninguém a nos honrar,
e todos seriam plebeus:
eu seria índio deles,
e eles, senhores meus.

(183)

1781
Bogotá

Os comuneiros

Treme de ira o arcebispo de Bogotá e geme o couro da poltrona. As mãos, mãos de enfeite, ornadas de rubis e esmeraldas, amassam a saia roxa. Sua ilustríssima, dom Antonio Caballero y Góngora, amaldiçoa com a boca cheia, embora não esteja comendo, porque sua língua é gorda como ele.

Indigentes notícias chegaram da vila do Socorro. Os comuneiros, gentes comuns, ergueram-se contra os novos impostos, e os *criollos* ricos são os capitais da sua revolta. Ricos e pobres se ofendem com os impostos, que castigam tudo, das velas de sebo ao mel, e que não perdoam nem o vento: chama-se *tributo do vento* o imposto que paga o mercador ambulante.

Em Socorro, vila de rochas, rompeu a rebelião que o vice-rei, em Bogotá, via chegar. Foi em dia de mercado, em plena praça. Uma plebeia, Manuela Beltrán, arrancou o edital das portas do *Cabildo*, rasgou-o em pedaços que depois pisou; e o povo se lançou em assalto aos armazéns e queimou a cadeia. Agora milhares de comuneiros, armados de paus e enxadas, vêm batendo tambores até Bogotá. As armas espanholas caíram na primeira batalha.

O arcebispo, que manda mais que o vice-rei, decide sair ao encontro dos sublevados. Ele marchará, para enganá-los com promessas, à cabeça da embaixada da comitiva. A mula olha para ele com pânico.

(13 e 185)

1781
Támara

As planícies

Gritando o nome de Túpac Amaru, mil e quinhentos índios vêm galopando das planícies do oriente dos Andes. Querem ganhar a cordilheira e somar-se à maré de comuneiros que marcham sobre Bogotá. O governador das planícies foge e salva o pescoço.

Esses rebeldes são índios das savanas dos rios que vão dar no Orinoco. Nas praias do Orinoco, onde põem seus ovos, as tartarugas tinham o costume de celebrar mercados. Para ali acudiam, desde tempos remotos, outros índios da Guiana e da Amazônia. Trocavam sal, ouro, panelas de barro, cestas, redes, peixe seco, óleo de tartaruga, veneno para flechas e tinta vermelha para proteger dos mosquitos os corpos nus. As conchas de caracol eram a moeda corrente, até que chegaram os europeus ansiosos de escravos e ofereceram machados, tesouras, espelhos e aguardente a troco de homens. Então os índios começaram a se escravizar uns aos outros, e a vender seus irmãos, e cada perseguidor foi também um fugitivo; e muitos morreram de sarampo ou de varíola.

(121 e 185)

1781
Zipaquirá

Galán

No povoado de Zipaquirá é assinado o tratado de paz, que o arcebispo redige, jura sobre os evangelhos e consagra com a missa.

O acordo dá razão aos rebeldes. Daqui a pouco esse papel será cinza, e os capitães comuneiros sabem disso muito bem;

mas também eles, *criollos* ricos, precisam acalmar o quanto antes essa tormenta assombrosa, *enorme confusão das gentes plebeias,* que cresce escurecendo os céus de Bogotá e está ameaçando os americanos de fortuna do mesmo jeito que a coroa espanhola é ameaçada.

Um dos capitães rebeldes se nega a entrar na trama. José Antonio Galán, que tinha feito suas primeiras armas no batalhão de pardos de Cartagena, continua a luta. Marcha de aldeia em aldeia, de fazenda em fazenda, libertando escravos, abolindo tributos e repartindo terras. *União dos oprimidos contra os opressores,* proclama seu estandarte. Amigos e inimigos o chamam de *o Túpac Amaru daqui.*

(13 e 185)

Romance popular dos comuneiros

Calai os tambores
e vós, ficai atentos,
que este é o fiel romance
que dizem os comuneiros:
puxa a cabra pro monte
e o monte puxa pro céu;
e o céu não sei pra donde
e nem há quem o saiba agora.
O rico puxa o pobre.
O índio, que vale menos,
ricos e pobres o puxam,
pra parti-lo meio a meio...

(13)

1781
Cusco

O centro da Terra, a casa dos deuses

Cusco, a cidade sagrada, está querendo voltar a ser. As negras pedras dos tempos antigos, muito apertadas entre si, amando-se muito, vencedoras das fúrias da terra e dos homens, andam querendo sacudir-se em cima das igrejas e palácios que as esmagam.

Micaela Bastidas contempla Cusco e morde os lábios. A mulher de Túpac Amaru contempla, do alto de um monte, o centro da Terra, o lugar eleito pelos deuses. Ali espera a que foi capital dos incas, cor de barro e fumaça, tão perto que poderia tocá-la.

Mil vezes insistiu, em vão, Micaela. O novo inca não se decide a atacar. Túpac Amaru, o filho do sol, não quer matar índios. Túpac Amaru, encarnação do fundador de toda vida, promessa viva de ressurreição, não pode matar índios. E são índios, comandados pelo cacique Pumacahua, os que defendem este bastião espanhol.

Mil vezes insistiu e mil vezes insiste Micaela e Túpac se cala. E ela sabe que haverá tragédia na Praça dos Prantos e sabe que ela vai chegar, de qualquer maneira, até o final.

(183 e 344)

1781
Cusco

De pó e pena são os caminhos do Peru

Atravessados de balas, uns sentados e outros estendidos, ainda se defendiam e nos ofendiam atirando-nos muitas pedras... Ladeiras das serras, campos de cadáveres: entre os mortos e as lanças e as bandeiras rasgadas, os vencedores recolhem uma ou outra carabina.

Túpac Amaru não entra na cidade sagrada com passo de vencedor, na frente de tropas tumultuosas. Entra em Cusco no lombo de uma mula, carregado de correntes que se arrastam sobre as pedras das ruas. Entre duas filas de soldados, caminha rumo à prisão. Repicam, frenéticos, os sinos das igrejas.

Túpac Amaru tinha escapado nadando pelo rio Combapata e foi surpreendido por uma emboscada no povoado de Langui. Foi vendido por um de seus capitães, Francisco Santa Cruz, que era também seu compadre.

O traidor não procura uma corda para se enforcar. Cobra dois mil pesos e recebe um título de nobreza.

(183 e 344)

1781
Cusco

Auto sacramental na câmara de torturas

Amarrado ao potro do suplício, jaz nu, ensanguentado, Túpac Amaru. A câmara de torturas do cárcere de Cusco é sombria e de teto baixo. Um jorro de luz cai sobre o chefe rebelde, luz violenta, que fere. José Antônio de Areche exibe uma peruca cacheada e uniforme militar de gala. Areche, representante do rei da Espanha, comandante geral do exército e juiz supremo, está sentado junto à manivela. Quando a faz girar, uma nova volta de corda atormenta os braços e as pernas de Túpac Amaru e escutam-se, então, gemidos abafados.

ARECHE – Ah, rei dos reis, reizinho vendido a preço vil! Dom José I, agente a soldo da coroa inglesa! O dinheiro se casa com a ambição de poder. Quem se surpreende com a boda? É costume... Armas britânicas, dinheiro britânico. Por que não negas, hem? Pobre-diabo. *(Levanta-se e acaricia a cabeça de Túpac Amaru.)* Os hereges luteranos jogaram pó em seus olhos e escuro véu em seu entendimento. Pobre-diabo. José Gabriel Túpac Amaru, dono absoluto e natural desses domínios... Dom José I, monarca do Novo Mundo! *(Desenrola um pergaminho e lê em voz alta.)* "Dom José I, pela graça de Deus, Inca, Rei do Peru, Santa Fé, Quito, Chile, Buenos Aires e continentes dos mares do sul, duque da Superlativa, Senhor dos Césares e Amazonas, com domínio no grande Paititi, Comissário distribuidor da propriedade divina..." *(Vira-se, de repente, para Túpac Amaru.)* Negue! Encontramos esse manifesto nos teus bolsos! Prometias liberdade... Os hereges te ensinaram as más artes do contrabando. Envolta na bandeira da liberdade, trazias a mais cruel das tiranias! *(Caminha ao redor do corpo atado ao potro.)* "Tratam-nos como cães", dizias. "Arrancam-nos a pele", dizias. Mas, por acaso alguma vez pagaram tributo, tu e os teus? Desfrutavas o privilégio de usar armas e andar a cavalo. Sempre foste tratado como cristão de linhagem limpa de sangue! Demos-te vida de branco e pregaste o ódio das raças. Nós, teus odiados espanhóis, te ensinamos a falar. E que disseste? "Revolução!" Ensinamos-te a escrever, e o que escreveste? "Guerra!" *(Senta-se, dá as costas a Túpac Amaru e cruza as pernas.)* Assolaste o Peru. Crimes, incêndios, roubos, sacrilégios... Tu e teus sequazes terroristas trouxeram o inferno para estas províncias. Que os espanhóis deixam os índios lambendo terra? Já ordenei que acabem as vendas obrigatórias e que se abram teares e se pague o que for justo. Suprimi os dízimos e as alfândegas... Por que continuaste a guerra, se foi restabelecido o bom trato? Quantos milhares de mortos causaste, farsante imperador? Quanta dor puseste nas terras invadidas? *(Levanta-se e se inclina sobre Túpac Amaru, que não abre os olhos.)* Que o trabalho forçado dos índios é um crime, e que de cada cem índios que vão para as minas só voltam vinte? Já ordenei que se acabe o trabalho forçado. E por acaso o incômodo trabalho forçado não foi inventado pelos teus antepassados incas? Os incas... Ninguém teve pior trato com os índios. Renegas o sangue europeu que te corre pelas veias, José Gabriel Condorcanqui Noguera... *(Faz uma pausa e fala enquanto rodeia o corpo do vencido.)* Tua sentença está pronta. Já a imaginei, escrevi e assinei. *(A mão corta o ar sobre a boca de Túpac.)* Vão te arrastar para o cadafalso e o verdugo cortará a tua língua. Vão te amarrar em quatro cavalos, pelas mãos e pelos pés. Serás esquartejado. *(Passa a mão pelo torso nu.)* Arrojarão teu corpo a uma fogueira no morro do Picchu e lançarão ao ar as cinzas. *(Toca na cara.)* Tua cabeça balançará três dias pendurada numa forca, no povoado de Tinta, e depois ficará espetada num pau, na estrada do povoado, com uma coroa de onze pontas de ferro, por teus onze títulos de imperador. *(Acaricia os braços.)* Enviaremos um braço teu a Tungasuca e o outro será exibido na capital de Carabaya. *(E as pernas.)* Uma perna na aldeia de Livitaca e a outra em Santa Rosa de Lampa. Serão arrasadas as casas que habitaste. Jogaremos sal sobre tuas terras. Cairá a infâmia sobre a tua descendência pelos séculos dos séculos. *(Acende uma vela e a empunha sobre o rosto de Túpac.)* Ainda tens tempo. Dize-me: Quem continua a rebelião que iniciaste? Quem são teus cúmplices? *(Meloso.)* Tens tempo. Ofereço-te a forca. Tens tempo para escapar de tanta humilhação e sofrimento. Dá-me nomes. Dize-me.*(Aproxima a orelha.)* Tu és o teu verdugo, índio carniceiro! *(Novamente adoça o tom da voz.)* Cortaremos a língua de teu filho Hipólito. Cortaremos a língua de Micaela, tua mulher, e a daremos ao garrote vil... Não te arrependas, mas salva-a. Ela. Salva tua mulher de uma morte infame. *(Aproxima-se. Espera.)* Sabe Deus que crimes arrastas! *(Faz girar violentamente a roda do tormento e se escuta um gemido atroz.)* Não vais desculpar-te com silêncios frente ao tribunal do Altíssimo, índio orgulhoso! *(Com pena.)* Ah! Tu me entristeces quando vejo que há uma alma que quer ir assim para a eterna condenação... *(Furioso.)* Pela última vez! Quem são teus cúmplices?

TÚPAC AMARU (Erguendo a duras penas a cabeça, abre os olhos e finalmente fala.) – Aqui não há mais cúmplices que tu e eu. Tu, por ser opressor, e eu, por ser libertador, merecemos a morte.

(183 e 344)

1781
Cusco

Ordem de Areche
contra os trajes incaicos e para que falem os índios a língua castelhana

Proíbe-se que os índios usem os trajes gentílicos, e especialmente os da nobreza gentílica, que só servem para representar-lhes os que usavam seus antigos incas, recordando-lhes memórias que nada outra coisa influem senão calcar-lhes mais e mais ódio à nação dominante; além de ser seu aspecto ridículo e pouco conforme à pureza de nossa religião, pois colocam em várias partes dele o sol, que foi sua primeira divindade; estendendo-se essa resolução a todas as províncias dessa América Meridional, deixando de todo extinguidos tais trajes... como igualmente todas as pinturas ou retratos dos incas...

E para que esses índios se desgrudem do ódio que conceberam contra os espanhóis, e sigam os trajes que lhes determinam as leis, se vistam de nossos costumes espanhóis e falem a língua castelhana, se introduzirá com mais vigor que até aqui o uso da língua nas escolas sob as penas mais rigorosas e justas contra os que não a usem, depois de passado algum tempo onde possam tê-la aprendido...

(345)

1781
Cusco

Micaela

Nesta guerra, que fez ranger a terra com dores de parto, Micaela Bastidas não teve descanso nem consolo. Essa mulher de pescoço de pássaro percorria as terras *arranjando mais gente* e enviava à frente novas hostes e escassos fuzis, a luneta que alguém tinha perdido, folhas de coca e milho verde. Galopavam os cavalos, incessantemente, levando e trazendo através das serras suas ordens, salvo-condutos, relatórios e cartas. Numerosas mensagens enviou a Túpac Amaru, apressando-o a lançar suas tropas sobre Cusco de uma vez por todas, antes que os espanhóis fortalecessem as defesas e se dispersassem, desanimados, os rebeldes. *Chepe*, escrevia, *Chepe, meu muito querido: Bastantes advertências te dei...*

Puxada pelo rabo de um cavalo, entra Micaela na Praça Maior de Cusco, que os índios chamam Praça dos Prantos. Ela vem dentro de um saco de couro, desses que carregam mate do Paraguai. Os cavalos arrastam também, rumo ao cadafalso, Túpac Amaru e Hipólito, o filho dos dois. Outro filho, Fernando, olha.

(159 e 183)

1781
Cusco

Sagrada chuva

O menino quer virar a cabeça, mas os soldados o obrigam a olhar. Fernando vê como o verdugo arranca a língua de seu irmão Hipólito e o empurra na escada da forca. O verdugo pendura também dois tios de Fernando e depois o escravo Antônio Oblitas, que tinha pintado o retrato de Túpac

Amaru, e o corta a golpes de machado; e Fernando vê. Com correntes nas mãos e grilhões nos pés, entre dois soldados que o obrigam a olhar, Fernando vê o verdugo aplicando o garrote vil em Tomasa Condemaita, mulher do cacique de Acos, cujo batalhão de mulheres tinha dado tremenda tunda no exército espanhol. Então sobe ao tablado Micaela Bastidas e Fernando vê menos. Seus olhos ficam enevoados enquanto o verdugo busca a língua de Micaela, e uma cortina de lágrimas tapa os olhos do menino quando sentam a mãe dele para culminar o suplício: a argola que se aperta não consegue sufocar o pescoço fino e é preciso que *enrolando laços no pescoço, puxando de um e outro lado e dando-lhe chutes no estômago e nos peitos, acabem de matá-la.*

Fernando já não vê nada, já não houve nada, Fernando que há nove anos nasceu de Micaela. Não vê que agora trazem o seu pai, Túpac Amaru, e o amarram às cinchas de quatro cavalos, pelos pés e pelas mãos, a cara para o céu. Os ginetes cravam as esporas rumo aos quatros pontos cardeais, mas Túpac Amaru não se quebra. *Levam-no pelo ar, parece uma aranha;* as esporas rasgam os ventres dos cavalos, que se erguem em duas patas e se arremetem com todas as forças, mas Túpac Amaru não se quebra.

É tempo de longa seca no vale de Cusco. Ao meio-dia em ponto, enquanto lutam os cavalos e Túpac Amaru não se arrebenta, uma violenta catarata cai de repente do céu: tomba a chuva para valer, como se Deus ou o Sol ou alguém tivesse decidido que esse momento bem merece uma chuva dessas que deixam o mundo cego.

(183 e 344)

Os índios creem:

Jesus se veste de branco para vir a Cusco. Um menino pastor o vê, brinca com ele, persegue-o. Jesus é menino também, e corre entre o chão e o ar: atravessa o rio sem se molhar e desliza muito suavemente pelo vale sagrado dos incas, cauteloso para não raspar essas terras recém-feridas. Das fraldas do pico Ausangate, cujo hálito gelado irradia a energia da vida, caminha para a montanha de Coylloriti. Ao pé dessa montanha, albergue de antigas divindades, Jesus deixa cair sua túnica branca. E caminha rocha acima e para. Então, entra na rocha.

Jesus quis se dar aos vencidos, e por eles se faz pedra, como os antigos deuses daqui, pedra que diz e dirá: *Eu sou Deus, sou vocês, eu sou os que caíram.*

Para sempre os índios do vale de Cusco subirão em procissão para saudá-lo. Eles se purificarão nas águas da torrente e com tochas nas mãos dançarão para ele, dançarão para lhe dar alegria: tão triste está Jesus, tão quebrado, ali dentro.

(301)

Dançam os índios à glória do paraíso

Muito longe de Cusco, a tristeza de Jesus também preocupava os índios tepehuas. Desde que o deus novo tinha chegado ao México, os tepehuas acorriam à igreja, com banda de música, e lhe ofereciam bailes e brincadeiras de disfarces e saborosos *tamales*, e bons tragos; mas não havia maneira de lhe dar alegria. Jesus continuava penando, a barba esmagada sobre o peito, e assim foi até que os tepehuas inventaram a Dança dos Velhos.

Ela é dançada por dois homens mascarados. Um é a Velha, o outro é o Velho. Os Velhos vêm do mar com oferendas de camarões e percorrem a aldeia de São Pedro apoiando em bengalas de madeira os corpos torcidos pelas doenças. Diante dos altares improvisados nas ruas, param e dançam, enquanto canta o cantor e o músico bate numa carapaça de tartaruga. A Velha, malandra, se mexe e se oferece e finge que foge; o Velho a persegue, agarra por trás, abraça-a e a ergue. Ela chuta o ar, morrendo de rir, fingindo defender-se a bengaladas, mas apertando-se, feliz, no corpo do Velho que ataca e tropeça e ri, enquanto todo mundo celebra.

Quando Jesus viu os Velhos fazendo o amor, ergueu a fronte e riu pela primeira vez. Desde então ri cada vez que os tepehuas dançam para ele essa dança irreverente.

Os tepehuas, que salvaram Jesus da tristeza, tinham nascido dos flocos de algodão, em tempos remotos, lá nas beiras da serra de Veracruz. Para dizer *amanhece*, eles dizem: *Faz-se Deus*.

(359)

1781
Chincheros

Pumacahua

Ao centro, resplandece a Virgem de Montserrat. De joelhos reza, em ação de graças, Mateo García Pumacahua. A esposa e uma comitiva de parentes e capitães aparecem atrás, em procissão. Pumacahua veste roupas de espanhol, colete e casaca, sapatos com fivelas. Lá longe acontece a batalha, soldadinhos e canhões que parecem de brinquedo: o puma Pumacahua vence o dragão Túpac Amaru. *Vini, vidi, vinci*, lê-se em cima.

Ao cabo de vários meses, um artista sem nome concluiu seu trabalho. A igreja do povoado de Chincheros mostra, sobre o pórtico, as imagens que perpetuarão a glória e a fé do cacique Pumacahua na guerra contra Túpac Amaru.

Pumacahua, também herdeiro dos incas, recebeu uma medalha do rei da Espanha e, do bispo de Cusco, uma indulgência plenária.

(137 e 183)

1781
La Paz

Túpac Catari

Só falava aimará, a língua dos seus. Proclamou-se vice-rei dessas terras que ainda não se chamam Bolívia, e nomeou sua mulher vice-rainha. Instalou sua corte nas alturas que dominam a cidade de La Paz, escondida num buraco, e a sitiou.

Caminhava torto e um fulgor estranho acendia seus olhos, muito fundos na cara jovem e já arada. Vestia veludo negro, comandava de bastão e lutava de lança. Decapitava os padres suspeitos de celebrar missas de maldição e cortava os braços de espiões e traidores.

Julián Apaza tinha sido sacristão e padeiro antes de se converter em Túpac Catari. Junto à sua mulher, Bartolina Sisa, organizou um exército de quarenta mil índios que manteve em xeque as tropas enviadas pelo vice-rei de Buenos Aires.

Apesar das derrotas e matanças que sofreu, não havia jeito de agarrá-lo. Andando de noite, burlava todos os cercos, até que os espanhóis ofereceram a seu melhor amigo, Tomás Inca Lipe, chamado *o bom,* o cargo de governador da comarca de Achacachi, nas margens do lago Titicaca.

(183)

1782
La Paz

As libertadoras

As cidades espanholas do Novo Mundo, nascidas como oferendas a Deus e ao rei, têm um vasto coração de terra pisada. Na Praça Maior estão o cadafalso e a casa de governo, a catedral e o cárcere, o tribunal e o mercado. Perambula o gentio ao redor da forca e da fonte de água; na Praça Maior, praça forte, praça de armas, se cruzam o cavalheiro e o mendigo, o senhor de esporas de prata e o escravo descalço, as beatas que levam a alma à missa e os índios que trazem a *chicha*, aguardente de milho fermentado, em barrigudas vasilhas de barro.

Hoje tem espetáculo na Praça Maior de La Paz. Duas mulheres, caudilhas de levantamentos indígenas, serão sacrificadas. Bartolina Sisa, mulher de Túpac Catari, vem do quartel com uma corda no pescoço, amarrada ao rabo de um cavalo. Gregoria Apaza, irmã de Túpac Catari, vem montada num burrinho. Cada uma leva um pedaço de pau, como se fosse um cetro, na mão direita, e cravada na testa, uma coroa de espinhos. Na frente, os presos varrem o caminho com galhos. Bartolina e Gregoria dão várias voltas na praça, sofrendo em silêncio as pedradas e as risadas dos que caçoam delas por serem rainhas de índios, até que chega a hora da forca. Suas cabeças e suas mãos, manda a sentença, serão exibidas pelas aldeias da região.

O sol, o velho sol, também assiste à cerimônia.

(183 e 288)

1782
Guaduas

COM OLHOS DE VIDRO,

de uma jaula de madeira, a cabeça de José Antonio Galán olha para a aldeia de Charalá. Em Charalá, onde ele tinha nascido, exibem o seu pé direito. Há uma mão dele cravada na praça do Socorro.

A flor e a nata da sociedade colonial arrependeram-se do pecado de insolência. Os *criollos* ricos preferem continuar tributando impostos e obediência ao monarca espanhol, só para evitar a *contagiosa peste* que Galán, como Túpac Amaru, como Túpac Catari, encarnou e difundiu em jornadas de fúria. Galán, o mais capitão dos comuneiros, foi traído, perseguido e apanhado por gente que tinha sido companheira dele à frente da insurreição. Caiu em uma choça, depois de longo acossamento, junto a seus doze últimos homens.

Dom Antonio Caballero y Góngora, o arcebispo balofo, afiou o sabre que decapitou Galán. Enquanto jogava ao fogo o tratado de paz, tão cheio de promessas, tão enganador, sua ilustríssima acrescentava infâmias contra o *rancoroso plebeu*: Galán não foi esquartejado só porque era rebelde, mas também por ser *homem de obscuríssimo nascimento e amante da sua própria filha*.

O arcebispo tem duas poltronas. Além da poltrona apostólica, fez dele a poltrona de vice-rei de Bogotá.

(13 e 185)

1782
Sicuani

Este maldito nome

Diego Cristóbal, primo-irmão de Túpac Amaru e continuador de sua guerra no Peru, firmou um acordo de paz. As autoridades coloniais prometeram perdão e indulto geral.

Deitado no chão, Diego Cristóbal jura fidelidade ao rei. Multidões de índios descem dos montes e entregam as armas. O marechal oferece um banquete com brindes jubilosos, e o bispo, uma missa de ação de graças. De Lima, manda o vice-rei que todas as casas se iluminem durante três noites.

Dentro de um ano e meio, em Cusco, na Praça da Alegria, o carrasco arrancará aos pedaços a carne deste primo de Túpac Amaru, com tenazes em brasa, antes de pendurá-lo na forca. Também a mãe dele será enforcada e esquartejada. O juiz, Francisco Díez de Medina, tinha sentenciado que *nem ao Rei nem ao Estado convém que sobre semente ou raça deste e todo Túpac Amaru, pelo muito barulho e impressão que este maldito nome causou aos naturais.*

(183)

1783
Cidade do Panamá

Pelo amor da morte

Desde que amanhece fumega a terra, suplicando água, e os vivos buscam sombra e ar. Se o calor murcha os vivos que agarra, que não fará com os mortos, que não têm quem os abane?

Os mortos principais jazem nas igrejas. Assim requer o costume na seca meseta de Castela, e portanto assim deve ser, também, nesse fervedouro do Panamá. Os fiéis pisam lápides, ou se ajoelham sobre elas, e lá de baixo murmura a morte: *Já vou vir para ti;* mas faz chorar mais o cheiro da podridão que o pânico de morrer ou a memória de tão irreparável perda.

Sebastián López Ruiz, sábio investigador da natureza, escreve um relatório demonstrando que esse costume de lá é, aqui nessas bandas, inimigo da higiene e fatal para a saúde pública e que mais sadio seria enterrar os fidalgos do Panamá em algum distante campo-santo. Respondem-lhe que os mortos estão bem nas igrejas; e que o que foi e é, continuará sendo.

(323)

1783
Madri

Reivindicação das mãos

Aos ventos proclamam as trombetas que o rei da Espanha decidiu redimir a mão humana. De agora em diante, não perderá a sua nobre condição de fidalgo quem realizar trabalho manual. Diz o rei que a indústria não desonra quem a exerce, nem à sua família, e que nenhum ofício artesanal é indigno de espanhóis.

Carlos III quer pôr seu reino em dia. O ministro Campomanes sonha com o fomento da indústria, a educação popular e a reforma agrária. Da grande proeza imperial na América, a Espanha recebe as honras, e outros reinos da Europa, os lucros. Até quando a prata das colônias continuará pagando as mercadorias que a Espanha não produz? O que significa o monopólio espanhol se são ingleses, franceses, holandeses ou alemães os produtos que saem do porto de Cádiz?

Os fidalgos, que na Espanha abundam como frades, têm mãos inúteis para morrer pela Espanha ou matá-la. Embora sejam muito pobres, não se rebaixam em produzir com as suas mãos outra coisa além de glória. Faz muito tempo que essas mãos se esqueceram de trabalhar, como as asas das galinhas se esqueceram de voar.

(175)

1785
Cidade do México

O doutor Villarroel contra a pulquería

Cada pulquería, *esse local onde se vende o* pulque, *bebida perigosa e pagã, é uma oficina onde se formam os adultérios, os concubinatos, os estupros, os furtos, os roubos, os homicídios, brigas, feridas e demais delitos... Elas são os teatros onde se transformam homens e mulheres nas mais abomináveis fúrias infernais, saindo de suas bocas as mais refinadas obscenidades, as mais soezes palavras e as produções mais dissolutas, grosseiras, picantes e provocativas, que não seriam proferidas pelos homens mais libertinos, se não estivessem perturbados pelos vapores de tão fétida e asquerosa bebida... Estes são os efeitos da incúria, da omissão e da tolerância dos juízes, não lhes causando horror ver esticados pelas ruas os homens e as mulheres, como se fossem cães, expostos a que um cocheiro bêbado como eles passe-lhes por cima o carro, como sucede, despachando-os à eternidade num estado tão infeliz como no que se acham.*

(352)

A pulquería

Quando o vice-rei expulsou o *pulque* da Cidade do México, o desterrado encontrou refúgio nos subúrbios.

Licor das verdes matas... Nas tabernas dos subúrbios, o *pulquero* vai e vem sem parar entre as tinas generosas e os jarros cobiçados, *tu me tombas, tu me matas, tu me fazes andar de quatro,* enquanto num canto chora um recém-nascido aos berros e, em outro canto, um velho cochila.

Cavalos, burros, galos de briga, acorrentados a argolas de ferro, envelhecem esperando lá fora. Lá dentro, as tinas coloridas mostram nomes desafiantes: "A não me derrube", "A dos fortes", "A valente"... Lá dentro não existem as leis nem o tempo de fora. No chão de terra rodam os dados e sobre um barril joga-se com baralhos floridos. Ao som da harpa alegre canta um bêbado e o soldado promete bronca a um cocheiro, *que sou muito homem, que sou demais,* e o *pulquero* barrigudo oferece: *Pra quem vai essoutra?*

(153 e 266)

O *PULQUE*

Talvez o *pulque* devolva aos índios seus velhos deuses. Aos velhos deuses o oferecem, regando a terra ou o fogo ou erguendo a jarra às estrelas. Talvez os deuses continuem sedentos do *pulque* que mamavam nas quatrocentas tetas da mãe Mayahuel.

Talvez bebam os índios, também, para conseguir força e se vingar; e com certeza bebem para esquecer e serem esquecidos.

Segundo os bispos, o *pulque* tem a culpa da preguiça e da pobreza e traz idolatria e rebelião. *Vício bárbaro de um povo bárbaro,* diz um oficial do rei: sob os efeitos do espesso vinho de *maguey,* dizem, *o menino renega o pai, e o vassalo, seu senhor.*

(153 e 331)

O MAGUEY

Armado de verdes espadas, o *maguey* resiste invicto à seca e ao granizo, às noites de gelo e aos sóis de fúria dos desertos do México.

O *pulque* vem do *maguey, árvore que amamenta,* e do *maguey* vêm a forragem dos animais, as vigas e as telhas dos telhados, os troncos das cercas e a lenha das fogueiras. Suas folhas carnudas oferecem laços, bolsas, esteiras, sabão e papel, o papel dos antigos códices, e seus espinhos servem de agulhas e alfinetes.

O *maguey só* floresce quando vai morrer. Abre-se e floresce como quem diz adeus. Um altíssimo talo, talvez mastro, talvez pênis, abre caminho do coração do *maguey* até as nuvens, numa explosão de flores amarelas. Então o grande talo cai e com ele cai *o maguey,* arrancado pela raiz.

É raro encontrar-se um *maguey* florido no árido vale do Mezquital. Mal começa a dar talo, a mão do índio o castra e revolve a ferida e assim o *maguey* verte seu *pulque,* que acalma a sede, alimenta e consola.

(32 e 153)

A JARRA

O oleiro mexicano tem uma longa história. Três mil anos antes de Hernán Cortez, suas mãos transformavam a argila em vasilha ou figura humana que o fogo endurecia contra o tempo. Muito depois, explicavam os astecas que um bom oleiro *dá alma ao barro e faz viver as coisas.*

A remota tradição se multiplica cada dia em garrafões, moringas, vasilhas e principalmente em jarras: jarras como de marfim, de Tonalá, jarras brigonas de Metepec, jarras barrigudas e brilhantes de Oaxaca, humildes jarrinhas de Chililico; avermelhadas jarras de Toluca, escorridas de barro negro... A jarra de barro cozido preside as festas e as cozinhas e acompanha o preso e o mendigo. Recolhe o *pulque*, desprezado pela taça de cristal, e é prenda de amantes:

> *Quando eu morrer, de meu barro*
> *faça-se, comadre, um jarro.*
> *Se de mim tiveres sede, beba:*
> *se a boca ficar grudada,*
> *serão beijos desse seu camarada.*

(18, 153 e 294)

1785
Cidade do México

Sobre a literatura de ficção na época colonial

O vice-rei do México, Matías de Gálvez, assina um novo decreto a favor dos trabalhadores índios. Receberão os índios salário justo, bons alimentos e assistência médica; e terão duas horas de descanso, ao meio-dia, e poderão mudar de patrão quando quiserem.

(146)

1785
Guanajuato

O vento sopra onde quer e onde pode

Um abismo de luz se abre no ar transparente e entre as negras muralhas da serra resplandece o deserto. No deserto se erguem, fulgor de cúpulas e torres, as cidades mineiras do México. Guanajuato, tão habitada como a capital do vice-reino, é a mais senhorial. Carregados em andor vão à missa seus donos, perseguidos por enxames de mendigos, seguindo um labirinto de ruelas e ruinhas, a viela do Bego, a do Escorregão, a dos Quatro Ventos, e entre as pedras polidas pelos pés do tempo aparecem capins e fantasmas.

Em Guanajuato, os sinos das igrejas organizam a vida; e o acaso a governa. Algum jogador trapaceiro, brincalhão e misterioso distribui as cartas. Dizem que aqui se pisa ouro e prata por onde se caminha, mas tudo depende dos veios que serpenteiam debaixo da terra e que a seu bel-prazer se oferecem e se negam. Ontem celebrou o golpe de sorte um afortunado cavalheiro, e a todos brindou com o melhor vinho de beber, e pagou serenatas de flautas e violas, e comprou rendas finas de Cambray e calção de veludo e casaca de seda bordada a ouro e camisola da Holanda; e hoje foge sem deixar rastros o filão de prata que por um dia o fez príncipe.

A vida dos índios, em compensação, não depende do acaso. Por causa do mercúrio que respiram ficam trêmulos para sempre e sem dentes, na fabricação de amálgama, e por causa do pó assassino e dos vapores pestilentos que respiram, seus peitos arrebentam nos socavões. Às vezes saltam aos pedaços quando a pólvora estoura, e às vezes escorregam no vazio quando descem carregando pedras ou quando sobem levando nas costas os capatazes, que por isso chamam os índios de *cavalinhos*.

(6, 261 e 349)

1785
Guanajuato

Retábulo de prata

Conversam as damas com a linguagem dos leques nos frondosos jardins. Alguém mija na parede de uma igreja e, na beira de uma praça, dois mendigos, sentados ao sol, catam piolhos um no outro. Debaixo de um arco de pedra, fala dos Direitos do Homem um ilustrado doutor de vasta toga, e anda um frade pela viela sussurrando condenações eternas contra os bêbados, as putas e os ladrões que vão atravessando seu caminho. Não distante da cidade, os *recolhedores* caçam índios a laço.

Já faz tempo que Guanajuato destronou Potosí. A nova rainha da prata no mundo está faminta de mão de obra.

Os operários, assalariados livres, não veem uma moeda na vida, mas estão presos pelas dívidas. Seus filhos herdarão as dívidas e também o medo: medo da dor e do cárcere e da fome e dos deuses antigos e do deus novo.

(261 e 349)

1785
Lisboa

A função colonial

A Coroa portuguesa manda liquidar as fábricas têxteis do Brasil, que de agora em diante não poderão produzir nada além de roupa rústica para escravos. Em nome da rainha, o ministro Melo e Castro envia as instruções correspondentes. Observa o ministro que *na maior parte das capitanias do Brasil se têm estabelecido, e vão cada vez mais se propagando, diferentes fábricas e manufaturas, não só de tecidos de várias qualidades, mas até de galões de ouro e prata.* Estas são, diz, *perniciosas transgressões:* se continuarem, *a consequência será que todas as utilidades e riquezas dessas importantíssimas colônias ficarão sendo patrimônio dos seus habitantes.* Sendo o Brasil terra tão fértil e abundante em frutos, *ficarão os ditos habitantes totalmente independentes de sua capital dominante: é, por isso, indispensavelmente necessário abolir do Estado do Brasil as ditas fábricas e manufaturas.*

(205)

1785
Versalhes

A batata vira uma grande dama

Há dois séculos e meio, os conquistadores a trouxeram do Peru. Vinha muito recomendada pelos índios, de modo que na Europa foi destinada aos porcos, aos presos e aos moribundos. A batata foi alvo de chacotas e de castigos todas as vezes que quis escapar dos chiqueiros, cárceres e hospitais. Em várias regiões foi proibida; e em Besançon foi acusada de provocar a lepra.

Antoine Parmentier conheceu a batata na prisão. Estava Parmentier preso num cárcere prussiano e não lhe davam outra coisa para comer. Pareceu-lhe sem graça a princípio, mas depois soube amá-la e descobriu nela encantos e sabores.

Já livre em Paris, Parmentier organizou um banquete. Estavam lá D'Alembert, Lavoisier, o embaixador norte-americano Benjamin Franklin e outras celebridades. Parmentier ofereceu-lhes um cardápio de pura batata: pão de batata, sopa de batata, purê, salada de batata alegrada com molhos à vontade, batata frita, bolinhos e pastéis de batata. De sobremesa, torta de batata. Para beber, aguardente de batata. Parmentier pronunciou uma exposição sobre as virtudes da batata. Exaltou suas qualidades nutritivas, proclamou-a necessária ao paladar e ao sangue e declarou que a batata venceria a fome na Europa, por ser invulnerável ao granizo e de fácil cultivo. Os convidados, boquiabertos, aplaudiram com emoção e convicção.

Depois Parmentier convenceu o rei. Luís XVI mandou que se plantassem batatas em suas terras da planície de Sablons, perto de Paris, e mandou-as cercar de soldados em guarda permanente. Assim conseguiu excitar as curiosidades e os desejos pelo fruto proibido.

Em Versalhes ocorre a consagração definitiva. A rainha Maria Antonieta, transformada num jardim de flores de batata, dá um soberano beijo na face de Antoine Parmentier.

O rei Luís, que ainda não perdeu a cabeça, lhe oferece um abraço. Toda a nobreza da França assiste à apoteose da batata, nesse reino onde a arte do bem comer é a única religião sem ateus.

(156 e 250)

A batata nasceu do amor e do castigo, segundo contam nos Andes

O inca, contam, condenou os amantes que violaram as leis sagradas. Que os enterrem vivos e juntos, decidiu.

Ela havia sido uma virgem consagrada ao deus Sol. Tinha fugido do templo para se entregar a um servo lavrador.

Vivos e juntos, decidiu o inca. No poço profundo foram enterrados, amarrados um ao outro, de boca para cima; e nenhuma queixa foi escutada enquanto eram cobertos de terra.

Chegou a noite e as estrelas andaram por caminhos estranhos. Pouco depois, desapareceu o ouro do leito dos rios e se fizeram estéreis, puro pó e pedra, os campos do reino. Só a terra que tapava os amantes estava a salvo da seca.

Os altos sacerdotes aconselharam ao inca que desenterrasse os amantes, os queimasse e esparramasse suas cinzas pelo vento. Que assim seja, decidiu o inca.

Mas não os encontraram. Cavaram muito fundo e não encontraram nada além de uma raiz. Essa raiz se multiplicou e a batata foi, desde então, a comida principal dos andinos.

(248)

1790
Paris

Humboldt

Aos vinte anos, Alexander von Humboldt descobriu o mar e a revolução.

Em Dunquerque o mar deixou-o mudo, e em Calais arrancou-lhe um grito a lua cheia brotando das ondas. Assombro de mar, revelação da revolução: em Paris, no ano do catorze de julho, Humboldt se deixa levar pelo doce turbilhão das ruas em festa, metido no povo que dança e canta a liberdade recém-nascida.

Ele viveu buscando respostas e encontrando perguntas. Sem se dar trégua interrogou os livros e o céu e a terra, perseguindo os enigmas da alma e os mistérios do cosmos e os segredos dos besouros e das pedras, sempre apaixonado pelo mundo e pelos homens e mulheres que lhe deram vertigem e pânico. *Alexander jamais será feliz*, diz seu irmão Wilhelm, o preferido da mãe.

Aos vinte anos, febre de viver, febre de ver, Humboldt jura eterna lealdade às bandeiras da Revolução Francesa e jura que atravessará o mar, como Balboa e Robinson Crusoé, rumo às terras onde sempre é meio-dia.

(30 e 46)

1790
Petit Goâve

Embora tenham terras e escravos

A gordura do bolso pode mais, às vezes, que a cor da pele. No Haiti, são negros os mulatos pobres e mulatos os negros ricos que reuniram bastante dinheiro. Os mulatos ricos pagam imensas fortunas para se transformarem em brancos, embora poucos consigam o mágico documento que permite que o filho do amo e da escrava se faça doutor, se chame senhor, use espada e possa tocar numa mulher branca sem perder o braço.

Balança em uma forca o mulato que reivindicou os direitos do cidadão, recém-proclamados em Paris, e no alto de uma estaca passeia pela vila de Petit Goâve a cabeça de outro mulato que quis ser deputado.

(115)

1791
Bois Caiman

Os conjurados do Haiti

A velha escrava, íntima dos deuses, afunda o facão na garganta de um javali negro. A terra do Haiti bebe o sangue, sob a proteção dos deuses da guerra e do fogo, duzentos negros cantam e dançam o juramento da liberdade. Na proibida cerimônia do vodu, iluminada por relâmpagos, os duzentos escravos decidem converter em pátria essa terra de castigo.

É fundada no Haiti a língua *créole*. Como o tambor, o *créole* é o idioma comum que os arrancados da África falam em várias ilhas antilhanas. Brotou do interior das plantações, quando os condenados necessitaram reconhecer-se e resistir. Veio das línguas africanas, com africana melodia, e se alimentou dos dizeres normandos e bretões. Recolheu palavras dos índios caraíbas e dos piratas ingleses e também dos colonos espanhóis do oriente do Haiti. Graças ao *créole*, *os* haitianos sentem que se tocam quando se falam.

O *créole* reúne palavras, e o vodu, deuses. Esses deuses não são amos e sim amantes, muito dançadores, que transformam cada corpo em que penetram em música e luz, pura luz em movimento, ondulante e sagrada.

(115 e 265)

Canção haitiana de amor

Queimo-me como lenha.
Minhas pernas se quebram como taquaras.
Nenhum prato tenta minha boca.
O trago mais ardente se faz água.
Quando penso em ti,
meus olhos se inundam
e minha razão cai derrotada
pela minha dor.

Não é verdade, minha formosa,
que falta pouco para que voltes?
Oh! Regressa a mim, minha sempre fiel!
Crer é menos doce que sentir!
Não demores demais.
Grande é a dor.
Vem libertar da gaiola
o pássaro faminto.

(265)

1792
Rio de Janeiro

Os conjurados do Brasil

Há apenas meio século, acreditava-se que as minas do Brasil durariam tanto quanto o mundo, mas cada vez há menos ouro e menos diamantes e cada vez pesam mais os tributos que é preciso pagar à rainha de Portugal e à sua corte de parasitas.

De lá enviam muitos burocratas vorazes e nem um único técnico em mineração. De lá impedem que os teares de algodão teçam outra coisa além de roupa de escravos e de lá proíbem a exploração do ferro, que jaz ao alcance da mão, e proíbem a fabricação da pólvora.

Para romper com a Europa, *que nos chupa como esponja,* conspirou um punhado de senhores. Donos de minas e fazendas, frades, poetas, doutores, contrabandistas de longa experiência organizaram há três anos uma rebelião que se propunha a converter essa colônia em república independente, onde fossem livres os negros e mulatos nela nascidos e onde todo mundo vestisse roupa nacional.

Antes que soasse o primeiro tiro de mosquete, falaram os delatores. O governador prendeu os conjurados de Ouro Preto. Debaixo de torturas, confessaram; e se acusaram entre si com abundantes detalhes. Basílio de Britto Malheiro se desculpou, explicando que quem tem a desgraça de nascer no Brasil copia os maus costumes de negros, mulatos, índios e outros modelos ridículos. Cláudio Manuel da Costa, o mais ilustre dos prisioneiros, enforcou-se na cela, ou foi enforcado, por não ter confessado ou por ter confessado demais.

Houve um homem que se calou. O alferes Joaquim José da Silva Xavier, chamado Tiradentes, só falou para dizer:

– Eu sou o único responsável.

(205 e 209)

1792
Rio de Janeiro

Tiradentes

Parecem cadáveres à luz dos candeeiros. Presos por enormes correntes aos barrotes das janelas, os acusados escutam o juiz, há dezoito horas, sem perder uma só palavra.

Seis meses levou o juiz para redigir a sentença. Muito ao fim da noite, fica-se sabendo: são seis os condenados. Os seis serão enforcados, decapitados e esquartejados.

Cala-se então o juiz, enquanto os homens que queriam a independência do Brasil trocam críticas e perdões, insultos e lágrimas, afogados gritos de arrependimento ou protesto.

E chega, na madrugada, o perdão da rainha. Não haverá morte, e sim desterro, para cinco dos seis condenados. Mas um, o único que não delatou ninguém e foi por todos delatado, marchará para o patíbulo ao amanhecer. Por ele vibrarão os tambores e a lúgubre voz do pregoeiro percorrerá as ruas anunciando o sacrifício.

Tiradentes não é inteiramente branco. Alferes entrou no exército e alferes ficou para sempre, arrancando dentes para arredondar o soldo. Ele quis que os brasileiros fossem brasileiros. Bem sabem disso os pássaros que desaparecem, enquanto sai o sol, atrás das montanhas.

(205)

1794
Paris

"O REMÉDIO DO HOMEM É O HOMEM",

dizem os negros sábios, e bem o sabem os deuses. Os escravos do Haiti já não são escravos.

Durante cinco anos, a Revolução Francesa tinha bancado a surda. Em vão protestavam Marat e Robespierre. A escravidão continuava nas colônias: não nasciam livres nem iguais, apesar da Declaração dos Direitos do Homem, os homens que eram propriedade de outros homens nas distantes plantações das Antilhas. Afinal de contas, a venda de negros da Guiné era o negócio principal dos revolucionários mercadores de Nantes, Bordéus e Marselha; e do açúcar antilhano viviam as refinarias francesas.

Acossado pela insurreição negra, encabeçada por Toussaint Louverture, o governo de Paris acaba decretando o fim da escravidão.

(71)

1795
Montanhas do Haiti

Toussaint

Entrou em cena há um par de anos. Em Paris, é chamado de *O Espártaco Negro*.

Toussaint Louverture tem corpo de rã e os lábios ocupam quase toda a sua cara. Era cocheiro de uma plantação. Um negro velho lhe ensinou a ler e a escrever, a curar cavalos e a falar com os homens; mas sozinho aprendeu a olhar não só com os olhos, e sabe ver o voo em cada pássaro que dorme.

(71)

1795
São Domingos

A ilha queimada

Assustado com a libertação dos escravos no Haiti, o rei da Espanha cede à França o território de São Domingos. De uma penada apaga-se a fronteira que cortava a ilha em duas, dividida entre a mais pobre das colônias espanholas e a mais rica das colônias francesas. Dom Manuel Godoy, o manda-chuva da corte, diz em Madri que a revolta do Haiti converteu a ilha inteira em *terra de maldição para os brancos*.

Essa tinha sido a primeira colônia da Espanha na América. Aqui, o império tinha tido sua primeira audiência, sua primeira catedral, sua primeira universidade; daqui tinham partido as hostes da conquista rumo a Cuba e a Porto Rico. Tal nascimento anunciava glorioso destino, mas São Domingos foi devastado há dois séculos. O governador Antonio de Osorio transformou essa colônia em fumaça

Dia e noite trabalhou Osorio torrando a terra pecadora, e palmo a palmo queimou casas e fortalezas e embarcações, moinhos e chiqueiros e campos de plantação, e regou tudo com sal, e com as mãos enforcou quem ousou resistir. No crepitar das chamas ressoavam as trombetas do Juízo Final. Ao cabo de um ano e meio de contínua fogueira, o incendiador ergueu-se sobre a ilha por ele arrasada e recebeu do rei da Espanha dois mil ducados como pagamento por seu trabalho de redenção pelo fogo.

O governador Osorio, veterano das guerras de Flandres, tinha purificado esses solos. Tinha começado queimando as cidades do norte, porque por essa costa entravam piratas ingleses e holandeses trazendo Bíblias *da seita de Lutero* e difundindo o costume herege de comer carne na Sexta-Feira Santa. Começou pelo norte; e depois, não conseguiu mais parar.

(216)

1795
Quito

ESPEJO

Passou pela história cortando e criando.

Escreveu as mais afiadas palavras contra o regime colonial e seus métodos de educação, *uma educação de escravos*, e destripou o estilo balofo dos retóricos de Quito. Cravou suas diatribes nas portas das igrejas e das esquinas principais, para que se multiplicassem depois, de boca em boca, porque *escrevendo como anônimo podia muito bem tirar a máscara dos falsos sábios e fazer com que aparecessem vestidos de sua verdadeira e natural ignorância.*

Pregou o governo da América pelos nela nascidos. Propôs que o grito de independência soasse, ao mesmo tempo, em todos os vice-reinados e auditorias, e que se unissem as colônias para se tornarem pátrias, sob governos democráticos e republicanos.

Era filho de índio. Recebeu o nome de Chusig, que significa *coruja*. Para ter o título de médico, decidiu chamar-se Francisco Javier Eugenio de Santa Cruz y Espejo, nome que soa a linhagem longa, e assim pôde praticar e difundir seus descobrimentos contra a varíola e outras pestes.

Fundou, dirigiu e escreveu de cabo a rabo *Primícias da Cultura*, o primeiro jornal de Quito. Foi diretor da biblioteca pública. Jamais recebeu um salário.

Acusado de crimes contra o rei e contra Deus, Espejo foi trancado numa cela imunda. Ali morreu, de cárcere; e no último suspiro suplicou o perdão dos credores.

A cidade de Quito não registra no livro de pessoas notáveis o fim desse precursor da independência hispanoamericana, que foi o mais brilhante de seus filhos.

(17 e 249)

Assim satirizava Espejo a oratória desses tempos

Despeço as auras voláteis do alento; perco as pulsáticas oscilações da vida, quando ouço essas fulgurantes incompreensividades dos retóricos conceitos. Que delicioso gozo não é ouvir os cisnes canoros da oradora cancionante palavra, gorjeando com gutural sonoridade, trinar canções tristes em suas doces sílabas! Que intervalos saborosos de gloriado contentamento não percebe a alma aos ecos harmoniosos de suas fatídicas descrições.

(17)

1795
Montego Bay

Instrumentos de guerra

Bem merecido é o prestígio dos cães cubanos. Com eles os franceses caçaram muitos negros fugitivos nas montanhas do Haiti e uns poucos cães cubanos bastaram para derrotar os índios misquitos, que tinham aniquilado três regimentos espanhóis nas costas da Nicarágua.

Os latifundiários ingleses da Jamaica mandam para Cuba o coronel William Dawes Quarrell, em busca de cães. Assim exige, diz a assembleia, a segurança da ilha e a vida de seus habitantes. Os cães são instrumentos de guerra. Os asiáticos não empregam elefantes em suas batalhas? As mais civilizadas e polidas nações da Europa, raciocinam os plantadores ingleses, perseguem a cavalo a infantaria inimiga. Por que não rastrear com cães os esconderijos dos escravos cimarrões, se os negros são mais selvagens que os cães?

O coronel Quarrell consegue em Cuba o que procura, graças aos bons ofícios de dona Maria Ignacia de Contreras e Jústiz, marquesa de São Felipe e Santiago, condessa de Castillo e dona e senhora do Bejucal. Homens e cães embarcam no veleiro *Mercury*.

Brumas do crepúsculo na baía de Montego. As feras chegam à Jamaica. Esvaziam-se num piscar de olhos as ruas, fecham-se as portas. Quarenta capatazes cubanos fazem fila à luz das tochas. Cada um leva três cães enormes, amarrados à cintura por correntes esticadas.

(86 e 240)

1795
Havana

Imaginou o rebelde da Galileia que seria feitor de escravos?

Nas plantações cubanas de açúcar, os escravos não são desamparados. O amo os redime pelo trabalho e lhes abrevia a permanência neste vale de lágrimas; e os frades os salvam do inferno. A Igreja recebe cinco por cento da produção de açúcar para ensinar aos escravos que Deus os fez escravos, que escravo é o corpo, mas livre é a alma, pois a alma pura é como o açúcar branco, limpa da rapadura do purgatório, e que Jesus Cristo é o grande feitor que vigia, anota os méritos, castiga e recompensa.

Às vezes Jesus Cristo não é só o feitor, mas o próprio amo. O conde de Casa Bayona lavou os pés de doze negros, uma noite de Quinta-Feira Santa, e os sentou à sua mesa e dividiu com eles a ceia. Os escravos expressaram sua gratidão incendiando o engenho, e houve doze cabeças cravadas, diante dos campos de cana, numa fileira de lanças.

(222)

1796
Ouro Preto

O Aleijadinho

O Aleijadinho, criador de plenitudes, esculpe e talha com o toco dos braços. É de uma feiura horripilante o escultor das mais altas formosuras na região mineira do Brasil. Para não servir a senhor tão horroroso, um dos escravos que ele comprou quis suicidar-se. A doença, lepra ou sífilis ou misteriosa maldição, vai devorando-o a dentadas. Em troca de cada pedaço de carne que a doença arranca, ele entrega ao mundo novas maravilhas de madeira ou pedra.

Em Congonhas do Campo estão esperando por ele. Poderá chegar até lá? Terá forças para talhar os doze profetas e erguê-los contra o céu azulíssimo? Dançarão sua atormentada dança de animais feridos os profetas anunciadores do amor e da cólera de Deus?

Ninguém acredita que lhe sobre vida para tanto. Os escravos o carregam pelas ruas de Ouro Preto, sempre escondido debaixo do capuz, e amarram o cinzel ao resto da sua mão. Só eles veem os despojos de sua cara e de seu corpo. Só eles se aproximam desse monstrengo. Antônio Francisco Lisboa, o Aleijadinho, vai se quebrando; e nenhuma criança sonha que o cola com saliva.

(29 e 118)

1796
Mariana

Ataíde

Manuel da Costa Ataíde aplica ouro e cores nas figuras que o Aleijadinho talha na madeira. E é, além disso, pintor de fama própria. Nas igrejas, Ataíde cria céus desta terra; usando tintas de flores e plantas, pinta a Virgem com a cara de Maria do Carmo, mulher nascida aqui, madona morena e da qual brotam o sol e as estrelas, e pinta anjinhos músicos e cantores com pálpebras e lábios bem carnudos, cabelo encarapinhado e olhos de assombro ou malícia: os anjos mulatos são seus filhos, e a Virgem, a mãe de seus filhos.

Na igreja de São Francisco, em Mariana, tem traços africanos o santo do povoado de Assis que transformava lobos em cordeiros. Vivem junto a ele as santas brancas, com cabelo de verdade e caras de loucas.

(123)

1796
São Salvador da Bahia

Noite e neve

A amante mulata oferece festa sexual, e a esposa branca, prestígio social. Para alcançar a esposa branca, o mulato necessita se branquear. Se tem muito dinheiro, compra algum documento que apaga o estigma da avó escrava e lhe permite levar espada e chapéu, botinas de pele e guarda-sol de seda. Também manda pintar um retrato que os netos poderão mostrar sem rubor na sala. Ao Brasil chegaram artistas capazes de dar cara europeia a qualquer modelo dos trópicos. Molduras douradas, em formas ovais, rodeiam o rosto do patriarca, homem de pele rosada, cabelos lisos e olhar grave e vigilante.

(65 e 119)

1796
Caracas

Compra-se pele branca

A coroa espanhola já não considera vil a linhagem indígena; o sangue negro, em compensação, *obscurece os nascimentos* por muitas gerações. Os mulatos ricos podem comprar certidões de brancura pagando quinhentas moedas de prata.

Para tirar-lhe a mancha que o aflige extremamente, o rei declara *branco* Diego Mejías Bejarano, mulato de Caracas, *para que sua qualidade triste e inferior não lhe seja obstáculo ao uso, trato, alternativa e vestido como os outros sujeitos.*

Em Caracas, só os brancos podem escutar missa na catedral e ajoelhar-se sobre tapetes em qualquer igreja. *Mantuanos* se chamam os que mandam, porque a mantilha é privilégio das brancas damas. Nenhum mulato pode ser sacerdote ou doutor.

Mejías Bejarano pagou as quinhentas moedas, mas as autoridades locais se negam a obedecer. Um tio de Simón Bolívar e os outros *mantuanos* do cabildo declaram que a concessão real é espantosa para os moradores e naturais da América. O cabildo pergunta ao rei: *Como é possível que os moradores e naturais brancos desta província admitam ao seu lado um mulato descendente de seus próprios escravos, ou dos escravos de seus pais?*

(174 e 225)

1796
San Mateo

Simón Rodríguez

Orelhas de rato, nariz de pato, boca de sapo. Uma bola vermelha balança, esfiapada, do gorro que tapa a calvície precoce. Os óculos, apoiados em cima das sobrancelhas, raramente ajudam os olhos azuis, ávidos e voadores. Simón Carreño, Rodríguez porque escolheu este nome, perambula pregando esquisitices.

Garante esse leitor de Rousseau que as escolas deveriam abrir-se ao povo, às pessoas de sangue misturado; que meninas e meninos deveriam partilhar as salas e que mais útil ao país seria criar pedreiros, ferreiros e carpinteiros que fidalgos e frades.

Simón o mestre e Simón o aluno. Vinte e cinco anos tem Simón Rodríguez e treze Simón Bolívar, o órfão mais rico da Venezuela, herdeiro de mansões e plantações, dono de mil escravos negros.

Longe de Caracas, o preceptor inicia o garoto nos segredos do universo e fala de liberdade, igualdade, fraternidade; mostra a ele a dura vida dos escravos que para ele trabalham, e conta que o não-me-esqueças, essa florzinha, também se chama *myosotis palustris*. Mostra a ele como nasce o potrinho do ventre da égua e como cumprem os ciclos o cacau e o café. Bolívar se faz nadador, caminhador e cavaleiro; aprende a semear, a construir uma cadeira e a chamar pelo nome as estrelas do céu de Aragua. Mestre e aluno atravessam a Venezuela, acampando onde for, e conhecem juntos a terra que os fez. À luz de um lampião, leem e discutem *Robinson Crusoé* e as *Vidas* de Plutarco.

(64, 116 e 298)

1797
La Guaira

O COMPASSO E O ESQUADRO

Por causa da fuga do mestre, interrompe-se a educação de Bolívar. Simón Rodríguez, suspeito de conspiração contra o rei, passa a chamar-se Simón Robinson. Do porto de La Guaira, navega rumo à Jamaica, rumo ao exílio.

Os conspiradores queriam uma América independente e republicana, sem tributo indígena nem escravidão negra, livre do rei e do papa, onde as pessoas de todas as raças seriam irmãs na razão e em Jesus Cristo.

Maçons *criollos*, da loja que Francisco de Miranda fundou em Londres, encabeçavam o movimento. São acusados também três espanhóis maçons, desterrados em Caracas, e fala-se que na conspiração havia franceses sábios em revoluções e guilhotinas. As investigações descobrem mais livros proibidos que armas perigosas.

Na praça principal de Caracas, esquartejam José María de Espanha, líder da rebelião.

(191 e 298)

1799
Londres

Miranda

Há quase trinta anos Francisco de Miranda saiu da Venezuela. Na Espanha foi guerreiro vitorioso. Fez-se maçom em Cádis e se pôs a percorrer a Europa em busca de armas e dinheiro para a independência da América. Sobre tapete mágico viajou de corte em corte, levando como bagagem uma flauta, um falso título de conde e muitas cartas de recomendação. Comeu com reis e dormiu com rainhas. Na França, a revolução fez dele um general. O povo de Paris aclamou-o como herói, mas Robespierre condenou-o como traidor; e para salvar a cabeça, Miranda voltou para Londres. Atravessou o canal da Mancha com passaporte falso, peruca e óculos escuros.

O chefe do governo inglês, William Pitt, o recebe em seu gabinete. Manda chamar o general Abercromby e conversam os três enquanto engatinham sobre imensos mapas abertos no chão:

Miranda (falando inglês): Que fique claro que tudo isso se faz pela independência e liberdade daquelas províncias, sem o que... *(olhando o teto, conclui a frase em castelhano)* ...seria uma infâmia.

Abercromby (concordando com a cabeça): Independência e liberdade.

Miranda: Necessito quatro mil homens e seis barcos de guerra. *(Aponta o mapa.)* Começaríamos atacando Caracas e...

Pitt: Não leve a mal, mas falarei francamente. Prefiro o opressivo governo da Espanha que o abominável sistema da França.

Miranda (fecha os olhos e sussurra em castelhano): O inimigo de meu inimigo é meu amigo. O inimigo de meu inimigo é meu amigo. O inimigo...

Pitt: Não gostaria de empurrar os americanos às calamidades de semelhante revolução.

Miranda: Compreendo e participo de vossa inquietude, excelentíssimo senhor. Precisamente com esse fim, solicito a aliança, para que em comum lutemos contra os princípios monstruosos da liberdade francesa. *(Volta ao mapa.)* Caracas cairá sem dificuldade...

Abercromby: E se as pessoas de cor tomarem as armas? E se pegarem o comando, como no Haiti?

Miranda: Na minha terra, a bandeira da liberdade está nas mãos de ilustres cidadãos, de tão civilizados hábitos que bem os teria desejado Platão para sua república. *(Desliza a mão até a província de Santa Fé. Os três pregam o olhar no porto de Cartagena.)*

Abercromby: Parece difícil.

Miranda: Parece invulnerável. Mas conheço um ponto que faz esta praça ficar fraquíssima. No lado esquerdo da muralha...

(150 e 191)

Miranda sonha com Catarina da Rússia

Às vezes, noite alta, Miranda volta a São Petersburgo e ressuscita Catarina, a Grande, em seus aposentos íntimos do Palácio de Inverno. A infinita cauda do manto da imperatriz, que milhares de pajens sustentam no ar, é um túnel de seda por onde corre Miranda até se afundar num mar de rendas. Buscando o corpo que arde e espera, Miranda faz saltar broches de ouro e grinaldas de pérolas e abre caminho entre tecidos que rangem, mas lá dentro da ampla saia fofa os arames do merinaque o arranham. Consegue atravessar essa armadura e chega à primeira anágua e a rasga de uma vez. Debaixo encontra outra, e depois outra e outra, muitas anáguas adamascadas, capas de cebola que suas mãos vão arrancando cada vez com menos brio, e quando finalmente rompe a última anágua aparece o espartilho, invulnerável bastião defendido por um exército de ganchos e ganchinhos e lacinhos e botõezinhos, enquanto a augusta senhora, carne que não se cansa jamais, geme e suplica.

1799
Cumaná

Um par de sábios a lombo de mula

Não cabe o Novo Mundo nos olhos dos dois europeus que acabam de desembarcar em Cumaná. Fulgura o porto sobre o rio, incendiado de sol, casas de madeira branca ou bambu junto ao forte de pedra, e mais além, verde mar, terra verde, resplandece a baía. Tudo é novo de verdade, nunca usado, jamais visto: a plumagem dos flamingos e o bico dos pelicanos, os coqueiros de vinte metros e as imensas flores de veludo, os troncos acolchoados de cipós e folhas, a sesta eterna dos crocodilos, os caranguejos azuis, amarelos, vermelhos... Há índios dormindo nus na areia quente e mulatas vestidas de musselina bordada, que descalças acariciam o que pisam. Aqui não há árvore que não ofereça o fruto proibido no centro do perdido jardim.

Alexander von Humboldt e Aimé Bonpland alugam uma casa que dá para a praça principal, com bom telhado plano e resistente, para instalar o telescópio. Dessa cobertura veem, olhando para cima, um eclipse de sol e uma chuva de meteoros, o céu em cólera cuspindo fogo durante uma noite inteira, e olhando para baixo veem como os compradores de escravos abrem as bocas dos negros recém-chegados ao mercado de Cumaná. Nessa casa sofrem o primeiro terremoto de suas vidas e daqui saem para explorar a região: classificam samambaias e pássaros raros e procuram Francisco Loyano, que deu de mamar ao filho de cinco meses e teve tetas e suave e doce leite enquanto durou a doença da mulher.

Depois, Humboldt e Bonpland empreendem viagem rumo às terras altas do sul. Carregam seus instrumentos: o sextante, a bússola, o termômetro, o higrômetro, o magnetômetro. Também levam papel para secar as flores, bisturis para a autópsia dos pássaros, peixes e caranguejos; e tinta e pluma para desenhar seus assombros. Em lombo de mulas viajam, sufocados de bagagem, o alemão de cartola negra e olhos azuis e o francês de lupa insaciável.

As selvas e as montanhas da América, perplexas, se escancaram para esses dois loucos.

(30 e 46)

1799
Montevidéu

O PAI DOS POBRES

Francisco Antonio Maciel fundou o primeiro estabelecimento de charque dessa margem do Prata. Sua é, também, a fábrica de sabão e velas de sebo. Acende as velas de Maciel o faroleiro que anda pelas ruas de Montevidéu, ao cair da noite, tocha na mão e escada no ombro.

Quando não anda percorrendo seus campos, Maciel revista nas charqueadas as fatias de charque que venderá a Cuba ou ao Brasil, ou dá uma olhada, nos cais, aos couros que embarca. Costuma acompanhar seus bergantins, que exibem nomes de santos, até além da baía. Os montevideanos o chamam de *Pai dos Pobres*, porque nunca lhe falta tempo, e parece milagre, para dar socorro aos doentes deixados nas mãos de Deus, e a qualquer hora e em qualquer lugar o piedoso Maciel estende o prato suplicando esmola para o Hospital de Caridade que ele mesmo criou. Tampouco se esquece de visitar os negros que passam a quarentena nas barracas na foz do arroio Miguelete. Ele fixa pessoalmente o preço mínimo de cada um dos escravos que seus barcos trazem do Rio de Janeiro ou de Havana. Duzentos pesos fortes valem os que têm dentadura completa; quatrocentos, os que sabem artes de pedreiro ou carpinteiro.

Maciel é o mais importante dos comerciantes montevideanos especializados no intercâmbio de carne de vaca por carne de gente.

(195 e 251)

1799
Guanajuato

Vida, paixão e negócios da classe dominante

Ao longo do século que está morrendo, os donos das minas de Guanajuato e Zacatecas compraram dezesseis títulos de alta nobreza. Dez mineiros se fizeram condes, e seis, marqueses. Enquanto eles estreavam genealogias e ensaiavam perucas, um novo código de trabalho transformava seus operários em escravos, por dívidas. Durante o século XVIII, Guanajuato multiplicou por oito sua produção de prata e ouro.

Enquanto isso, a varinha mágica do dinheiro tocou também sete comerciantes da Cidade do México, lavradores vindos das montanhas do norte da Espanha, e os fez marqueses e condes.

Alguns mineiros e comerciantes, ansiosos de prestígio aristocrático, compram terras além de comprar títulos. Pelo México afora, as infinitas fazendas avançam devorando o espaço tradicional das comunidades indígenas.

Outros, em compensação, preferem investir na avareza. O agiota José Antonio del Mazo, por exemplo, arrisca pouco e ganha muito. *O amigo Mazo*, escreve Francisco Alonso Terán, *é um dos que mais negócios faz em Guanajuato. Se Deus lhe der muita vida, guardará a cidade inteira em sua pança.*

(49 e 223)

1799
Cidade Real de Chiapas

Os *tamemes*

Dom Agustín de las Quentas Zayas, governador de Chiapas, projeta um novo caminho do rio Tulijá até Comitán, rumo à Guatemala. Mil e duzentos *tamemes* transportarão os materiais necessários.

Os *tamemes*, mulas de duas pernas, são índios capazes de suportar até sete arrobas. Com cordas atadas na testa, carregam às costas imensos volumes ou pessoas sentadas em poltronas, e assim atravessam as altas montanhas e beiram os precipícios com um pé dentro da vida e o outro fora.

(146 e 321)

1799
Madri

Fernando Túpac Amaru

Na rua, alguém arranca gemidos de um violão.

Lá dentro, Túpac Amaru treme de febre e morre sonhando que tira neve da boca. Pobre como um rato, acaba em Madri sua breve vida de desterro e cárcere.

Há vinte anos, a chuva violenta varreu a Praça Maior de Cusco, e desde então não parou de chover no mundo.

O médico diz que Fernando morreu de melancolia.

(344)

1800
Rio Apure

Rumo ao Orinoco

A América arde e gira, queimada e atordoada pelos seus sóis, mas as árvores gigantes se abraçam sobre os rios e à sua sombra resplandece a canoa dos sábios.

A canoa avança perseguida pelos pássaros e por famintas hordas de mosquitos e pernilongos. Humboldt e Bonpland se defendem a bofetadas das contínuas cargas dos lanceiros, que atravessam a roupa e o couro e chegam ao osso, enquanto o alemão estuda a anatomia do manati, o gordo peixe com mãos, ou a eletricidade do peixe-elétrico ou a dentadura da piranha, e o francês recolhe e classifica plantas ou mede um crocodilo e calcula sua idade. Juntos desenham mapas, registram a temperatura da água e a pressão do ar, analisam as placas de mica da areia, as conchas dos caracóis e o perambular das Três-Marias pelo céu. Eles querem que a América lhes conte tudo o que sabe e nesses reinos não há folha ou pedra muda.

Acamparam numa pequena enseada, desembarcaram os aborrecidos instrumentos. Acenderam a fogueira para espantar os mosquitos e cozinhar. Nesse momento, um cão late como que avisando que se aproxima o jaguar, e corre para se esconder atrás das pernas de Bonpland. O tucano, que Humboldt leva no ombro, dá uma bicada, nervoso, no seu chapéu. Rangem as folhas e entre as árvores aparece um homem nu, pele de cobre, cara índia, cabelo africano:

– Bem-vindos às minhas terras, cavalheiros.

E lhes faz uma reverência:

– Dom Ignácio, às suas ordens.

Na frente da fogueira improvisada, dom Ignácio faz uma careta. Os sábios estão assando uma capivara.

– Isso é comida de índios – diz, com desdém, e os convida para jantar em sua casa o esplêndido veado recém-caçado à flecha.

A casa de dom Ignácio consiste em três redes estendidas entre as árvores, não longe do rio. Ali ele apresenta a mulher, dona Isabela, e a filha, dona Manuela, tão nuas como ele. Oferece cigarros aos viajantes. Enquanto o veado fica dourado, criva os visitantes de perguntas. Dom Ignácio está ávido para conhecer as novidades da corte de Madri e as últimas notícias dessas guerras sem fim que machucam tanto a Europa.

(338)

1800
Esmeralda del Orinoco

O SENHOR DO VENENO

Navegam rio abaixo.

Ao pé de uma montanha de pedra, na remota missão cristã de Esmeralda, encontram o senhor do veneno. Seu laboratório é a choça mais limpa e arrumada da aldeia. O velho índio, rodeado de esfumaçantes caldeiras e vasilhas de barro, verte um suco amarelado em canudos de folha de bananeira e funis de palma: o assustador curare vai caindo, gota a gota, e borbulha. A flecha untada por esse curare penetrará e matará mais que as presas de uma serpente.

– Superior a tudo – diz o velho, enquanto amassa uma pasta de cipós e cascas de árvores. – Superior a tudo o que vocês fazem.

E Humboldt pensa: *Tem o mesmo tom pedante e o mesmo ar engomado de nossos farmacêuticos.*

– Vocês inventaram a pólvora negra – continua o velho, e muito lentamente, com minuciosa mão, vai derramando água em cima da pasta.

– Conheço ela – diz, pouco depois. – A tal pólvora não vale nada. É barulhenta. É desleal. A pólvora não é capaz de matar em silêncio e mata mesmo quando se erra o golpe.

Aviva o fogo debaixo das panelas e vasilhas. Do meio da fumaça pergunta:

– Sabem fazer sabão?

– Ele sabe – diz Bonpland.

O velho olha para Humboldt com respeito:

– Depois do curare – sentencia – o sabão é o mais principal.

(338)

Curare

Guam, o menino-deus dos índios tucanos, conseguiu chegar ao reino do veneno. Lá agarrou a filha de Curare e fez amor com ela. Ela escondia aranhas, escorpiões e serpentes entre as pernas. Cada vez que entrava nesse corpo, Guam morria; e ao ressuscitar via cores que não eram deste mundo.

Ela o conduziu para a casa do pai dela. E o velho Curare, que comia gente, lambeu os lábios. Mas Guam virou pulga, e feito pulga se meteu pela boca do velho, procurou o seu fígado e mordeu. Curare tapou a boca, o nariz, as orelhas, os olhos, o umbigo, o cu e o pênis, para que a pulga não tivesse por onde escapar. Guam fez-lhe cócegas por dentro e fugiu no espirro.

Voltou à sua terra voando, e em seu bico de pássaro trazia um pedacinho do fígado de Curare.

Assim os índios tucanos conseguiram o veneno, segundo contam os homens de muito tempo, os guardadores da memória.

(164)

1800
Uruana

Terra e sempre

Diante da ilha de Uruana, Humboldt conhece os índios que comem terra.

Todos os anos se ergue o Orinoco, o *Pai dos rios,* e durante dois ou três meses inunda suas margens. Enquanto dura a crescente, os otomacos comem suave argila, mal e mal endurecida pelo fogo, e disso vivem. É terra pura, comprova Humboldt, não misturada com farinha de milho nem azeite de tartaruga nem gordura de crocodilo.

Assim viajam pela vida até a morte esses *índios errantes,* barro que anda rumo ao barro, barro erguido, comendo a terra que os comerá.

(338)

1801
Lagoa Guatavita

A deusa no fundo das águas

Nos mapas da América, o Eldorado continua ocupando uma boa parte da Guayana. A lagoa de ouro foge quando seus perseguidores se aproximam, e os amaldiçoa e mata; mas nos mapas é uma tranquila mancha azul que se une com o alto Orinoco.

Humboldt e Bonpland decifram o mistério da lagoa enganadora. Nos fulgores de mica de uma montanha, que os índios chamam de Montanha Dourada, descobrem uma parte da alucinação; e a outra nas águas de um laguinho que em épocas de chuva invade a vasta planície vizinha às fontes do Orinoco e depois, quando as chuvas passam, se desvanece.

Na Guayana está a lagoa-fantasma, o mais tentador dos delírios da América. Longe, na meseta de Bogotá, está o Eldorado de verdade. Humboldt e Bonpland o encontram, ao cabo de muitas léguas de piroga e mula, na sagrada lagoa Guatavita. O espelho das águas reflete fielmente até a folha mais minúscula do bosque que o encerra: no fundo, jazem os tesouros dos índios muíscas.

A esse santuário chegavam os príncipes, radiantes de pó de ouro no corpo nu, e no centro da lagoa deixavam cair as mais belas obras dos ourives. Atrás delas mergulhavam e nadavam. Se reapareciam limpos, sem uma só gota de ouro na pele, a deusa Furatena tinha aceitado as oferendas. Naqueles tempos, a deusa Furatena, deusa serpente, governava o mundo lá das profundidades.

(326 e 338)

1801
Bogotá

Mutis

O velho frade conversa enquanto descasca laranjas e uma incessante espiral de ouro escorrega rumo a um tacho a seus pés.

Para vê-lo, para escutá-lo, Humboldt e Bonpland desviaram-se de sua rota rumo ao sul e subiram o rio durante quarenta dias. José Celestino Mutis, patriarca dos botânicos da América, dorme nos discursos, mas desfruta como ninguém as conversas cúmplices.

Os três homens, sábios sempre atônitos ante a beleza e o mistério do universo, trocam ideias, dúvidas, descobrimentos. Mutis se entusiasma escutando falar da lagoa Guatavita, das salinas de Zipaquirá e do salto de Tequendama. Elogia o mapa do rio Magdalena, que Humboldt acaba de desenhar, e discretamente sugere algumas mudanças, com a suavidade de quem muito andou e muito conhece e se sabe, muito no fundo, muito de verdade, continuado no mundo.

E mostra tudo e conta tudo. Enquanto come e oferece laranjas, Mutis fala das cartas que Linneo escrevia para ele e de quanto essas cartas lhe ensinaram, e dos problemas que teve com a Inquisição. E recorda e divide seus achados sobre os poderes curativos da casca da quina, ou a influência da lua no barômetro, ou os ciclos da vigília e o sono das flores, que dormem como nós e se espreguiçam e despertam pouco a pouco, abrindo as pétalas.

(148)

1802
Mar das Antilhas

Napoleão restabelece a escravidão

Esquadrões de patos selvagens escoltam o exército francês. Fogem os peixes. Pelo mar turquesa, ouriçado de corais, os navios perseguem as montanhas azuis do Haiti. Logo aparecerá no horizonte a terra dos escravos vitoriosos. O general Leclerc se ergue à testa da frota. Sua sombra de carranca de proa é a primeira a partir as ondas. Atrás, desfazem-se outras ilhas, castelos de rocha, verdíssimos fulgores, sentinelas do novo mundo que há três séculos foi encontrado por quem não o buscava.

– *Qual foi o regime mais próspero para as colônias?*
– *O anterior.*
– *Pois que seja restabelecido* – decidiu Napoleão.

Nenhum homem, nascido vermelho, negro ou branco, pode ser propriedade de seu próximo, tinha dito Toussaint Louverture. Agora, a frota francesa traz a escravidão às Antilhas. Mais de cinquenta naus, mais de vinte mil soldados vêm da França devolver o passado na base de tiros de canhão.

No camarote da nau capitânia, uma escrava abana Paulina Bonaparte e outra lhe coça suavemente a nuca.

(71)

1802
Pointe-à-Pitre

Os indignados

Também na ilha de Guadalupe, como em todas as colônias francesas, os negros livres voltam a ser escravos. Os cidadãos negros se reincorporam aos inventários e aos testamentos de seus amos, na qualidade de bens móveis embargáveis; e novamente passam a formar parte das ferramentas das plantações, das peças dos barcos e do arsenal do exército. O governo colonial convoca os brancos que abandonaram a ilha e lhes garante a devolução de suas propriedades. Os negros não reclamados por seus donos serão vendidos em benefício do tesouro público.

A caçada vira carnificina. As autoridades de Guadalupe pagam quarenta e quatro francos por cada cabeça de rebelde. Os enforcados apodrecem para sempre no alto da colina Constantin. Na praça da Vitória, em Pointe-à-Pitre, o queimadouro de negros não se apaga nunca e as chamas são mais altas que as casas.

Três brancos protestam. Por serem dignos, indignados, são condenados. A Millet de La Girardiere, velho oficial do exército francês, várias vezes condecorado, cabe a sentença de morrer em jaula de ferro, exposto ao público, sentado nu sobre uma folha cortante. Os outros dois, Barse e Barbet, terão os ossos do corpo arrebentados antes de serem queimados vivos.

(180)

1802
Vulcão Chimborazo

Nos cumes do mundo

Trepam sobre nuvens, entre abismos de neve, abraçados ao áspero corpo do Chimborazo, rasgando as mãos contra a rocha nua.

Deixaram as mulas na metade do caminho. Humboldt carrega nas costas um saco cheio de pedras que falam da origem da cordilheira dos Andes, nascida de um descomunal vômito do ventre incandescente da Terra. A cinco mil metros, Bonpland capturou uma borboleta e, mais acima, um mosquito incrível, e continuaram subindo, apesar do gelo, da vertigem, dos escorregões e do sangue que lhes brota dos olhos e das gengivas e dos lábios partidos. São envolvidos pela névoa e continuam, às cegas, vulcão acima, até que uma machadada de luz rompe a névoa e deixa despido o cume, alta torre branca, frente aos atônitos viajantes. Será, não será? Jamais homem algum subiu tão perto do céu e fala-se que nos tetos do mundo aparecem cavalos voando até as nuvens e estrelas coloridas em pleno meio-dia. Será pura alucinação essa catedral de neve erguida entre o céu do norte e o céu do sul? Não são enganados pelos olhos machucados?

Humboldt sente uma plenitude de luz mais intensa que qualquer delírio: estamos feitos de luz, sente Humboldt, de luz nós e de luz a terra e o tempo, e sente uma tremenda vontade de contar tudo isso agorinha mesmo ao irmão Goethe, lá em sua casa de Weimar.

(338)

1803
Fort Dauphin

A ILHA REQUEIMADA

Toussaint Louverture, chefe dos negros livres, morreu prisioneiro num castelo da França. Quando o carcereiro abriu o cadeado ao amanhecer e correu o ferrolho, encontrou Toussaint gelado na cadeira.

Mas a vida do Haiti mudou de corpo e sem Toussaint o exército negro venceu Napoleão Bonaparte. Vinte mil soldados franceses caíram degolados ou febris. Vomitando sangue negro, sangue morto, desmoronou-se o general Leclerc, e foi sua mortalha a terra que ele tinha querido dominar.

O Haiti perdeu metade da sua população. Escutam-se tiros ainda e martelos pregando caixões, e fúnebres tambores, no vasto campo de cinzas regado de cadáveres que os urubus desprezam. Essa ilha, incendiada há dois séculos por um anjo exterminador, foi novamente comida pelo fogo dos homens em guerra.

Sobre a terra fumegante, os que foram escravos proclamam a independência. A França não perdoará a humilhação.

Na costa, formam fileiras de lanças as palmeiras inclinadas contra o vento.

(71)

1804
Cidade do México

A COLÔNIA MAIS RICA DA ESPANHA

Os professores de teologia ainda ganham cinco vezes mais que seus colegas de cirurgia ou astronomia, mas Humboldt encontra, na Cidade do México, um assombroso viveiro de jovens cientistas. Essa é a herança de alguns sacerdotes jesuítas, amigos da física experimental, a nova química e certas teorias de Descartes, que aqui ensinaram e contagiaram, apesar da Inquisição; e é também a obra do vice-rei Revillagigedo, homem aberto aos ventos do tempo, desafiador de dogmas, que há poucos anos governou essas terras com angustiosa preocupação com falta de máquinas e laboratórios e obras modernas para ler.

Humboldt descobre e elogia a Escola de Minas e seus sábios professores, enquanto o México produz mais prata que todo o resto do mundo, crescente rio de prata que flui rumo à Europa pelo porto de Veracruz; mas ao mesmo tempo percebe Humboldt que a terra é pouco e mal trabalhada e que o monopólio colonial do comércio e a miséria do povo bloqueiam o desenvolvimento das manufaturas. *O México é o país da desigualdade*, escreve: salta à vista a *desigualdade monstruosa dos direitos e das fortunas*. Os condes e marqueses pintam seus recém-comprados escudos de armas nas carruagens e o povo mal vive numa indigência inimiga de toda indústria. Os índios padecem espantosa penúria. Como em toda a América, também aqui *a pele mais ou menos branca decide a classe que ocupa o homem na sociedade*.

(163 e 217)

1804
Madri

O FISCAL DO CONSELHO DAS ÍNDIAS
ACONSELHA A NÃO EXAGERAR NA VENDA DOS
ATESTADOS DE BRANCURA

Com o objetivo de que todos os pardos não tentem generalizar essas graças, e na sua sombra, acreditando-se igualados por elas aos brancos sem outra diferença que a acidental da sua cor, se estimem capazes de obter todos os destinos e empregos e

enlaçar-se com qualquer família legítima e limpa de mescla...
consequências que é preciso evitar numa monarquia, onde
a classificação de classes contribui para sua melhor ordem,
segurança e bom governo...

Os pardos ou morenos provenientes de misturas infectas
constituem uma espécie muito inferior, e por sua viciada índole,
seu orgulho ou inclinação à liberdade, foram e são pouco afetos
a nosso governo e nação...

(174)

1804
Catamarca

O PECADO DE AMBROSIO

Atado ao poste da Praça Maior de Catamarca, Ambrosio Millicay recebe vinte e cinco chibatadas.

O mulato Ambrosio, que pertence ao mestre de campo Nieva y Acastillo, foi denunciado às autoridades porque tinha cometido o delito de aprender a ler e escrever. Rasgaram suas costas a chibatadas para *ensinamento de índios e mulatos rábulas metidos a espanhóis.*

De boca para baixo sobre as pedras do pátio, Ambrosio geme e delira e sonha vinganças:

– *Dá licencinha* – pede em sonhos, e crava o punhal.

(272)

1804
Paris

Napoleão

Os graves acordes do órgão convocam os sessenta reis que a França teve, e talvez os anjos, enquanto o papa de Roma oferece a coroa a Napoleão Bonaparte.

Napoleão cinge a própria testa com o louro dos césares. Depois desce, lento, majestoso de arminho e púrpura, e coloca o diadema que consagra Josefina primeira imperatriz da história da França. Em carruagem de ouro e cristal chegaram ao trono dessa nação o pequeno estrangeiro, grande guerreiro, brotado das ásperas montanhas da Córsega, e sua esposa Josefina, nascida na Martinica, antilhana que, dizem, quando abraça, carboniza. *Napoleone*, o tenente de artilharia que odiava os franceses, se transforma em Napoleão I.

O fundador da dinastia que hoje se inaugura ensaiou mil vezes essa cerimônia de coroação. Cada personagem do cortejo, cada ator, vestiu-se como ele decidiu, situou-se onde ele quis, moveu-se como ele mandou.

– *Ah, José, se nosso pai nos visse...*

A voraz parentada, príncipes e princesas da nova nobreza da França, cumpriu seu dever. É verdade que Letícia, a mãe, negou-se a vir, a mãe que está no palácio resmungando, mas Napoleão ordenará a David, artista oficial, que outorgue à Letícia lugar proeminente no quadro que retratará esses faustos para a posteridade.

Os convidados não cabem na catedral de Notre-Dame. Entre eles, um jovem venezuelano estica o pescoço para não perder nenhum detalhe. Aos vinte anos, Simón Bolívar assiste, alucinado, ao nascimento da monarquia napoleônica: *Não sou mais que um brilhante do punho da espada de Bonaparte...*

Nesses dias, num salão dourado de Paris, Bolívar conheceu Alexander von Humboldt. O sábio aventureiro, recém-chegado da América, lhe disse:

– Creio que seu país está maduro para a independência, mas não vejo o homem que possa...

(20 e 116)

1804
Sevilha

Frei Servando

Por querer a independência do México, e por acreditar que o deus pagão Quetzacóatl era o apóstolo São Tomás em pessoa, frei Servando foi condenado ao desterro na Espanha.

De cárcere em cárcere e de fuga em fuga, o herege mexicano recebeu hospedagem nos mais diversos calabouços espanhóis. Mas esse artista da lima, do túnel e do salto em altura conseguiu andar muitos caminhos no velho continente.

Trota-mundo, quebra-mundo: passarinho de asas ágeis e bico de aço, frei Servando se defende da fascinação europeia amaldiçoando tudo que vê. *Sou mexicano,* diz e se diz a cada passo, e acha que as mulheres francesas têm cara de rã chata e bocuda, que na França os homens são como mulheres e as mulheres como crianças, que a língua italiana foi feita para mentir e que a Itália é a pátria do superlativo e da fraude, embora exista lá uma cidade que vale a pena, Florença, porque se parece bastante com as cidades do México. Contra a Espanha, esse frade impertinente reza um rosário de insultos: diz que os espanhóis imitam que nem macacos os franceses, que a corte é um bordel e que o Escorial não é mais do que um montão de pedras, que os bascos pregam pregos com a testa e os aragoneses também, mas com a ponta para fora; que os catalães não dão um passo sem lanterna nem admitem visita de parente que não traga a comida e que os madrilenos são anões construtores de rosários e herdeiros de presídios, condenados a um clima de oito meses de inverno e quatro meses de inferno.

Agora, num calabouço de Sevilha, frei Servando está arrancando piolhos do peito, aos punhados, enquanto um exército de percevejos faz ondas no cobertor e as pulgas caçoam dos abanos de mão e os ratos, das porradas. Todos querem almoçar frei Servando e ele pede, por favor, uma trégua. Precisa de um instantinho de paz para terminar os detalhes de sua próxima fuga, que já está quase pronta.

(318 e 346)

1806
Ilha de Trinidad

Aventuras, desventuras

Depois de muitos anos de inútil espera, Francisco de Miranda vai embora de Londres. Os ingleses lhe deram de presente um soldo bom, umas quantas promessas e benevolentes sorrisos, mas nem uma bala para sua expedição libertadora. Miranda escapa do tabuleiro de xadrez da diplomacia britânica e tenta a sorte nos Estados Unidos.

Em Nova York consegue um barco. Duzentos voluntários o acompanham. Desembarca na costa venezuelana do golfo de Coro, ao cabo de trinta e seis anos de exílio.

Tinha prometido a seus recrutas uma gloriosa recepção, flores e música, honras e tesouros, mas encontra silêncio. Ninguém responde aos proclamas que anunciam a liberdade. Miranda ocupa um par de aldeias, cobre-as de bandeiras e palavras, e abandona a Venezuela antes que o aniquilem os cinco mil soldados que vêm de Caracas.

Na ilha de Trinidad recebe notícias que indignam. Os ingleses se apoderaram do porto de Buenos Aires e projetam a conquista de Montevidéu, Valparaíso e Veracruz. De Londres, o ministro da Guerra deu instruções claras: *A novidade consistirá, unicamente, na substituição do domínio do rei espanhol pelo domínio de Sua Majestade britânica.*

Miranda regressará a Londres, à sua casa na rua Grafton, e de viva voz expressará seu protesto. Lá, subirão sua pensão anual de trezentas para setecentas libras esterlinas.

(150)

                1808
          Rio de Janeiro

É proibido queimar o Judas

Por vontade do príncipe português, recém-chegado ao Brasil, fica proibida nessa colônia a tradicional queima dos Judas na Semana Santa. Para vingar Cristo ou vingar-se, o povo atirava ao fogo, uma noite por ano, o marechal e o arcebispo, o mercador rico, o grande latifundiário e o comandante da polícia; e gozavam os esfarrapados vendo como os bonecos de trapo, enfeitados de grande luxo e recheados de foguetes, se contorciam de dor e estalavam entre as chamas.

De agora em diante, nem na Semana Santa sofrerão os poderosos. A família real, que acaba de chegar de Lisboa, exige silêncio e respeito. Um barco inglês resgatou o príncipe português com toda a sua corte e suas joias, e o trouxe para essas terras distantes.

A eficaz manobra põe a dinastia portuguesa a salvo da investida de Napoleão Bonaparte, que invadiu a Espanha e Portugal, e oferece à Inglaterra um eficaz centro de operações na América. Os ingleses sofreram tremenda surra no rio da Prata. Expulsos de Buenos Aires e Montevidéu, penetram agora pelo Rio de Janeiro, através do mais incondicional de seus aliados.

(65 e 171)

1809
Chuquisaca

O grito

da América explode em Chuquisaca. Enquanto a Espanha ferve em revolta contra os invasores franceses, a América se subleva. *Os criollos* desconhecem o trono que José Bonaparte, irmão de Napoleão, ocupa em Madri.

Chuquisaca é a primeira. A rebelião da Salamanca americana anuncia que a Espanha perderá o senhorio das Índias.

Chuquisaca, que se chamou La Plata e Charcas e se chamará Sucre, jaz aos pés de dois morros amantes. De seus pátios e jardins flui um aroma de botões de flores de laranjeira; e por suas ruas circulam mais fidalgos que vilões. Mas o que mais tem são togas e tonsuras: bem de Chuquisaca são os doutores, tesos como suas bengalas de castão dourado, e os frades que andam garoando casas com o hissope.

Aqui o mundo parecia imutável e a salvo. Assombrosamente, o rouco grito da liberdade brotou dessa boca acostumada ao latim em tom de falsete. Em seguida fazem-lhe eco La Paz e Quito e Buenos Aires. Ao norte, no México...

(5)

1810
Atotonilco

A Virgem de Guadalupe contra a Virgem dos Remédios

Abrindo caminho entre cortinas de pó, a multidão atravessa a aldeia de Atotonilco.

– *Viva a América e morra o mau governo!*

O padre Miguel Hidalgo arranca da igreja a imagem da Virgem de Guadalupe e amarra o manto na lança. O estandarte fulgura sobre a multidão.

— *Viva Nossa Senhora de Guadalupe! Morram os* guachupines!

Fervor da revolução, paixão da religião; os sinos repicaram na igreja de Dolores, o padre Hidalgo chama para a luta e a Virgem mexicana de Guadalupe declara guerra à Virgem espanhola dos Remédios. A Virgem índia desafia a Virgem branca, a que escolheu um índio pobre na colina de Tepeyac marcha contra a que salvou Hernán Cortés da fuga de Tenochtitlán. Nossa Senhora dos Remédios será vestida de generala e o pelotão de fuzilamento crivará de balas o estandarte da Virgem de Guadalupe por ordem do vice-rei.

Mãe, rainha e deusa dos mexicanos, a Virgem de Guadalupe se chamava Tonantzin, entre os astecas, antes que o arcanjo Gabriel pintasse sua imagem no santuário de Tepeyac. Ano após ano acode o povo a Tepeyac, em procissão, *Ave Virgem e prenhe, Ave donzela parida,* sobe de joelhos até a rocha onde ela apareceu e a gruta de onde brotaram rosas, *Ave de Deus possuída, Ave de Deus mais amada,* bebe água de suas fontes, *Ave que a Deus fazes ninho,* e suplica amor e milagres, proteção, consolo, *Ave Maria, Ave, Ave.*

Agora a Virgem de Guadalupe avança matando pela independência do México.

(178)

1810
Guanajuato

O PÍPILA

As tropas de Hidalgo abrem caminho, feito tromba-d'água, das florestas e dos montes, e a pedradas se descarregam sobre Guanajuato. O povo mineiro se soma à avalanche rebelde. Apesar dos estragos da fuzilaria do rei, a multidão inunda as ruas e a maré atropela soldados e arremete contra o bastião do poder espanhol: em Alhóndiga de Granaditas, esse enorme mercado de cereais, debaixo da abóbada de trinta salas, estão cinco mil fangas de milho, e cada uma dessas fangas equivale a cinquenta e cinco litros, todas cheias, e há ainda uma incontável fortuna em barras de prata, ouro e joias. Os senhores da colônia, apavorados, trancaram-se ali com seus tesouros.

Em vão imploram piedade os janotas. Explodem as degolas, o saque e a bebedeira solta e os índios despem os mortos para ver se eles têm rabo.

Pípila, trabalhador das minas, é o herói da jornada. Dizem que ele jogou sobre as costas uma enorme pedra, atravessou feito tartaruga a chuva de balas e com uma tocha acesa e muito breu incendiou a porta do celeiro. Dizem que o Pípila se chama Juan José Martínez e dizem que tem outros nomes, todos os nomes dos índios que nos túneis das minas de Guanajuato foram ou são.

(197)

1810
Guadalajara

Hidalgo

Todo mundo sabia, na aldeia de Dolores, que o padre Hidalgo tinha o mau costume de ler enquanto caminhava pelas ruas, as grandes abas do chapéu entre o sol e as páginas, e que por puro milagre não era atropelado pelos cavalos ou pela Inquisição, porque mais perigoso que ler era ler o que ele lia. A passo lento, atravessava o padre a neblina de pó das ruas de Dolores, sempre com algum livro francês tapando-lhe a cara, um desses livros que falam de contrato social e direitos do homem e liberdades do cidadão; e se não cumprimentava era por sede de ilustração, não por grosseria.

O padre Hidalgo se insurgiu, junto com os vinte índios que com ele faziam panelas e vasilhas, e no fim de uma semana eram cinquenta mil. Então, foi atacado pela Inquisição. O Santo Ofício do México declarou-o *herege, apóstata da religião, negador da virgindade de Maria, materialista, libertino, advogado da fornicação, sedicioso, cismático e sectário da liberdade francesa.*

A Virgem de Guadalupe invade Guadalajara, à testa do exército rebelde. Miguel Hidalgo manda retirar das paredes o retrato do rei Fernando e responde à Inquisição decretando a abolição da escravidão, o confisco dos bens dos europeus, o fim dos tributos que os índios pagam e a devolução das terras de cultura que lhes foram roubadas.

(127, 203 e 321)

1810
Ao Pé da Colina

Morelos

É padre do campo, como Hidalgo. Como Hidalgo, nasceu no país dos tarascos, nas serras de Michoacán, onde o bispo Vasco de Quiroga tinha criado, há dois séculos e meio, sua utopia comunista – terra de redenção, depois assolada pelas pestes e pelo trabalho forçado de milhares de índios atirados às minas de Guanajuato.

– *Passo com violência a percorrer as terras quentes do sul.*

José Maria Morelos, pastor e arrieiro, padre de Carácuaro, adere à revolução. Atira-se no caminho com vinte e cinco lanças e umas quantas espingardas. Atrás do lenço branco que amarra na cabeça, vai crescendo a tropa.

Em busca de índios de Atoyac, escondidos nos palmeirais, Morelos atravessa a aldeola de Pé da Colina.

– *Quem vem lá?*

– *Santo Deus!* – dizem os índios.

Morelos fala para eles. A partir de agora, o grito de *quem vem lá* terá como resposta *América*.

(332 e 348)

1811
Buenos Aires

Moreno

As grandes fortunas em poucas mãos, acreditava Mariano Moreno, são águas estancadas que não banham a terra. *Para não mudar de tiranos sem destruir a tirania*, era preciso expropriar os capitais parasitários amansados no negócio colonial. Por que buscar na Europa, ao preço de juros esfoladores, o dinheiro que sobrava aqui dentro? Do estrangeiro haveria que trazer máquinas e sementes, em vez de pianos Stoddard e jarrões chineses. O Estado, achava Moreno, deveria converter-se no grande empresário da nova nação independente. A revolução, acreditava, devia ser terrível e astuta, implacável com os inimigos e vigilante com os espectadores.

Fugazmente teve o poder, ou acreditou que o tinha.

– *Graças a Deus* – suspiram os mercadores de Buenos Aires. Mariano Moreno, *o demônio do inferno*, morreu em alto-mar. Seus amigos French e Beruti vão rumo ao desterro. Dita-se ordem de prisão contra Castelli.

Cornelio Saavedra manda recolher os exemplares do *Contrato social* de Rousseau, que Moreno tinha editado e difundido; e adverte que não há lugar para nenhum Robespierre no rio da Prata.

(2 e 267)

1811
Buenos Aires

Castelli

Eram dois: uma pluma e uma voz. Um Robespierre que escrevia, Mariano Moreno, e outro que falava. *Todos são perversos*, dizia um comandante espanhol, *mas Castelli e Moreno são perversíssimos*. Juan José Castelli, o grande orador, está preso em Buenos Aires.

Usurpada pelos conservadores, a revolução sacrifica os revolucionários. Despejam-se as acusações: Castelli é mulherengo, bêbado, trambiqueiro e profanador de igrejas. O prisioneiro, agitador de índios, justiceiro de pobres, porta-voz da causa americana, não pode se defender. Um câncer amarrou-lhe a boca. É preciso amputar-lhe a língua.

A revolução fica muda em Buenos Aires.

(84)

1811
Bogotá

Nariño

Mudamos de amos, escreve Antonio Nariño na Colômbia.

La Bagatela, jornal por ele fundado, dirigido e escrito de cabo a rabo, não deixa títere com cabeça nem prócer com pedestal. Nariño denuncia que o levante patriótico dos colombianos está se transformando num baile de máscaras e exige que se declare a independência de uma vez por todas. Também exige, voz no deserto, que se reconheça aos humildes o direito de voto e que tanto valha a vontade do plebeu nu como a do senhor forrado de veludo.

Mudamos de amos, escreve. Há alguns meses, o povo invadiu a Praça Maior de Bogotá e os homens levaram preso o vice-rei e as mulheres atiraram a mulher dele no cárcere de putas. O fantasma de José Antonio Galán, capitão de comuneiros, avançava à testa da multidão enfurecida. Então levaram um bom susto os doutores e os bispos e os mercadores e os donos de terras e de escravos: jurando evitar a qualquer preço *os erros dos libertinos da França,* facilitaram, ao vice-rei e sua mulher, uma fuga sigilosa.

Mudamos de amos. Governam a Colômbia os cavalheiros de camisa muito engomada e casaca bem abotoada. *Até no céu existem hierarquias,* prega o cônego da catedral, *e nem os dedos da mão são iguais.* As damas fazem o sinal da cruz, inclinando um emaranhado de cachos, flores e fitas debaixo das mantilhas negras. A Junta dos Grandes emite seus primeiros decretos. Entre outras patrióticas medidas, resolve despojar os despojados índios da única coisa que lhes sobra. Sob pretexto de liberá-los de tributos, a Junta arranca dos índios suas terras comunitárias para obrigá-los a servir nas grandes fazendas que ostentam um cepo no meio do pátio.

(185 e 235)

Quadrinhas do mundo às avessas, para violão acompanhado de cantor

Pintar o mundo às avessas
já se viu entre tanto erro:
a raposa atrás do cachorro
e o ladrão atrás do juiz.
Para cima vão os pés,
com a boca se vai pisando,
o fogo a água apagando,
o cego ensinando letras,
os bois na carroça
e o carroceiro puxando.

*Às margens de um homem
estava sentado um rio,
afiando seu cavalo
e dando água ao punhal.*

(179)

1811
Chilapa

O BARRIGUDO

No México, a ordem militar está vencendo o tumulto popular. Hidalgo foi fuzilado em Chihuahua. Fala-se que tinha renegado suas ideias, após quatro meses de cadeia e tormento. A independência depende, agora, das forças que seguem Morelos.

Ignacio López Rayón envia a Morelos uma mensagem urgente de advertência: *Sei de boa fonte que o vice-rei pagou um assassino para que mate o senhor. Não posso dar-lhe mais detalhes sobre esse homem, a não ser que é muito barrigudo...*

Ao amanhecer, arrebentando cavalos, chega o mensageiro ao acampamento de Chilapa.

Ao meio-dia, o assassino vem oferecer seus serviços à causa nacional. Braços cruzados, Morelos recebe uma lufada de discursos patrióticos. Sem dizer uma palavra, senta o assassino à sua direita e o convida a participar do almoço. Morelos mastiga cada pedaço durante uma eternidade. Olha o assassino comer, enquanto o assassino come olhando o prato.

De noite, jantam juntos. O assassino come e fala e engasga. Morelos, estátua cortês, procura seus olhos.

— *Tenho um mau pressentimento* — diz de repente, e espera o arrepio, o rangido da cadeira, e presenteia alívio:

— *Outra vez o reumatismo. Chuva.*

Seu olhar sombrio corta o riso.

Acende um cigarro. Estuda a fumaça.

O assassino não se atreve a levantar. Gagueja gratidões. Morelos aproxima o rosto:

– *Serei curioso* – diz.

Comprova o pulo pequenino, mínimo, do assassino na cadeira, e conta as gotas de transpiração que banham sua testa. Atrasa a pergunta:

– *O senhor está com sono?*

E em seguida:

– *O senhor poderia me dar a honra de dormir ao meu lado?*

Deitam-se, separados por uma vela que agoniza sem se decidir a morrer. Morelos oferece as costas. Respira fundo, talvez ronque. Antes de amanhecer, escuta os cascos do cavalo que se afasta.

No meio da manhã, pede ao assistente que por favor escreva:

Carta para Ignacio López Rayón: *Obrigado pelo aviso. Neste acampamento, o único barrigudo sou eu.*

(348)

1811
Campos da Banda Oriental

"Ninguém é mais que ninguém",

dizem os cavaleiros pastores. A terra não pode ter dono, porque nem o ar tem dono. Não se conhece melhor teto que as estrelas, nem glória que se compare à liberdade de se vagar sem rumo, sobre o cavalo amigo, através dos prados ondulados como o mar.

Tendo reses que voltear no campo aberto, tem-se quase tudo. Os gaúchos não comem mais que carne, porque a verdura é pasto e o pasto é para as vacas. O churrasco se completa com fumo e aguardente, e com violões que cantam fatos e milagres.

Os gaúchos, *homens soltos* que o latifúndio usa e expulsa, juntam lanças em torno de José Artigas. Pegam fogo as planícies a leste do rio Uruguai.

(277 e 278)

1811
Margens do rio Uruguai

O ÊXODO

Buenos Aires firma um pacto com o vice-rei e retira as tropas que sitiavam Montevidéu. José Artigas se nega a cumprir o armistício, que devolve sua terra aos espanhóis, e jura que continuará a guerra *mesmo que seja com os dentes, com as unhas.*

O caudilho emigra para o norte, para organizar o exército da independência, e um povo disperso se une e nasce em suas pegadas. As hostes andarilhas juntam gaúchos montadores, peões e arrieiros, fazendeiros patriotas. Ao norte marcham mulheres que curam feridos ou empunham a lança e frades que vão batizando, ao longo da marcha, soldados recém-nascidos. Os bem-abrigados escolhem a intempérie, e os tranquilos, o perigo. Marcham ao norte professores de letras e professores de punhais, doutores de palavra fácil e cavilosos matreiros que devem alguma morte. Marcham dentistas e feiticeiros, desertores de barcos e fortalezas, escravos fugidos. Os índios queimam suas barracas e se acrescentam com flechas e boleadeiras.

Ao norte vai a longa caravana de carretas e cavalos e gente a pé. À sua passagem se despovoa, querendo pátria, a terra que se chamará Uruguai. Ela mesma vai-se embora com seus filhos, vai-se embora neles, e atrás não fica nada. Nem mesmo cinza, nem mesmo silêncio.

(277)

1812
Cochabamba

Mulheres

Em Cochabamba, muitos homens fugiram. Mulheres, nenhuma. Na colina, ressoa o clamor. As plebeias de Cochabamba, encurraladas, lutam no meio de um círculo de fogo. Cercadas por cinco mil espanhóis, resistem disparando arrebentados canhões de estanho e uns poucos arcabuzes; combatem até o último grito.

A longa guerra da independência recolherá seus ecos. Quando a tropa afrouxar, o general Manuel Belgrano gritará as palavras infalíveis para restituir moderação e disparar coragens. O general perguntará a seus soldados vacilantes: *Estão aqui as mulheres de Cochabamba?*

(5)

1812
Caracas

Bolívar

Um terremoto arrasa Caracas, La Guaira, São Felipe, Barquisimeto e Mérida. São as cidades venezuelanas que proclamaram a independência. Em Caracas, centro da insurreição *criolla*, dez mil mortos jazem debaixo dos escombros. Não se ouvem mais do que ladainhas e maldições enquanto a multidão procura corpos entre as pedras.

Será Deus espanhol? O terremoto engoliu o patíbulo levantado pelos patriotas e não deixou em pé nenhuma das igrejas que tinham cantado o *Te Deum* em honra da nascente república. Na arrasada igreja das Mercês, ergue-se intacta a coluna que exibe o brasão imperial da Espanha. Coro, Maracaibo, Valência e Angostura, cidades leais ao rei, não sofreram nenhum raspão.

Em Caracas, arde o ar. Das ruínas se levanta um pó espesso, que paralisa o olhar. Um monge discursa para a multidão. Proclama que Deus já não aguenta tanto desrespeito.

– *Vingança!*

A multidão se apinha ao seu redor, no que era o convento de São Jacinto. Encarapitado sobre os restos do altar, o monge exige castigo para os culpados da ira de Deus.

– *Vingança!* – ruge o açoite de Cristo, e seu dedo acusador aponta para um oficial patriota que, de braços cruzados, contempla a cena. A multidão se volta contra o oficial baixinho, ossudo, de uniforme brilhante, e avança para esmagá-lo.

Simón Bolívar não suplica nem retrocede: avança. Sabre na mão, atravessa a fúria, sobe no altar e gira o frade apocalítico com um só golpe de sabre.

O povo, mudo, dispersa-se.

(116)

1813
Chilpancingo

A INDEPENDÊNCIA É REVOLUÇÃO OU É MENTIRA

Em três campanhas militares, Morelos ganhou boa parte do território mexicano. O Congresso da futura república, Congresso errante, peregrina atrás do caudilho. Os deputados dormem no chão e comem a ração dos soldados.

À luz de uma vela de sebo, Morelos escreve as bases da Constituição nacional. Propõe uma América livre, independente e católica; substitui os tributos dos índios pelo imposto de renda e aumenta o salário diário do pobre; confisca os bens do inimigo; estabelece a liberdade de comércio, mas com barreiras alfandegárias; suprime a escravidão e a tortura e liquida o regime de castas, que fundamenta as diferenças sociais na cor da pele, de modo que *só distinguirão um americano de outro, o vício e a virtude.*

Os criollos ricos vão de susto em susto. As tropas de Morelos marcham desapropriando fortunas e dividindo fazendas. Guerra contra a Espanha ou levantamento de servos? Essa independência não lhes convém. Farão outra.

(348)

1814
San Mateo

Boves

Na Venezuela, a palavra *independência* não significa, ainda, mais do que *liberdade de comércio* para os *criollos* ricos.

O chefe dos espanhóis, um hércules de barba vermelha e olhos verdes, é o caudilho dos negros e dos pardos. Em busca de José Tomás Rodríguez Boves, o *Vovô* Boves, fogem os escravos. Dez mil cavaleiros das planícies incendeiam plantações e degolam amos em nome de Deus e do rei. A bandeira de Boves, uma caveira sobre fundo negro, promete saque e revanche, guerra de morte contra a oligarquia do cacau que pretende libertar-se da Espanha. Nos campos de San Mateo, Boves entra a cavalo na mansão da família Bolívar e à ponta de faca grava seu nome na porta do vestíbulo principal.

A lança não se arrepende, a bala não se arrepende. Antes de matar com chumbo, Boves fuzila com salvas de pólvora, pelo prazer de ver a cara das vítimas. Entre seus soldados mais valentes reparte as senhoritas das melhores famílias. Diverte-se toureando os patriotas, depois de lhes cravar bandarilhas na nuca. Decepa como se fosse uma brincadeira.

Em pouco, uma lança o atravessará. Será enterrado com os pés amarrados.

(160)

1815
San Cristóbal Ecatepec

O LAGO VEM BUSCÁ-LO

Na espinhosa lombada de Tezmalaca, os espanhóis agarram José Maria Morelos. Depois de muitos erros e derrotas, vão caçá-lo nas sarças, sozinho, a roupa em farrapos, sem armas nem esporas.

É acorrentado. É desafiado. Pergunta o tenente-coronel Eugenio Villasana:

– *O que faria o senhor se fosse o vencedor, e eu o vencido?*
– *Dou-lhe duas horas para se confessar* – diz o padre Morelos – *e o fuzilo.*

É levado para as celas secretas da Inquisição.

É posto de joelhos. É executado pelas costas.

Diz o vice-rei que o rebelde morreu arrependido. Diz o povo mexicano que o lago escutou a descarga dos fuzis e se encrespou e transbordou e veio para levar o corpo.

(178 e 332)

1815
Paris

NAVEGANTES DE MARES OU BIBLIOTECAS

Julien Mellet, escritor viajante, conta ao público europeu suas aventuras na América meridional. Entre outras coisas, descreve uma *dança muito viva e lasciva* que se dança muito em Quillota, no Chile, e que foi trazida *pelos negros da Guiné*. Mellet copia, fazendo-se de distraído, a descrição de uma dança de Montevidéu, tal como publicou o viajante Anthony Helms, há oito anos, em Londres. Por sua vez, Helms tinha roubado seu texto, linha por linha, do livro que Dom Pernetty publicou em Paris em 1770. Pernetty, por seu lado, tinha retratado em primeira mão o baile dos escravos de Montevidéu com palavras assombrosamente iguais às que o padre Jean Baptiste Labat tinha consagrado aos negros do Haiti, num livro editado meio século antes em Haia.

Do Caribe até a cidade chilena de Quillota, passando por Montevidéu, e de Haia a Paris, passando por Londres, essas frases do padre Labat viajaram muito mais que seu autor. Sem passaporte nem disfarce.

(19)

1815
Mérida de Iucatã

Fernando VII

Os engomados senhores de Iucatã atravessam a Praça de Armas de Mérida, branca de pó e de sol, e, em muito solene procissão, entram na catedral. Da sombra dos portais, os índios vendedores de *tamales,* ou vendedores de colares, não entendem por que se alegram tanto os sinos, nem sabem de quem é essa cara coroada que os senhores levam num estandarte.

A aristocracia colonial está celebrando as novidades de Madri. Com atraso fica-se sabendo que os franceses foram expulsos e que Fernando VII reina na Espanha. Contam os mensageiros que em torno do monarca ouve-se gritar: *Viva os grilhões!, Viva as cadeias!* Enquanto tilintam as joias falsas e cheias de guizos dos bufões, o rei Fernando manda encarcerar ou fuzilar os guerrilheiros que o trouxeram ao trono, restaura a Inquisição, devolve os privilégios ao clero e à nobreza.

(339)

1815
Curuzú-Cuatiá

O ciclo do couro no rio da Prata

Na ponta da lança, a afiada meia-lua busca as patas do animal que foge. Um só talho: o cavaleiro dá o golpe certeiro, e o novilho manca, tropeça e cai. O cavaleiro desmonta. Degola-o e desossa-o.

Nem sempre mata assim. É mais fácil arrebanhar a grito o gado fujão e passar na faca, nos currais, milhares e milhares de reses ou cavalos selvagens apanhados em desabalada carreira rumo à morte; e mais fácil ainda é surpreender os animais morro adentro, de noite, enquanto dormem.

O gaúcho arranca o couro e o estica, preso a estacas, ao sol. Do resto, o que a boca não quiser, fica para os corvos.

Os irmãos Robertson, John e William, comerciantes escoceses, andam por essas terras com saquinhos compridos que parecem salsichas, recheados de moedas de ouro. De uma fazenda em Curuzú-Cuatiá, mandam dez mil couros ao povoado de Goya, em sessenta carroças. Gemendo, giram as enormes rodas de madeira e as aguilhadas tangem os bois. Cortam o campo as carretas; sobem lombadas, atravessam estuários e arroios crescidos. Ao anoitecer as carroças rodeiam as fogueiras. Enquanto os gaúchos fumam e tomam chimarrão, o ar vira espesso aroma de carne dourando nas brasas. Depois do churrasco, soam contos e guitarras.

Do povoado de Goya, os couros seguirão em viagem para o porto de Buenos Aires e atravessarão o mar até os curtumes de Liverpool. O preço terá sido multiplicado muitas vezes quando os couros regressarem ao rio da Prata, tempos depois, transformados em botas, sapatos e rebenques de manufatura britânica.

(283)

1815
Buenos Aires

Os próceres procuram rei na Europa

A pena de ganso escreve: *José Artigas, traidor da pátria.*
Em vão lhe ofereceram ouro e galões. Comerciantes hábeis nas varas de medir e nas balanças de precisão, os patrícios de Buenos Aires calculam o preço de Artigas vivo ou morto. Estão dispostos a pagar seis mil *duros* pela cabeça do caudilho dos campos rebeldes.

Para exorcizar essas terras do demônio gaúcho, Carlos de Alvear oferece-as aos ingleses: *Estas províncias,* escreve Alvear a lorde Castlereagh, *desejam pertencer à Grã-Bretanha sem condição alguma.* E suplica a lorde Strangford: *A Nação Britânica não pode abandonar à sua sorte os habitantes do rio da Prata no preciso instante em que se arrojam a seus braços generosos...*

Manuel de Sarratea viaja para Londres em busca de um monarca para coroar em Buenos Aires. O interior, republicano e federal, ameaça os privilégios do porto, e o pânico leva à frente qualquer juramento. Em Madri, Manuel Belgrano e Bernardino Rivadavia, que tinham sido republicanos ardentes, propõem o trono ao infante Francisco de Paula, irmão de Fernando VII. Os emissários portenhos prometem um poder hereditário, que abarcaria toda a região do rio da Prata, o Chile e o Peru. O novo reino independente teria bandeira azul e branca; seriam sagradas a liberdade e a propriedade e formariam a corte distinguindo *criollos* promovidos a duques, condes e marqueses.

Ninguém aceita.

(2 e 278)

1815
Acampamento de Purificación

Artigas

Aqui, onde o rio se zanga e se contorce em fervores e redemoinhos, sobre a meseta purpúrea rodeada de fossas e canhões, governa o general Artigas. Essas mil fogueiras de *criollos* pobres, esses ranchos de barro e palha e janelas de couro, são a capital da confederação de povos do interior do rio da Prata. Frente à choça do governo, os cavalos esperam os mensageiros que galopam trazendo consultas ou levando decretos. Não exibe galões ou medalhas o uniforme do caudilho do sul.

Artigas, filho dos prados, tinha sido contrabandista e perseguidor de contrabandistas. Ele conhece os passos de cada rio, os segredos de cada monte, o sabor do pasto de cada região; e conhece mais as profundezas da alma dos rudes cavaleiros que só têm a vida para dar e a dão lutando com lanças em alucinante confusão.

As bandeiras de Artigas ondulam sobre a região molhada pelos rios Uruguai e Paraná e que se estende até as serras de Córdoba. Compartilham esse imenso espaço as províncias que se negam a ser colônia de Buenos Aires depois de se terem libertado da Espanha.

O porto de Buenos Aires vive de costas para a terra que despreza e teme. Os comerciantes se aproximam dos mirantes e esperam os navios que não trazem nenhum rei e sim novidades para vestir, dizer ou pensar.

Diante da avalanche de mercadorias europeias, Artigas quer levantar diques que defendam *nossas artes ou fábricas,* com livre acesso às máquinas, aos livros e remédios; e deriva para o porto de Montevidéu o comércio provincial que Buenos Aires usurpa em monopólio. A liga federal artiguista não quer rei, quer assembleias e congressos de habitantes; e para cúmulo dos escândalos, o caudilho decreta a reforma agrária.

(277 e 278)

1816
Campos da Banda Oriental

A reforma agrária

Em Buenos Aires botam a boca no mundo. A leste do rio Uruguai, Artigas desapropria terras da família Belgrano e da família Mitre, do sogro de San Martín, de Bernardino Rivadavia, de Azcuénaga e de Almagro e de Díaz Vélez. Em Montevidéu chamam a reforma agrária de *projeto criminoso*. Artigas mantém presos, com ferros nos pés, Lucas Obes, Juan Maria Pérez e outros artistas do minueto e do engodo.

Para os donos da terra, devoradores de léguas comidas por mercê do rei, fraude ou roubo, o gaúcho é bucha de canhão ou criado de fazenda, e quem se negue é cravado no tronco ou costurado a tiros. Artigas quer que cada gaúcho seja dono de um pedaço de terra.

Os pobres invadem as fazendas. Nos campos orientais, arrasados pela guerra, começam a brotar ranchos, sementeiras e currais. Torna-se atropeladora a paisagem atropelada. Negam-se a voltar ao desamparo os homens que puseram os mortos na guerra da independência. O cabido de Montevidéu chama de *foragido, perverso, vadio e turbulento* Encarnación Benítez, soldado de Artigas, que galopa repartindo terras e vacas na frente de *uma tropa de malvados*. À sombra de sua lança, os humildes encontram refúgio, mas esse analfabeto, pardo, corajoso, talvez feroz, nunca será estátua, nem dará seu nome a nenhuma avenida, nem rua, nem viela de subúrbio, nem picada no campo.

(335)

1816
Morro de Chicote

A ARTE DA GUERRA

No morro de Chicote, a infantaria leal ao rei cercou um punhado de patriotas do Alto Peru.

– *Eu não me entrego ao inimigo!* – grita o soldado Pedro Loayza, e se atira ao precipício.

– *Morreremos pela pátria!* – proclama o comandante Eusebio Lira, tomando impulso para atirar-se também.

– *Morreremos se formos idiotas* – interrompe José Santos Vargas, tambor-mor da banda de musiqueiros.

– *Queimemos o palheiro* – propõe o sargento Julián Reinaga.

Ardem as altas palhas e o vento empurra as chamas para as filas inimigas. O fogo avança em ondas. Os sitiadores fogem em debandada, lançando ao ar fuzis e cartucheiras e suplicando misericórdia ao Todo-poderoso.

(347)

1816
Tarabuco

JUANA AZURDUY,

educada no catecismo, nascida para monja de convento em Chuquisaca, é tenente-coronel dos exércitos guerrilheiros da independência. De seus quatro filhos, só vive o que foi parido em plena batalha, entre os trovões de canhões e cavalos; e a cabeça do marido está fincada no alto de uma estaca espanhola.

Juana cavalga nas montanhas, à frente dos homens. Seu xale celeste ondula aos ventos. Uma mão aperta as rédeas, a outra quebra pescoços com a espada.

Tudo o que come se converte em valentia. Os índios não a chamam de Juana. É chamada *Pachamama,* é chamada Terra.

(126)

1816
Port-au-Prince

Pétion

O Haiti jaz em ruínas, bloqueado pelos franceses e isolado por todos os outros povos. Nenhum país reconheceu a independência dos escravos que derrotaram Napoleão.

A ilha está dividida ao meio.

Ao norte, Henri Christophe proclamou-se imperador. No castelo de Sans-Souci, dança o minueto a nova nobreza negra, o duque de Marmelada, o conde de Limonada, enquanto fazem reverências os lacaios negros de perucas de neve e os hussardos negros passeiam seus barretes emplumados pelos jardins copiados de Versalhes.

Ao sul, Alexandre Pétion preside a república. Distribuindo terras entre os antigos escravos, Pétion tenta criar uma nação de camponeses muito pobres, mas livres e armados, sobre as cinzas das plantações arrasadas pela guerra.

Na costa sul do Haiti desembarca Simón Bolívar, em busca de refúgio e ajuda. Vem da Jamaica, onde vendeu até o relógio. Ninguém acredita em sua causa. Não foram mais do que miragem as brilhantes campanhas militares. Francisco de Miranda agoniza acorrentado a um muro do arsenal de Cádis; e os espanhóis reconquistaram a Venezuela e a Colômbia, que preferem o passado ou ainda não acreditam no futuro que os patriotas prometem.

Pétion recebe Bolívar assim que ele chega, no dia de ano novo. Entrega a ele sete navios, duzentos e cinquenta homens, mosquetões, pólvora, víveres e dinheiro. Impõe somente uma condição. Pétion, que nasceu escravo, filho de negra e francês, exige de Bolívar a liberdade dos escravos nas terras que vai libertar.

Bolívar aperta a sua mão. A guerra mudará de rumo. Talvez a América também.

(115, 116 e 202)

1816
Cidade do México

"O Periquito Sarnento"

O primeiro romance latino-americano nasce em uma gráfica da rua Zuleta. Em três cadernos, José Joaquín Fernández de Lizardi conta as malandragens do Periquito Sarnento; e os leitores devoram e festejam. O vice-rei proíbe o quarto caderno quando está a ponto de sair, mas já não há como agarrar o personagem.

O Periquito, filho americano da picaresca espanhola, ganhou as ruas do México. Anda por toda a parte, despindo costumes; salta da mesa dos jogadores ao gabinete do tabelião e da cadeira dos barbeiros ao chão do cárcere. Muitos não desfrutam suas aventuras. O padre o critica em seus edificantes sermões. Lizardi, moralista ilustrado, converte toda brincadeira em moral da história.

(9, 11 e 303)

1817
Santiago do Chile

Luciferando

Os jovens elegantes fumam segurando os cigarros com pequenas pinças de ouro, para não manchar os dedos, mas Santiago do Chile faz fronteira com o lixo nos quatro pontos cardeais. Ao norte, as casas olham a lixeira do rio Mapocho. Ao sul, se estendem as porcarias de La Cañada. Ergue-se o sol sobre os montões de rebotalhos no morro Santa Lúcia e os últimos raios iluminam os depósitos dos subúrbios de São Miguel e São Paulo.

De alguma dessas lixeiras brotou o visitante que ontem à noite atravessou a cidade, rajada de enxofre que fez tremer as velinhas de sebo nos lampiões, e ficou espionando ou ameaçando lá perto do templo da Companhia, até que a voz do guarda-noturno cantou às onze:

– *Ave Maria Puríííííssssimaaa!*

O Diabo fugiu em disparada.

O sapato que perdeu está percorrendo Santiago, de casa em casa. Um frade o leva, coberto por um guardanapo, em bandeja de prata. As beatas fazem o pelo-sinal.

(256)

1817
Santiago do Chile

Manuel Rodríguez

Quem fala em emancipação americana assina a própria sentença. Quem recebe carta de Mendoza, marcha para a forca ou o muro de fuzilamento. O Tribunal de Vigilância dá curso às delações em Santiago do Chile.

De Mendoza e para Mendoza, os patriotas estão reorganizando o exército triturado pelos espanhóis. O vento da resistência vai e vem através da cordilheira, no fulgor de neve, sem deixar rastro.

O mensageiro desliza uma ordem em Santiago, na briga de galos, e ao mesmo tempo outra no brilhante sarau, enquanto recolhe um relatório entre duas corridas de cavalos no subúrbio. Anuncia-se o mensageiro numa casa, três batidinhas de aldrava, e ao mesmo tempo emerge nas montanhas, no lombo de uma mula, e a cavalo galopa pelos prados. O guerrilheiro se lança ao assalto de Melipilla enquanto atravessa o povoado de São Fernando. Batendo em Rancagua, o guerrilheiro desmonta em Pomaire e bebe um copo de vinho.

O governador espanhol pôs um preço para a cabeça de Manuel Rodríguez, o mensageiro, o guerrilheiro, mas sua cabeça viaja oculta pelo capuz de frade, o chapelão de arrieiro, o cesto de vendedor ambulante ou a cartola de grão-senhor. Não há quem o agarre, porque voa sem se mover e sai para dentro e entra para fora.

(106)

1817
Montevidéu

Imagens para uma epopeia

Um enorme exército vem do Rio de Janeiro, por terra e mar, com a missão de aniquilar José Artigas, e para não deixar nem sombra da memória de seu contagioso exemplo. As tropas do Brasil invadem a sangue e fogo, anunciando que limparão de bandidos esses campos: o general Lecor promete restabelecer os machucados direitos de liberdade e herança.

Lecor entra em Montevidéu sob um pálio. O padre Larrañaga e Francisco Javier de Viana oferecem as chaves da cidade aos redentores do latifúndio, e as damas atiram flores e lacinhos azuis à passagem do nunca visto desfile das tochas, condecorações e penachos. Repicam os sinos da catedral, cansados de tocar o luto. Balançam os incensórios e balançam os homens de negócios, em reverências e beija-mãos de nunca acabar.

(195, 278 e 335)

1817
Quito

Manuela Sáenz

Nasceu Quito entre vulcões, alta, distante do mar; e entre a catedral e o palácio, na Praça Maior, nasceu Manuela. Chegou a Quito em leito de cetim, sobre lençóis de Bruxelas, filha de amores secretos de don Simón Sáenz, o matador de *criollos* que aqui se tinham sublevado.

Aos quinze anos, Manuela vestia roupa de homem, fumava e domava cavalos. Não montava de lado, como as senhoras, e sim de pernas abertas e desprezando as selas. Sua melhor amiga era sua escrava negra, Jonatás, que miava feito gato, cantava feito pássaro e caminhava ondulando que nem serpente. Manuela tinha dezesseis anos quando a trancaram num dos muitos conventos dessa cidade rezadora e pecadora, onde os frades ajudam as monjas velhas a morrer melhor e as monjas jovens a viver melhor. No convento de Santa Catarina, Manuela aprendeu a bordar, a tocar clavicórdio, a fingir virtudes e a desmaiar virando os olhos. Aos dezessete anos, louca pelos uniformes, fugiu com Fausto D'Elhuyar, oficial do rei.

Aos vinte, cintila. Todos os homens querem ser a ostra dessa pérola. Acaba casando com James Thorne, respeitável médico inglês. A festa dura uma semana inteira.

(295)

1818
Acampamento de Colônia

A GUERRA DOS DE BAIXO

Já é só povo despido, a tropa de Artigas. Os que não têm outra propriedade senão o cavalo, e os negros, e os índios, sabem que nessa guerra se joga seu destino. Dos campos e rios, avançam a lança e punhal, montados em cavalos, rumo ao bem armado e numeroso exército do Brasil; e em seguida se desvanecem como bandos de pássaros.

Enquanto tocam a degola os clarins na terra invadida, o governo de Buenos Aires difunde propaganda dirigida *aos que têm bens a perder*. Um folheto assinado por um "Amigo da Ordem" chama Artigas de *gênio maléfico, apóstolo da mentira, lobo devorador, açoite da pátria, novo Átila, opróbrio do século e afronta do gênero humano*.

Alguém leva esses papéis ao acampamento. Artigas não desvia os olhos da fogueira:

– *Minha gente não sabe ler.*

(277)

1818
Corrientes

ANDREZINHO

– *Eles têm o principal direito* – disse Artigas dos índios, e eles sofreram muita morte por serem leais.

Andrés Guacurarí, Andrezinho, índio guarani, filho adotivo de Artigas, é o chefe. Num aluvião invadiu Corrientes há um par de meses, flechas contra fuzis, e pulverizou os aliados de Buenos Aires. Tendo como roupas o barro do caminho e algum farrapo, os índios de Andrezinho entraram na cidade. Traziam uns quantos meninos índios que tinham sido escravos da gente de Corrientes. Encontraram silêncio e janelas fechadas. O comandante da guarnição enterrou sua fortuna no jardim e o tabelião morreu de susto.

Os índios estavam há tempos sem comer, mas não arrebataram nada nem pediram nada. Assim que chegaram, ofereceram uma função de teatro em homenagem às famílias principais. Imensas asas de papel de prata, abertas sobre armações de taquara, converteram os índios em anjos da guarda. Para ninguém, porque ninguém foi, representaram *A tentação de Santo Inácio*, velha pantomima do tempo dos jesuítas.

– Quer dizer que não querem vir à festa de índios?

Andrezinho acendeu um enorme charuto e a fumaça lhe saía pelas orelhas e pelos olhos.

Ao amanhecer, os tambores tocaram, comandando as armas. Na ponta de lanças, os mais respeitáveis cavalheiros de Corrientes foram obrigados a cortar o mato da praça e a varrer as ruas até deixá-las transparentes. Todo esse dia estiveram atarefados os cavalheiros em tão nobre tarefa e nessa noite, no teatro, deixaram os índios surdos com tanto aplauso.

Andrezinho governa Corrientes até que Artigas manda chamá-lo.

Já se afastam os índios pelo caminho. Levam aquelas enormes asas de prata nas costas. Rumo ao horizonte cavalgam os anjos e o sol lhes dá fulgores e lhes dá sombras de águias em voo.

(283)

1818
Rio Paraná

Os corsários patriotas

A tropa de Andrezinho desce rumo a Santa Fé, beirando o rio. Pelas águas do Paraná, acompanha os índios uma frota dos corsários patriotas.

Canoas, barcos e alguns bergantins bem armados tornam a vida impossível aos barcos mercantes do Brasil. O pavilhão tricolor de Artigas navega e luta nos rios e no mar. Os corsários esvaziam as naus inimigas em fulminantes abordagens e levam os frutos de suas pilhagens para as distantes Antilhas.

Pedro Campbell é o almirante dessa esquadra de barcos e barquinhos.

Campbell tinha chegado aqui com os invasores ingleses, há alguns anos. Desertou e lançou-se a galopar pela planície. Logo deitou fama, o gaúcho irlandês de brincos nas orelhas e turvo olhar espreitando no emaranhado de cabelos avermelhados. Quando Artigas o nomeou chefe dos corsários, Campbell já tinha sido cortado em vários duelos *criollos* e devia algumas mortes e nenhuma traição. Todo mundo sabe que seu punhal de prata é uma serpente que jamais morde pelas costas.

(277 e 283)

1818
San Fernando de Apure

A GUERRA DE MORTE

Na frente de um exército triturado pela derrota, cavalga Bolívar. Um capote de peregrino faz sombra em sua cara; na sombra brilham os olhos, que olham devorando, e o melancólico sorriso.

Bolívar cavalga no cavalo do finado Rafael López. A sela exibe as iniciais de prata do morto, um oficial espanhol que disparou contra Bolívar enquanto o chefe patriota dormia numa rede.

A ofensiva ao norte fracassou.

Em San Fernando de Apure, Bolívar passa em revista os restos de sua tropa.

– *Está louco* – pensam ou murmuram os soldados descalços, extenuados, machucados, enquanto ele anuncia que logo levarão essa guerra, guerra santa, guerra de morte, até a Colômbia e o Peru e as alturas de Potosí.

(53 e 116)

1819
Angostura

Gravuras escolares:
a Assembleia Constituinte

Debaixo do toldo, numa barca que navega pelo Orinoco, Bolívar dita aos secretários seu projeto de Constituição. Escuta, corrige e torna a ditar no acampamento, enquanto a fumaça da fogueira o defende dos mosquitos. Outras barcas trazem deputados de Caracas, Barcelona, Cumaná, Barinas, Guayana e da ilha Margarida. De repente mudaram os ventos da guerra, talvez em homenagem à obstinação de Bolívar, e em súbita rajada a metade da Venezuela voltou às mãos dos patriotas.

Os delegados ao congresso desembarcaram no porto de Angostura, aldeia de casinhas desenhadas por crianças. Numa gráfica de brinquedo se imprime aqui, semana após semana, o *Correio do Orinoco*. Da selva, o porta-voz do pensamento republicano difunde os artigos dos doutores *criollos* e avisos que anunciam a chegada de cerveja, canivetes, selas e soldados voluntários de Londres.

Três salvas de canhão saúdam Bolívar e seu estado-maior. Fogem os pássaros, mas um papagaio caminha, indiferente, com andar de brigão.

Os deputados sobem a escadinha de pedra.

Francisco Antonio Zea, prefeito de Angostura, abre a sessão. Seu discurso compara essa patriótica vila com Mênfis,

Tebas, Alexandria e Roma. O congresso confirma Bolívar como chefe do exército e presidente com plenos poderes. Escolhe-se o gabinete.

Depois Bolívar ocupa a tribuna. *Os ignorantes,* adverte, *confundem a realidade com a imaginação e a justiça com a vingança...* Expõe suas ideias sobre a necessidade da criação da Grande Colômbia e fundamenta seu projeto de Constituição, elaborado sobre a base da Carta Magna dos ingleses.

(202)

1820
Paso del Boquerón

Final

Os três grandes portos do sul, Rio de Janeiro, Buenos Aires e Montevidéu, não tinham podido com as colunas *montoneras* de José Artigas, o caudilho de terra adentro.

Mas a morte tinha levado a maioria de sua gente. Nas panças dos urubus jaz a metade dos homens da campanha oriental. Andrezinho agoniza no cárcere. Estão presos Lavalleja e Campbell e outros leais; e outros tantos são levados pela traição. Fructuoso Rivera chama Artigas de *criminoso* e o acusa de ter posto *a propriedade à mercê do despotismo e da anarquia.* Francisco Ramírez, de Entre Ríos, proclama que Artigas é *a causa e origem de todos os males da América do Sul,* e também vira a casaca Estanislao López em Santa Fé.

Os caudilhos donos de terras fazem causa comum com os mascates dos portos e o chefe da revolução perambula de desastre em desastre. Seguem-no as últimas colunas de índios e negros e um punhado de gaúchos esfarrapados sob as ordens de Andrés Latorre, o último de seus oficiais.

Na margem do Paraná, Artigas escolhe o melhor cavaleiro. Entrega-lhe quatro mil patacões, que é tudo que lhe resta, para que leve aos presos no Brasil.

Depois, finca a lança na margem e cruza o rio. Rumando contra o coração vai-se embora para o Paraguai, para o exílio, o homem que não quis que a independência da América fosse uma emboscada contra seus filhos mais pobres.

(277)

O SENHOR

Sem virar a cabeça, o senhor afunda no exílio. Vejo o senhor, estou vendo: desliza o Paraná com preguiça de lagarto e lá se afasta ondulando seu poncho mambembe, ao trote do cavalo, e se perde na mata.

O senhor não diz adeus à sua terra. Ela não acreditaria. Ou talvez o senhor não saiba, ainda, que está indo para sempre.

Vai ficando cor de cinza a paisagem. O senhor vai-se embora, vencido, e sua terra fica sem fôlego. Será que lhe devolverão a respiração os filhos que nascerem, os amantes que chegarem? Os que desta terra brotem, os que nela entrem, serão dignos de tristeza tão profunda?

Sua terra. Nossa terra do sul. O senhor será muito necessário a ela, dom José. Cada vez que os ambiciosos a machucarem e humilharem, cada vez que os bobos acharem que ela está muda e estéril, o senhor fará falta. Porque o senhor, dom José Artigas, general dos simples, é a melhor palavra que ela pronunciou.

1821
Acampamento Laurelty

São Baltasar, o rei negro, o mais mago

Das aldeias vizinhas e das distantes comarcas acodem os paraguaios para ver esses estranhos seres de pele de noite. Os negros não eram conhecidos no Paraguai. Os escravos que Artigas tinha libertado, e que seguiram o caudilho no rastro do desterro, fazem aldeia em Laurelty.

Acompanha-os Baltasar, o rei negro eleito para dar as boas-vindas a Deus na terra. Invocando São Baltasar, trabalham nas hortas; e por ele soam tambores e cânticos de guerra trazidos da África para as planícies do rio da Prata. Os companheiros de Artigas, os *Artigas-cué,* vestem capas de seda vermelha e coroas de flores quando chega o dia 6 de janeiro; e dançam pedindo ao rei mago que nunca mais retorne a escravidão, e que lhes dê proteção contra os maus espíritos que deixam mole a cabeça e contra as galinhas que cantam como galo.

(66)

1821
Carabobo

Páez

Aos quinze anos nasceu matando. Matou para se defender; e teve que fugir para as montanhas e se fez cavaleiro nômade nas pradarias imensas da Venezuela. Cavaleiro caudilho de cavaleiros: José Antonio Páez, o cavaleiro Páez, vira a cabeça dos pastores artistas da lança e do laço, que montam em pelo e carregam em avalanche todo o medo. Ele anda em cavalo branco, porque cavalo branco navega melhor. Quando não está em campanha, aprende a ler e a tocar violoncelo.

Os cavaleiros das planícies, cavaleiros nus que em tempos de Boves tinham servido à Espanha, derrotam a Espanha na batalha de Carabobo. A golpes de facão abrem caminho pelo terreno coberto de ervas daninhas do oeste, pântanos e arbustos, e surpreendem e arrasam o inimigo.

Bolívar nomeia Páez comandante em chefe das forças armadas venezuelanas. O cavaleiro entra em Caracas a seu lado e exibe, como ele, grinalda de flores.

Na Venezuela, a sorte está lançada.

(202)

1822
Guaiaquil

San Martín

Encontro em Guaiaquil. Entre o mar do Caribe e o oceano Pacífico, abre-se um caminho de arcos do triunfo: o general Bolívar acode do norte. Vem do sul José de San Martín, o general que atravessou a cordilheira dos Andes em busca da liberdade do Chile e do Peru.

Bolívar fala, oferece.

– *Estou cansado* – corta, lacônico, San Martín. Bolívar não acredita; ou talvez desconfie, porque ainda não sabe que também a glória cansa.

San Martín tem trinta anos de batalhas, de Orán até Maipú. Pela Espanha lutou o soldado, e pela América, o curtido general. Pela América, e nunca contra ela: quando o governo de Buenos Aires mandou-o esmagar as colunas federais de Artigas, San Martín desobedeceu e lançou seu exército rumo às montanhas, para continuar sua campanha pela independência do Chile. Buenos Aires, que não perdoa, nega-lhe agora o pão e o sal. Em Lima tampouco o aceitam. Lá é chamado de *Rei José*.

Desencontro em Guaiaquil. San Martín, grande jogador de xadrez, evita a partida.

– *Estou cansado de mandar* – diz, mas Bolívar escuta outras palavras: O *senhor ou eu. Juntos, não cabemos.*

Depois, banquete e baile. Bolívar dança no centro do salão, disputado pelas damas. San Martín fica atordoado com o ruído. Passada a meia-noite, sem dizer adeus caminha para o cais. A bagagem já está no bergantim.

Dá ordem de zarpar. Passeia na coberta, passos lentos, acompanhado por seu cachorro e perseguido pelos mosquitos. O barco se solta da costa e San Martín vira para contemplar a terra da América que se afasta, se afasta.

(53 e 54)

1822
Buenos Aires

Pássaro cantor

Na beira do casario de Morón, a fossa comum engole os ossos de um poeta que até ontem tinha violão e nome.

*Mió é andá magru,
andá gavião e sem penas...*

Bartolomé Hidalgo, o trovador dos acampamentos de Artigas, viveu um pouquinho só, sempre num turbilhão de cantorias e brigas, e morreu no exílio. Os cães da fome lhe trituraram os pulmões. Pelas ruas e praças de Buenos Aires perambulava Hidalgo vendendo suas quadras, que cantam os livres e despem inimigos. Pouco de comer lhe davam elas, mas muito para viver; porque, enquanto o corpo sem mortalha vai para a terra, as quadras, também nuas, também plebeias, vão para o ar.

(125)

1822
Rio de Janeiro

Tráfego louco

O *Diário do Rio de Janeiro* anuncia as novidades recém-chegadas de Londres: máquinas para consertar ruas, curar pulmões ou espremer mandioca; tornos e alambiques e cozinhas a vapor; óculos, lunetas, canivetes, pentes. Também selas acolchoadas, estribos de prata, aros com muitos lustres e lanternas para carruagens.

Ainda se veem cavaleiros solitários pelas ruas e algumas velhas liteiras douradas, lentas; mas a moda manda arrancar chispas das pedras do chão nas asas da carruagem inglesa último modelo. São um perigo as ruas do Rio de Janeiro. Os acidentes se multiplicam por excesso de velocidade e cresce o poder dos cocheiros.

Luvas brancas, chapéus de copa: do alto da boleia, os cocheiros deixam cair algum olhar perdoa-vidas sobre os demais escravos negros, e se deliciam esparramando o pânico entre as pessoas a pé. Têm fama de bêbados, delatores e bons violeiros; e são imprescindíveis à vida moderna. Uma carruagem vale uma fortuna quando é vendida acompanhada por cavalo veloz e negro hábil.

(119)

1822
Quito

Doze ninfas esperam por ele na praça maior

e cada uma segura uma coroa. Explodem músicas e fogos de artifício e parece rumor de chuva o golpear dos cascos dos cavalos na longa rua de pedra. À testa de seu exército, entra Bolívar em Quito: gladiador trêmulo, todo nervos, a espada de ouro mais longa que o corpo. Dos balcões chovem flores e lencinhos bordados. Os balcões são altares onde as mulheres e moças de Quito deixam adorar o garbo de seus peitos quase despidos entre rendas e mantilhas. Manuela Sáenz ergue-se, deslumbrante máscara de proa: deixa cair uma das mãos, da mão escapa uma coroa de louros. Bolívar levanta a cabeça e crava-lhe o olhar, lenta lança.

Esta noite, dançam. Dançam a valsa a toda, e gira e gira o mundo enquanto rangem as mil anáguas e voa a longa e negra cabeleira da mulher ímpar.

(202, 249 e 295)

1823
Lima

As mãos se incham de tanto aplaudir

Cavalga desde Callao, entre duas filas de soldados, por caminho de flores. Lima recebe o general Bolívar com cem salvas, cem bandeiras, cem discursos e banquetes de cem talheres.

O Congresso dá a ele plenos poderes para expulsar os espanhóis, que recuperaram metade do Peru. O marquês de Torre Tagle obsequia-o com uma biografia de Napoleão, um jogo de canivetes de Toledo e ramos de floreadas frases: *A vitória te espera nas geladas alturas dos Andes para cingir-te com seus louros e as ninfas do Rímac entoam já os hinos para celebrar teus triunfos!* O ministro da Guerra dá ordens à deusa Fortuna: *Empreende teu majestoso voo das faldas do Chimborazo até as alturas de nossos Andes e ali espera pelo imortal Bolívar para cingir-lhe a fronte com os louros do Peru!*

O Rímac, *o rio que fala,* é o único que se cala.

(53 e 202)

1824
Lima

Apesar de tudo

Cavalga desde Callao, entre duas filas de soldados, num caminho de flores. Lima recebe o chefe dos espanhóis, o general Monet, içando e aclamando a bandeira do rei. Ondula a bandeira e ondulam os discursos. O marquês de Torre Tagle se derrete em gratidões e suplica à Espanha que salve o Peru da ameaça do maldito Bolívar, *o monstro colombiano*.

Lima prefere continuar dormindo, entre brasões erguidos, o sonho da Arcadia colonial. Vice-reis, santos e cavalheiros, vigaristas e graciosas mulheres trocam suspiros e reverências no meio dos rudes areais da América, debaixo de um céu que nega chuvas e sóis mas envia anjos para defender as muralhas da cidade. Lá dentro, respira-se aroma de jasmins; lá fora, a solidão e o perigo ameaçam. Lá dentro, os beija-mãos, as procissões, os cortejos: qualquer funcionário imita o rei, e qualquer frei, o papa. Nos palácios, o estuque imita o mármore; nas setenta igrejas de ouro e prata, o ritual imita a fé.

Longe de Lima, Bolívar jaz doente na aldeia costeira de Pativilca. *De todos os lados,* escreve entre febres, *escuto o ruído do desastre... Tudo nasce na vida e morre ante meus olhos, como partido por um raio... Pó, cinzas, nada.* O Peru inteiro, menos um par de vales, voltou às mãos da Espanha. Os governos independentes de Buenos Aires e do Chile abandonaram a causa da liberdade dessa terra; e nem os próprios peruanos parecem muito interessados.

– E agora, o que pensa fazer? – pergunta alguém a esse homem maltratado e solitário.

– *Vencer* – diz Bolívar.

(53, 202 e 302)

1824
Montevidéu

Crônicas da cidade, a partir da poltrona do barbeiro

Nenhuma brisa faz tilintar a bacia de latão pendurada em um arame, sobre o oco da porta, anunciando que aqui se fazem barbas, arrancam-se dentes e aplicam-se ventosas.

Por mero hábito, ou para sacudir-se da sonolência do verão, o barbeiro andaluz discursa e canta enquanto acaba de cobrir de espuma a cara de um cliente. Entre frases e bulícios, sussurra a navalha. Um olho do barbeiro vigia a navalha, que abre caminho no creme, e outro vigia os montevideanos que abrem caminho pela rua poeirenta. Mais afiada é a língua que a navalha, e não há quem se salve das esfoladuras. O cliente, prisioneiro do barbeiro enquanto dura a função, mudo, imóvel, escuta a crônica de costumes e acontecimentos e de vez em quando tenta seguir, com o rabo do olho, as vítimas fugazes.

Passa um par de bois, levando uma morta para o cemitério. Atrás da carreta, um monge desfia o rosário. À barbearia chegam os sons de algum sino que, por rotina, despede a defunta de terceira classe. A navalha para no ar. O barbeiro faz o sinal da cruz e de sua boca saem palavras sem desolação:

– Coitadinha. Nunca foi feliz.

O cadáver de Rosalía Villagrán está atravessando a cidade ocupada pelos inimigos de Artigas. Há muito que ela acreditava que era outra, e achava que vivia em outro tempo e em outro mundo, e no hospital de caridade beijava as paredes e discutia com as pombas. Rosalía Villagrán, esposa de Artigas, entrou na morte sem uma moeda que lhe pagasse o ataúde.

(315)

1824
Vale de Junín

A BATALHA CALADA

Bolívar reconstrói seu exército, magias de sua coragem confiante, e triunfa na planície peruana de Junín. Os melhores ginetes do mundo se atiram com sabre e lança e arrasam. Não soa um tiro em toda a batalha.

No exército americano se misturam gaúchos das margens do rio da Prata, camponeses do Chile e da Grande Colômbia, que lutam com as rédeas amarradas nos joelhos; patriotas peruanos e equatorianos, heróis de San Lorenzo e Maipú, Carabobo e Pichincha. Levam os homens lanças de Guaiaquil e ponchos de Cajamarca, e os cavalos, selas de Lambayeque e ferraduras de Trujillo. Seguem também Bolívar ingleses, alemães, franceses e até espanhóis conquistados pelo Novo Mundo, europeus veteranos de distantes guerras no Guadiana, no Reno ou no Sena.

Enquanto morre o sol, apaga-se a vida dos feridos. Na tenda de Bolívar, agoniza o tenente-coronel Sowersby, um inglês que tinha acompanhado Napoleão em Borodin; e não longe dali, um cachorrinho uiva junto ao corpo de um oficial espanhol. O cachorrinho correu durante toda a batalha de Junín, sempre grudado no cavalo do amigo. Agora o general Miller quer agarrá-lo ou expulsá-lo e não consegue.

(202)

1825
La Paz

BOLÍVIA

A bandeira imperial cai rendida aos pés de Antonio José de Sucre, general aos vinte e três anos, grande marechal aos trinta, o oficial preferido de Bolívar. A fulminante batalha da pequena pampa de Ayacucho liquida o poder espanhol no Peru e em todo o continente.

Quando a notícia chega a Lima, Bolívar salta sobre a mesa do salão e dança pisando em pratos e quebrando copos e garrafas.

Depois cavalgam juntos, Bolívar e Sucre, sob os arcos triunfais da cidade de La Paz. Ali nasce um país. O Alto Peru, que tinha integrado o vice-reinado de Lima e o de Buenos Aires, se chama agora República Bolívar, e se chamará Bolívia, para que seus filhos perpetuem o nome do libertador.

José Mariano Ruyloba, frade de grandes dotes oratórios, um bico de ouro, tinha preparado um extenso discurso de boas-vindas. Quis o destino que Ruyloba morresse antes que Bolívar pudesse escutá-lo. O discurso estava redigido em grego.

(202)

1825
Potosí

Gravuras escolares: o herói no topo

Em Potosí, Bolívar sobe ao topo do morro de prata. Fala Bolívar, falará a História: *Esta montanha cujo seio é o assombro e a inveja do universo...* Ao vento as bandeiras das novas pátrias e os sinos de todas as igrejas. *Eu estimo em nada esta opulência quando a comparo...* Mil léguas abraçam os braços de Bolívar. Os vales multiplicam as salvas dos canhões e o eco das palavras: *...com a glória de ter trazido vitorioso o estandarte da liberdade lá das ardentes e distantes praias...* Falará a História do prócer na altura. Nada dirá das mil rugas na cara desse homem, ainda não usada pelos anos mas talhada fundo pelos amores e pelas dores. A História não se ocupará dos potros que galopam em seu peito enquanto abraça a terra como se fosse mulher, lá dos céus de Potosí. A terra como se fosse *essa* mulher: a que afia as espadas dele, e com um só olhar o despe e perdoa. A que sabe escutá-lo por baixo do trovão dos canhões e os discursos e as ovações, quando ele anuncia: *Tu estarás sozinha, Manuela. E eu estarei sozinho no meio do mundo. Não haverá outro consolo além da glória de termos vencido.*

(53, 202 e 238)

1825
Potosí

A dívida inglesa vale um Potosí

Caminham agachadas as colônias espanholas que nascem para a vida independente. Desde o primeiro dia arrastam uma pesada pedra pendurada no pescoço, pedra que cresce e sufoca: a *dívida inglesa,* nascida do apoio britânico em armas e soldados, se multiplica por obra de agiotas e negociantes. Os prestamistas e seus intermediários, sábios nas artes da alquimia, convertem qualquer pedregulho em joia de ouro; e os comerciantes britânicos encontram nessas terras seus mercados mais lucrativos. Os novos países, temerosos da reconquista espanhola, necessitam do reconhecimento oficial da Inglaterra; mas a Inglaterra não reconhece ninguém sem a prévia assinatura de um Tratado de Amizade e Comércio que garanta a liberdade de invasão às suas mercadorias industriais.

Aborrecem-me mais as dívidas que os espanhóis, escreve Bolívar ao general colombiano Santander, e conta que para pagá-las vendeu aos ingleses as minas de Potosí por dois milhões e meio de pesos. Além disso, escreve, *indiquei ao governo do Peru que venda na Inglaterra todas as suas minas, todas as suas terras e propriedades e todos os demais arbítrios do governo, por sua dívida nacional, que não baixa de vinte milhões.*

O Morro Rico de Potosí, rebaixado, pertence agora a uma empresa de Londres, a fantasmagórica *Potosí, La Paz and Peruvian Mining Association*. Como sucede com outros delírios em plena febre de especulação, o nome é mais longo que o capital: a empresa anuncia um milhão de libras, mas reúne cinquenta mil.

(40, 172 e 234)

A MALDIÇÃO DO MORRO DE PRATA

Pouca prata dá o Potosí, que tanta prata já deu. O morro se recusa.

Durante mais de dois séculos, o morro ouviu os índios gemerem em suas entranhas. Os índios, os condenados dos socavões, lhe suplicavam que esgotasse seus veios. E, no fim, o morro amaldiçoou a cobiça.

Desde então, misteriosas caravanas de mulas chegavam nas noites, se metiam no morro e levavam, às escondidas, os carregamentos de prata. Ninguém podia vê-las, ninguém podia agarrá-las; e o morro foi-se esvaziando, noite após noite.

Quando alguma mula quebrava uma pata, porque era muito o mineral, algum besouro amanhecia mancando penosamente no caminho.

(247)

1826
Chuquisaca

Bolívar e os índios

Jamais se cumpriram as leis nas colônias espanholas da América. Boas ou más, nunca as leis existiram realmente – nem as muitas ordens reais que protegiam os índios, e que ao se repetirem confessavam sua impotência, nem as ordenanças que proibiam a circulação de judeus ou romances. Essa tradição não impede que os *criollos* ilustrados, generais ou doutores, acreditem que a Constituição é a poção infalível da felicidade pública.

Simón Bolívar cinzela constituições com fervor. Agora encaminha ao Congresso um projeto de Constituição para a nova república que vai levar seu nome. Segundo o texto, na Bolívia haverá presidente vitalício e três câmaras legislativas: a de tribunos, a de senadores e a de censores, *que têm alguma semelhança*, diz Bolívar, *com a do Areópago de Atenas e a dos censores de Roma.*

Não terão direito ao voto os que não saibam ler. Ou seja: só terão direito ao voto um punhado de seletos varões. Quase todos os bolivianos falam quíchua ou aimará, ignoram a língua castelhana e não sabem ler.

Como na Colômbia e no Peru, Bolívar decretou no novo país a abolição do tributo indígena e do trabalho forçado dos índios; e dispôs que se divida a terra das comunidades em lotes privados. E para que os índios, imensa maioria do país, possam receber as luzes europeias da civilização, Bolívar trouxe a Chuquisaca seu velho mestre, Simón Rodríguez, com a ordem de fundar escolas.

(42 e 172)

1826
Chuquisaca

Maldita seja a imaginação criadora

Simón Rodríguez, o mestre de Bolívar, regressou à América. Um quarto de século andou dom Simón do outro lado do mar: lá foi amigo dos socialistas de Paris e Londres e Genebra; trabalhou com os tipógrafos de Roma e os químicos de Viena e até ensinou as primeiras letras em um povoado de estepe russa.

Depois do longo abraço de boas-vindas, Bolívar o nomeia diretor de educação do país recém-fundado.

Com uma escola-modelo em Chuquisaca, Simón Rodríguez inicia sua tarefa contra as mentiras e os medos consagrados pela tradição. Chiam as beatas, grasnam os doutores, uivam os cães do escândalo: horror: o louco Rodríguez se propõe a misturar os meninos bem-nascidos com os *mestiços* que até ontem à noite dormiam nas ruas. O que pretende? Quer que os órfãos o levem para o céu? Ou corrompe-os para que o acompanhem ao inferno? Nas salas de aula não se ouve o catecismo, nem latins de sacristia, nem regras de gramática, e sim o ruído de serrotes e martelos, insuportáveis aos ouvidos dos frades e leguleios educados no asco ao trabalho manual. *Uma escola de putas e ladrões!* Os que acreditam que o corpo é uma culpa e a mulher um enfeite, gritam aos céus: na escola de dom Simón, meninos e meninas sentam-se juntos, todos grudados; e, o cúmulo: estudam brincando.

O prefeito de Chuquisaca encabeça a campanha *contra o tarado que veio corromper a moral da juventude*. Pouco depois, o marechal Sucre, presidente da Bolívia, exige de Simón Rodríguez que renuncie, porque não apresentou suas contas com a devida prolixidade.

(296 e 298)

As ideias de Simón Rodríguez
"Para ensinar a pensar"

Fazem passar o autor por louco. Deixem que ele transmita suas loucuras aos pais que estão por nascer.

Terá de se educar todo mundo sem distinção de raças nem cores. Não nos alucinemos: sem educação popular, não haverá verdadeira sociedade.

Instruir não é educar. Ensinem, e terão quem saiba; eduquem, e terão quem faça.

Mandar recitar de memória o que não se entende é fazer papagaios. Não se mande, em nenhum caso, uma criança fazer nada que não tenha o seu "porquê" junto. Acostumada a criança a ver sempre a razão apoiando as ordens que recebe, sentirá falta dela quando não a vir, e perguntará por ela dizendo: "Por quê?". Ensinem as crianças a serem perguntadoras, para que, pedindo o porquê do que as mandam fazer, se acostumem a obedecer à razão: não à autoridade, como os limitados, nem ao costume, como os estúpidos.

Nas escolas devem estudar juntos os meninos e as meninas. Primeiro, porque assim desde criança os homens aprendem a respeitar as mulheres; e segundo, porque as mulheres aprendem a não ter medo dos homens.

Os varões devem aprender três ofícios principais: construção, carpintaria e ferraria, porque com terras, madeiras e metais são feitas as coisas necessárias. Dar-se-ão instrução e ofício às mulheres, para que não se prostituam por necessidade, nem façam do matrimônio uma especulação para garantir a subsistência.

Ao que não sabe, qualquer um engana. Ao que não tem, qualquer um compra.

(297)

1826
Buenos Aires

Rivadavia

Na crista das barrancas do Prata, sobre a margem barrenta do rio, abre-se o porto que usurpa a riqueza do país inteiro.

No Coliseu de Buenos Aires, o cônsul britânico ocupa o camarote do vice-rei da Espanha. Os *criollos* usam palavras da França e luvas da Inglaterra; e assim deslizam pela vida independente.

Do Tâmisa flui a corrente de mercadorias fabricadas, sobre moldes argentinos, em Yorkshire ou Lancashire. Em Birmingham imitam, detalhe por detalhe, a tradicional caldeira de cobre, para esquentar a água do chimarrão, e produzem estribos de madeira, boleadeiras e laços tais como os usados no país. Mal podem resistir às investidas as oficinas e teares das províncias. Um só barco traz vinte mil pares de botas a preço de pechincha e um poncho de Liverpool custa cinco vezes menos que um de Catamarca.

O dinheiro argentino é impresso em Londres, e o Banco Nacional, com maioria de acionistas britânicos, monopoliza a emissão. Através desse banco opera a *River Plate Mining Association*, que paga a Bernardino Rivadavia um salário anual de duzentas mil libras.

De uma poltrona que será sagrada, Rivadavia multiplica a dívida pública e as bibliotecas públicas. O ilustrado jurista de Buenos Aires, que anda em carruagem de quatro cavalos, diz ser presidente de um país que ele ignora e despreza. Fora das muralhas de Buenos Aires, esse país o odeia.

(55, 271 e 342)

1826
Panamá

Pátrias que são solidões

A criatura disse suas primeiras palavras. Foram as últimas. Dos convidados ao batizado, só quatro chegaram ao Panamá, e em vez de batismo houve extrema-unção. A dor, dor de pai, encolhe o rosto de Bolívar. As piedades e condolências soam vazias para ele.

Dobram os sinos pela unidade da Hispano-América.

Bolívar tinha convocado as novas pátrias a se unirem sob o amparo inglês, em uma pátria só. Não convidou os Estados Unidos nem o Haiti, *por serem estranhos a nossos acordos americanos;* mas quis que a Grã-Bretanha integrasse a liga hispano-americana, para defendê-la do perigo da reconquista espanhola.

Nenhum interesse tem Londres na unidade de seus novos domínios. O congresso do Panamá não pariu mais que edificantes declarações, porque os velhos vice-reinos pariram países atados ao novo império de ultramar e divorciados entre si. A economia colonial, minas e plantações produzindo para o exterior, cidades que preferem o bazar à fábrica, não abre passo para uma grande nação e sim para um grande arquipélago. Os países independentes estão se desintegrando enquanto Bolívar sonha com a pátria grande. Não assinaram um único acordo comercial entre eles, mas estão inundados de mercadorias europeias e quase todos compraram a doutrina do livre-comércio, que é o principal produto britânico de exportação.

Em Londres, o primeiro-ministro George Canning exibe seu troféu na Câmara dos Comuns.

(202 e 207)

1826
Londres

Canning

Fala a pérola da Coroa. O plebeu George Canning, chefe da diplomacia britânica, consagra sua obra diante da Câmara dos Comuns. Canning escancara seus braços, suas asas de falcão:
– *Eu chamei à vida o Novo Mundo* – proclama o arquiteto do império – *para endireitar a balança do Velho.*
Em um canto, soa uma risadinha gozadora. Prossegue um longo silêncio. Canning ergue na escuridão seu afiado perfil de fantasma e explode, então, a maior ovação jamais escutada nessa sala.
A Inglaterra é o eixo do planeta. Lorde Castlereagh tinha feito muito pelo projeto imperial até que uma noite, pesaroso, abriu a garganta com uma navalha. Nem bem chegou ao poder, Canning, o herdeiro de Castlereagh, anunciou que a era dos cavaleiros tinha ficado para trás. As glórias militares deviam deixar espaço para as astúcias diplomáticas. Mais tinham feito pela Inglaterra os contrabandistas que os generais; e tinha chegado o tempo em que os mercadores e os banqueiros ganhavam as verdadeiras batalhas pelo domínio do mundo.
A paciência do gato é mais eficaz que a fúria do tigre.

(171 e 280)

1828
Bogotá

Aqui a odeiam

Sem baixar a voz chamam-na de *A Forasteira* ou *A Messalina,* e em segredo dão-lhe nomes piores. Dizem que por causa dela Bolívar anda carregado de sombra e crivado de rugas e que na cama queima seus talentos.

Manuela Sáenz lutou com lança em Ayacucho. Os bigodes que arrancou de um inimigo foram talismã do exército patriota. Quando Lima se amotinou contra Bolívar, ela se disfarçou de homem e percorreu os quartéis com uma pistola e um saco de dinheiro. Aqui em Bogotá passeia à sombra das cerejeiras, vestida de capitã e escoltada por duas negras que usam uniformes de hussardos. Há algumas noites, numa festa, fuzilou um boneco de trapo contra a parede, debaixo de um letreiro que dizia: *Francisco de Paula Santander morre por ser traidor.*

Santander cresceu à sombra de Bolívar, nos anos da guerra: foi Bolívar quem o nomeou vice-presidente. Agora Santander gostaria de assassinar o *monarca sem coroa* em algum baile de máscaras, ou num assalto à traição.

O guarda-noturno de Bogotá, farol na mão, dá a última voz. Respondem os sinos da igreja, que assustam o Diabo e convidam ao recolhimento.

Soam tiros, caem os guardas. Aparecem os assassinos escadas acima. Graças à Manuela, que os distrai mentindo, Bolívar consegue escapar pela janela.

(53, 202 e 295)

1828
Bogotá

Da carta de Manuela Sáenz a seu esposo, James Thorne

Não, não, já não mais, homem, por Deus! Por que fazer-me o senhor escrever, faltando à minha resolução? Vamos, o que consegue o senhor além de me fazer passar pela dor de lhe dizer mil vezes não? *Senhor: o senhor é excelente, é inimitável; jamais direi outra coisa que não seja aquilo que o senhor é. Mas, meu amigo, deixá-lo pelo general Bolívar é algo; deixá-lo por outro marido sem as qualidades do senhor, seria nada.*

...Eu sei muito bem que nada pode me unir a ele sob os auspícios do que o senhor chama de honra. O senhor me acha menos honrada por ser ele meu amante e não meu esposo? Ah! Eu não vivo das preocupações sociais inventadas para se atormentar mutuamente.

Deixe-me, meu querido inglês. Façamos outra coisa: no céu voltaremos a nos casar, mas na terra não... Lá tudo será à inglesa, porque a vida monótona está reservada à sua nação (em amores, digo, porque no resto, quem mais hábil para o comércio e a marinha?). O amor os acomoda sem prazeres; a conversa, sem graça, e o caminhar, devagar; o cumprimento, com reverência; o levantar-se e sentar-se, com cuidado; a troça, sem riso. Estas são as formalidades divinas; mas eu, miserável mortal, que rio de mim mesma, do senhor e dessas seriedades inglesas, como me daria mal no céu!

(238)

1829
Corrientes

BONPLAND

Descobriu a América ao longo de nove mil léguas e sessenta mil plantas. Quando voltou a Paris, a América lhe fez falta. Por revelação de sua nostalgia, Aimé Bonpland soube que pertencia à mesma terra que as raízes e flores que tinha colhido. Essa terra o chamava como nunca a Europa o tinha chamado; e por ela descruzou o mar.

Foi professor em Buenos Aires e lavrador nas plantações de mate do alto Paraná. Ali foi surpreendido pelos soldados de Gaspar Rodríguez de Francia, ditador supremo e perpétuo do Paraguai. Foi moído a porradas e levado preso em canoa rio acima.

Nove anos ficou preso no Paraguai. Por ser espião, dizem que disse o ditador Francia, que reina mediante terror e mistério. Reis, imperadores e presidentes intervieram pela liberdade do célebre sábio; mas não serviram para nada gestões nem missões, súplicas nem ameaças.

O ditador o tinha condenado num dia de vento norte, vento que lhe azeda a alma. Num dia de vento sul, decide libertá-lo. Como Bonpland não quer ir embora, o ditador o expulsa.

Bonpland não tinha estado preso numa cela. Trabalhava terras que lhe davam algodão, cana e laranjas, e tinha criado uma destilaria de aguardente, uma oficina de carpintaria e um hospital; assistia os partos das mulheres e das vacas de toda a comarca e dava de presente xaropes infalíveis contra o reumatismo e a febre. O Paraguai amou seu prisioneiro descalço, de camisa flutuante, catador de plantas raras, homem de má sorte que dá tanta sorte boa; e agora ele vai-se embora porque os soldados o levam à força.

Nem bem cruza a fronteira, em território argentino, roubam-lhe os cavalos.

(255)

1829
Assunção do Paraguai

Francia, o supremo

Não há ladrões no Paraguai, a não ser debaixo de sete palmos de terra, nem há ricos, nem mendigos. Ao chamado do tambor, e não do sino, correm as crianças para a escola. Embora todo mundo saiba ler, não existe nenhuma gráfica, e nenhuma biblioteca, nem se recebe de fora nenhum livro, nem jornal, nem boletim, e o correio extinguiu-se por falta de uso.

Encurralado rio acima pela natureza e pelos vizinhos, o país vive em guarda, esperando o bote da Argentina ou do Brasil. Para que os paraguaios se arrependam de sua independência, Buenos Aires cortou-lhes a saída para o mar, e apodrecem seus barcos junto ao cais; mas eles persistem empobreando sua dignidade. Dignidade, solidão nacional: erguido sobre os vastos deltas do rio, Gaspar Rodríguez de Francia manda e vigia. O ditador vive sozinho, e em solidão come o pão e o sal de sua terra em pratos que os cães provam primeiro.

Todos os paraguaios são espiões ou espiados. Muito de manhāzinha, enquanto afia a navalha, o barbeiro Alejandro oferece ao supremo o primeiro relatório do dia sobre rumores e conspirações. Já entrada a noite, o ditador caça estrelas com o telescópio; e também elas lhe contam o que anda tramando o inimigo.

(82 e 281)

1829
Rio de Janeiro

A bola de neve da dívida externa

Faz sete anos que o príncipe Pedro se proclamou imperador do Brasil. O país nasceu para a vida independente batendo nas portas dos banqueiros britânicos: o rei João, pai de Pedro, tinha esvaziado o banco e levado para Lisboa até o último grama de ouro e prata. Logo chegaram, de Londres, os primeiros milhões de libras esterlinas. As rendas da alfândega foram hipotecadas como garantia e os intermediários nativos receberam dois por cento de cada empréstimo.

Agora o Brasil deve o dobro do que recebeu e a dívida rola e cresce feito bola de neve. Os credores mandam; e cada brasileiro nasce devendo.

Em solene discurso, o imperador Pedro revela que o tesouro público está exausto, *em estado miserável*, e que a ruína total ameaça o país. Anuncia, porém, a salvação: o imperador resolveu tomar *medidas que destruirão com um golpe só a causa da calamidade existente.* E explica quais são essas radicais medidas: consistem em novos empréstimos que o Brasil espera receber das casas Rothschild e Wilson, de Londres, com interesses caros mas honrados.

Enquanto isso, os jornais informam que mil festas se preparam para celebrar o casamento do imperador com a princesa Amélia. Os anúncios nos jornais oferecem escravos negros à venda ou para alugar, queijos e pianos recém-chegados da Europa, casacas inglesas de veludo fino e vinhos de Bordéus. O Hotel do Globo, na rua da Quitanda, procura *cozinheiro branco e estrangeiro, que não seja beberrão nem pitador de cigarros,* e na rua do Ouvidor, 76, necessitam *de uma dama que fale francês para cuidar de um cego.*

(186 e 275)

1830
Rio Magdalena

Baixa o barco rumo ao mar

Terra verde, terra negra. Lá longe a névoa desbota montanhas. O Magdalena leva Bolívar águas abaixo.

– *Não.*

Nas ruas de Lima, estão queimando sua Constituição os mesmos que tinham lhe dado de presente uma espada cheia de diamantes. Aqueles que o chamavam "Pai da Pátria" estão queimando sua efígie nas ruas de Bogotá. Em Caracas o declaram, oficialmente, "inimigo da Venezuela". Lá em Paris publicam artigos que o infamam; e os amigos que sabem elogiá-lo não sabem defendê-lo.

– *Não posso.*

Era isso a história dos homens? Esse labirinto, esse vão jogo de sombras? O povo venezuelano amaldiçoa as guerras que lhe arrebataram a metade dos filhos em remotas regiões, e não lhe deram nada. A Venezuela se desgarra da Grande Colômbia e o Equador também se afasta, enquanto Bolívar jaz debaixo de um sujo toldo na barca que baixa pelo rio Magdalena rumo ao mar.

– *Não posso mais.*

Os negros continuam sendo escravos na Venezuela, apesar das leis. Na Colômbia e no Peru, as leis ditadas para *civilizar os* índios são aplicadas para despojá-los. O tributo, imposto colonial que os índios pagam por serem índios, voltou a se impor na Bolívia.

Era isso, era isso a história? Toda a grandeza se torna anã. Na nuca de cada promessa aparece a traição. Os próceres se convertem em vorazes latifundiários. Os filhos da América se destroçam entre si. Sucre, o preferido, o herdeiro, que se salvara do veneno e do punhal, cai nos bosques, a caminho de Quito, derrubado por uma bala.

– *Não posso mais. Vamos embora.*

No rio deslizam jacarés e troncos. Bolívar, pele amarela, olhos sem luz, tiritando, delirando, baixa pelo Magdalena rumo ao mar, rumo à morte.

(53 e 202)

1830
Maracaibo

PROCLAMA O GOVERNADOR:

...Bolívar, o gênio do mal, a teia da anarquia, o opressor de sua pátria, deixou de existir.

(202)

1830
Guaira

Divide et impera

O cônsul norte-americano em Guaira, J. G. Williamson, profeta e protagonista da desintegração da Grande Colômbia, enviou ao Departamento de Estado um certeiro relatório. Com um mês de antecipação, anunciou a separação da Venezuela e o fim dos impostos que não convêm aos Estados Unidos.

Simón Bolívar morreu no dia 17 de dezembro. Em outro 17 de dezembro, há onze anos, tinha fundado a Grande Colômbia, que nasceu da fusão da Colômbia e da Venezuela e somou depois o Equador e o Panamá. A Grande Colômbia morreu com ele.

Outro cônsul norte-americano, William Tudor, contribuiu lá de Lima para tecer a trama da conspiração contra o projeto americano de Bolívar, *o perigoso louco da Colômbia*. Tudor não se preocupava apenas com a luta de Bolívar contra a escravidão, mau exemplo para o sul dos Estados Unidos, mas também, e principalmente, com o *engrandecimento excessivo* da América libertada da Espanha. Com toda a razão disse o cônsul que a *Inglaterra e os Estados Unidos têm razões poderosas e comuns* contra o desenvolvimento de uma nova potência. O almirante britânico Fleming, enquanto isso, ia e vinha entre Valência e Cartagena fortalecendo a divisão.

(207 e 280)

1830
Montevidéu

Gravuras escolares:
o juramento da Constituição

O governo inglês, tinha dito lorde John Ponsonby, *não consentirá jamais que só os Estados Unidos, o Brasil e a Argentina sejam donos exclusivos das costas orientais da América do Sul.*

Com um empurrão de Londres, e sob seu amparo, o Uruguai se faz país independente. A mais rebelde província do rio da Prata, que expulsou os brasileiros de seu solo, desgarra-se do velho tronco e ganha vida própria. O porto de Buenos Aires se liberta, por fim, do pesadelo dessa planície arisca, onde Artigas se rebelou.

Na igreja Matriz de Montevidéu, o padre Larrañaga oferece a Deus um cântico de ação de graças. O fervor ilumina a cara do sacerdote, como naquele outro *Te Deum* que celebrou há alguns anos, desse mesmo púlpito, em homenagem aos invasores do Brasil.

Jura-se a Constituição em frente dos balcões do cabido. As damas, que não existem nas leis, acompanham a consagração jurídica do novo país, como se fosse assunto delas: prendem nos cabelos com uma das mãos suas gigantescas travessas, perigosas em dias de vento, e com a outra sustentam, abertos sobre o peito, os leques pintados com temas patrióticos. Os altos colarinhos engomados impedem que os cavalheiros movimentem as cabeças. A Carta Magna ressoa na praça, cláusula por cláusula, sobre um mar de cartolas. Segundo a Constituição da nova república, não serão cidadãos os homens que ofereceram o peito às balas espanholas, portenhas e brasileiras. O Uruguai não é feito para os gaúchos pobres, nem para os índios, que estão sendo exterminados, nem para os negros, que continuam sem perceber que uma lei os libertou. Não poderão votar nem ter empregos públicos, diz a Constituição, quem foi servo, peão ou soldado raso, vagabundo, bêbado ou analfabeto.

Ao anoitecer, o Coliseo fica repleto. Ali se estreia *O engano feliz ou o triunfo da inocência*, de Rossini, a primeira ópera completa cantada nessa cidade.

(278)

1830
Montevidéu

A PÁTRIA OU A TUMBA

O primeiro vate do parnaso uruguaio, Francisco Acuña de Figueroa, iniciou-se nas letras compondo uma ode, em oitavas reais à glória militar da Espanha. Quando os gaúchos de Artigas tomaram Montevidéu, fugiu para o Rio de Janeiro. Lá brindou suas rimas de louvor ao príncipe português e a toda a sua corte. Sempre com a lira no ombro, dom Francisco voltou para Montevidéu seguindo os invasores brasileiros, e tornou-se o poeta das tropas de ocupação. Anos depois, no dia seguinte da expulsão das tropas brasileiras, as musas sopraram patrióticos decassílabos ao ouvido de dom Francisco, louros de palavras para cingir as frontes dos heróis da independência; e agora o reptilíneo poeta escreve o hino nacional do país recém-nascido. Nós, os uruguaios, somos obrigados para sempre a escutar seus versos em pé.

(3)

1832
Santiago do Chile

INDÚSTRIA NACIONAL

Também no Chile os cavalheiros dançam e se vestem à moda francesa, imitam Byron ao dar o nó na gravata e na mesa obedecem ao cozinheiro francês; à inglesa tomam chá e à francesa bebem licores.

Quando Vicente Pérez Rosales instalou sua fábrica de aguardente, comprou em Paris os melhores alambiques e uma boa quantidade de rótulos com dourados arabescos e finas letras que diziam: *Old Champagne Cognac*. À porta de seu escritório, mandou pintar um grande cartaz:

> IMPORTAÇÃO
> DIRETA

O sabor não seria bem-bem, mas seria quase-quase; e ninguém ficou com chagas no estômago. O negócio caminhava às mil maravilhas e a fábrica não atendia à demanda, mas dom Vicente sofreu um ataque de patriotismo e decidiu que não podia continuar vivendo em estado de traição:

– *Esta boa fama só corresponde ao Chile.*

Atirou ao fogo os rótulos europeus e seu escritório estreou novo cartaz, maior ainda:

> FÁBRICA
> NACIONAL

As garrafas mostram agora um novo vestido: etiquetas impressas aqui, e que dizem: *Coñac chileno*.

Não vende nenhuma.

(256)

Pregões do mercado em Santiago do Chile

– Cravo e canela, para a moça mais bela!
– Suspiiiiroos!
– Lindos botões, um real a fieira!

— Broiiinhas!
— Correias, correias para selas, maciinhas feito luva!
— Uma esmola, pelo amor de Deus!
— Carne de boi!
— Uma esmolinha para um pobre cego!
— Vassooooouras! Tá acabando!
— Fumo de rolo! Fumo de rolo!
— Medalhas milagrosas, vai uma ou vão dez!
— Olha a pomada negra, olha a pomada negra!
— Facão pra segurança do cidadão!
— Olha que brilho!
— Quem vai levar este laço?
— Olha o pão!
— Um chocalhinho, é o último!
— Melancias do céu!
— Olha o pão amassado só por mão de mulher!
— Melanciiiiiias!
— Olha o pão, olha o pão! Quentiiiinho!

(288)

1833
Arequipa

AS LHAMAS

— *Felizes criaturas* — diz Flora Tristán.

Flora viaja pelo Peru, pátria de seu pai, e nas serras descobre *o único animal que o homem não conseguiu envilecer.*

As suaves lhamas são mais ágeis que as mulas e sobem mais alto. Resistem aos frios, fadigas e cargas pesadas. Em troca de nada, oferecem ao índio das montanhas transporte, leite, carne e as sedas limpas e brilhantes que cobrem seus corpos. Mas jamais se deixam amarrar nem maltratar, nem aceitam ordens. Quando interrompem seu andar de rainhas, o índio lhes suplica que retomem a caminhada. Se alguém bate nelas, as insulta ou ameaça, as lhamas se atiram no chão: erguido o longo pescoço, viram para o céu os olhos, os mais belos olhos da criação, e suavemente morrem.

– *Felizes criaturas* – diz Flora Tristán.

(337)

1833
San Vicente

Aquino

A cabeça de Anastacio Aquino tomba na cesta do verdugo.

Que em guerra descanse. O caudilho dos índios de El Salvador tinha erguido três mil lanças contra os ladrões de terras. Venceu os mosquetões, disparados com fogo do charuto; e despiu São José do altar-mor de uma igreja. Coberto com o manto do pai de Cristo, ditou leis para que os índios nunca mais fossem escravos, nem soldados, nem mortos de fome, nem beberrões. Mas chegaram mais tropas, e teve que buscar refúgio nas montanhas.

Seu lugar-tenente, chamado Cascavel, entregou-o ao inimigo.

– *Já sou tigre sem unhas nem presas* – disse Aquino, vendo-se atado por grilhões e correntes, e confessou ao frei Navarro que na vida inteira só tinha sentido medo da ira ou das lágrimas de sua mulher.

– *Estou pronto para brincar de galinha cega* – disse, quando lhe vendaram os olhos.

(87)

1834
Paris

Tacuabé

Nas pontas do Queguay, a cavalaria do general Rivera culminou, com boa pontaria, a obra civilizadora. Já não existe nenhum índio vivo no Uruguai.

O governo doa os quatro últimos charruas à Academia de Ciências Naturais de Paris. Despacha-os no porão de um navio, como bagagem, entre embrulhos, baús e malas.

O público francês paga entrada para ver os selvagens, raras amostras de uma raça extinta. Os cientistas anotam gestos, costumes e medidas antropométricas; pelo formato dos crânios, deduzem a escassa inteligência e o caráter violento.

Antes de dois meses, os índios se deixam morrer. Os acadêmicos disputarão os seus cadáveres.

Só sobrevive o guerreiro Tacuabé, que foge com sua filha recém-nascida, e chega sabe-se lá como à cidade de Lyon, e lá desaparece.

Tacuabé era o que fazia música. Fazia música no museu, quando o público ia embora. Esfregava o arco com uma varinha molhada de saliva e arrancava doces vibrações da corda de crina. Os franceses que o espiaram detrás da cortina contam que criava sons muito suaves, apagados, quase inaudíveis, como se estivesse conversando em segredo.

(19)

1834
Cidade do México

Amar é dar

Uma cabaça cheia de vinagre vigia atrás de cada porta. Em cada altar rogam mil velas. Os médicos receitam sangrias e fumigações de cloreto. Bandeiras coloridas marcam as casas atacadas pela peste. Lúgubres cânticos e alaridos assinalam a passagem dos carros repletos de mortos pelas ruas sem ninguém.

O governador dita um decreto proibindo várias comidas. Segundo o governador, os pimentões recheados e as frutas trouxeram a cólera para o México.

Na rua do Espírito Santo, um carroceiro está cortando uma enorme fruta-de-conde. Estende-se no pescante, para saboreá-la vagarosamente. Alguém que passa deixa o carroceiro com a boca aberta:

– *Bárbaro! Não estás vendo que te suicidas? Não sabes que essa fruta te leva à sepultura?*

O carroceiro vacila. Contempla a polpa leitosa, sem se decidir a morder. Finalmente se levanta, afasta-se uns passos e oferece a fruta à mulher, que está sentada na esquina:

– *Para você, minha amada.*

(266)

1835
Ilhas Galápagos

Darwin

Negras colinas surgem do mar e da névoa. Sobre as rochas movem-se, ao ritmo do sono, tartarugas grandes como vacas; e entre as ruelas feitas no meio dos rochedos deslizam iguanas, dragões sem asas:

– *A capital do inferno* – comenta o capitão do *Beagle*.

– *Até as árvores se sentem mal* – confirma Charles Darwin, enquanto cai a âncora.

Nessas ilhas, as ilhas Galápagos, Darwin se aproxima da revelação do *mistério dos mistérios;* aqui intui as chaves do incessante processo de transformação da vida na terra. Descobre aqui que os pássaros bicudos especializaram seus bicos, e que tomou a forma de quebra-nozes o bico que quebra sementes grandes e duras e forma de alicate o que busca o néctar dos cactos. A mesma coisa aconteceu, descobre Darwin, com as carcaças e o pescoço das tartarugas, variando se comem no chão ou se preferem frutos altos.

Nas Galápagos está a origem de todas as minhas opiniões, escreverá Darwin. *Vou de assombro em assombro*, escreve agora, em seu diário de viagem.

Quando o *Beagle* partiu há quatro anos, de um porto da Inglaterra, Darwin acreditava ainda, ao pé da letra, em cada palavra das Sagradas Escrituras. Acreditava que Deus tinha feito o mundo, tal como ele agora é, em seis dias, e que tinha terminado seu trabalho, como garante o arcebispo Usher, às nove da manhã do sábado 12 de outubro do ano 4004 antes de Cristo.

(4 e 88)

1835
Colúmbia

Texas

Há quinze anos, uma caravana de carroças atravessou gemendo a planície deserta do Texas, e as vozes lúgubres das corujas e coiotes deram-lhe as más-vindas. O México cedeu terras às trezentas famílias que vieram da Luisiana, com seus escravos e seus arados. Há cinco anos, eram já vinte mil os colonos norte-americanos no Texas, e tinham muitos escravos comprados em Cuba ou em currais onde os cavalheiros da Virgínia e do Kentucky engordavam negrinhos. Os colonos erguem agora bandeira própria, a imagem de um urso, e se negam a pagar impostos ao governo do México e a cumprir a lei mexicana que liquidou com a escravidão em todo o território nacional.

O vice-presidente dos Estados Unidos, John Calhoun, crê que Deus criou os negros para que cortem lenha, colham algodão e carreguem água para os brancos. As fábricas têxteis exigem mais algodão e o algodão exige mais terras e mais negros. *Existem poderosas razões,* disse Calhoun no ano passado, *para que o Texas faça parte dos Estados Unidos.* Então, o presidente Jackson, que sopra fronteiras com pulmões de atleta, já tinha enviado ao Texas seu amigo Sam Houston.

O áspero Houston abre caminho a pancada, vira general do exército e proclama a independência do Texas. O novo Estado, que logo será outra estrela na bandeira dos Estados Unidos, tem mais terra que a França.

E começa a guerra contra o México.

(128 e 207)

1836
San Jacinto

Cresce o mundo livre

Sam Houston oferece terras a quatro centavos o acre. Os batalhões de voluntários norte-americanos fluem por todos os caminhos e chegam barcos carregados de armas, vindos de Nova York e Nova Orleans.

Já o cometa tinha anunciado calamidade sobre os céus do México. Para ninguém foi novidade, porque o México vive em estado de perpétua calamidade desde que os assassinos de Hidalgo e de Morelos declararam a independência para ficar com ele.

Pouco dura a guerra. O general mexicano Santa Anna chega mandando degolar, e degola e fuzila no Álamo, mas em San Jacinto perde quatrocentos homens em um quarto de hora. Santa Anna entrega o Texas a troco da sua vida e volta para o México acompanhado de seu exército vencido, seu cozinheiro particular, sua espada de sete mil dólares, suas infinitas condecorações e seu vagão cheio de galos de briga.

O general Houston celebra o triunfo consagrando-se presidente do Texas.

A Constituição do Texas assegura ao amo direito perpétuo sobre seus escravos, por se tratar de propriedades legitimamente adquiridas. *Estender a área da liberdade* tinha sido o lema das tropas vitoriosas.

(128)

1836
El Álamo

Retratos do herói de fronteira

Ao despontar a guerra do Texas, quando a sorte ainda sorria às tropas mexicanas, o coronel David Crockett tombou atravessado pelas baionetas. Caiu no forte de El Álamo, junto ao seu bando de heroicos foragidos, e os urubus terminaram com a sua história.

Os Estados Unidos, que engordam comendo terras de índios e mexicanos, perderam um de seus heróis do oeste. David Crockett tinha uma espingarda chamada Betsy, que matava cinco ursos por bala.

Crockett bem poderia ter sido filho de Daniel Boone, o legendário pioneiro do século anterior, matador muito macho e muito solitário, que odiava a civilização mas ganhava a vida metendo colonos nas terras roubadas de seus amigos índios. E bem poderia ter sido pai de Natty Bumppo, um personagem de romance tão famoso que já parece de carne e osso.

Desde que Fenimore Cooper publicou *O último dos moicanos,* Natty Bumppo, o nobre e rude caçador, incorporou-se à vida cotidiana dos Estados Unidos. A natureza ensinou a ele tudo o que sabe de moral, e sua energia vem das montanhas e dos bosques. É feio, um só dente na boca enorme, mas sem esperar nada em troca protege as belas virgens brancas, que graças a ele atravessam intactas a floresta e o desejo. Natty Bumppo elogia o silêncio com muitas palavras e não mente quando diz que não teme a morte, nem quando admira os índios enquanto os mata cheio de melancolia.

(149 e 218)

1836
Hartford

O Colt

Samuel Colt, engenheiro, registra em Hartford, Connecticut, a patente da *revolving pistol* que inventou. Trata-se de uma pistola de tambor giratório, de cinco tiros, que mata cinco vezes em vinte segundos.

A primeira encomenda chega do Texas.

(305)

1837
Cidade da Guatemala

Morazán

Rompe um temporal de batinas. Rafael Carrera é o relâmpago que mete medo e pela Guatemala afora soam os trovões:

– *Viva a religião! Morte aos estrangeiros! Morte a Morazán!*

Não fica um só círio apagado. Tão depressa rezam as freiras que em nove segundos despacham nove novenas. Os coros entoam o salve e amaldiçoam Morazán com o mesmo fervor.

Francisco Morazán, presidente da América Central, é o *estrangeiro herege* que desatou as fúrias místicas. Morazán, nascido em Honduras, não unificou apenas as províncias centro-americanas em uma só nação. Além disso, reduziu à categoria de meros cidadãos os condes e marqueses e criou escolas públicas que ensinam coisas da terra e não falam nada do céu. Segundo suas leis, já não é necessário cruz para o túmulo nem padre para o matrimônio; e nada distingue a criança concebida no leito conjugal da criança feita, sem contrato prévio, sobre a palha do estábulo, e tanto herda uma como a outra. E o mais grave: Morazán separou a Igreja do Estado, decretou a liberdade de crer ou não crer, suprimiu os dízimos e os privilégios dos funcionários do Senhor e pôs suas terras à venda.

Denunciam os frades que Morazán é culpado da peste que está assolando a Guatemala. A cólera está matando e do púlpito chovem as acusações fulminantes: Morazán envenenou as águas, o Anticristo fez um pacto com o Diabo para vender a ele as almas dos mortos.

As aldeias das montanhas se sublevam contra o envenenador. Rafael Carrera, o criador de porcos que lidera a rebelião, tem pouco mais de vinte anos e já carrega três balas no corpo. Anda coberto de escapulários e medalhinhas e um ramo verde atravessa-lhe o chapéu.

(220 e 253)

1838
Buenos Aires

Rosas

Grande domador de potros e de homens, Juan Manuel de Rosas é o caudilho dos campos rio-platenses. Violeiro e dançador, sabe contar as histórias que mais susto ou riso provocam ao redor das fogueiras; mas foi feito de mármore e até seus filhos o chamam de *patrão*. Manda prender a cozinheira que estragou o frango; e ele mesmo se faz açoitar quando por descuido se esquece de alguma das normas por ele ditadas.

Suas fazendas são as mais prósperas; suas salinas, as mais bem organizadas. Rosas possui o que há de melhor do mar de pasto que se estende entre o porto de Buenos Aires e os acampamentos dos índios.

Rosas governa. Ditou uma lei de alfândegas que protege a produção argentina de ponchos e enxergões, sapatos, carruagens, barcos, vinhos e móveis, e fechou os rios interiores aos comerciantes estrangeiros.

A *Revue des Deux Mondes* exige que a França propicie uma lição de civilização e disciplina aos *degenerados filhos da conquista espanhola*. A esquadra francesa, comandada pelo almirante Leblanc, inicia o bloqueio de Buenos Aires, único porto argentino habilitado para o comércio de ultramar.

(166, 271 e 336)

1838
Buenos Aires

"O MATADOURO"

Esteban Echeverría escreve o primeiro conto da literatura rio-platense. Em "O matadouro" a ditadura de Rosas é o ataque de uma turba de assassinos contra um indefeso doutor de Buenos Aires.

Nascido nos subúrbios e crescido no meio das broncas, mas polido em Paris, Echeverría despreza a *gentalha*. Um matadouro do sul da cidade oferece o melhor cenário para que o escritor descreva os cães disputando tripas com as negras comedoras de bofe, e para que conte como brotam os palavrões, às toneladas, da boca do vulgo, da mesma forma que brota o sangue do pescoço dos bichos. O degolador do conto usa *chiripá* de gaúcho, tem o rosto pintado de sangue e afunda o punhal até o cabo na garganta da vaca; e depois encurrala o ilustrado cavalheiro de fraque, que se negou a lhe render homenagens.

(104)

Algo mais sobre o canibalismo na América

Em sua última descarga de cavalaria, o coronel Juan Ramón Estomba lança seus cavaleiros contra o nada. A guerra contra a Espanha terminou, mas muito mais atroz está sendo a guerra de argentinos contra argentinos; e o coronel Estomba ergue o sabre e uiva: *Atacar!*, e qual tempestade de gritos e golpes de sabre avançam os cavalos contra o horizonte vazio.

Essa pátria desgarrada está louca de fúria. Devoram-se entre si os heróis da independência. Estanislao López recebeu a cabeça de Pancho Ramírez, embrulhada num couro de carneiro, e a colocou numa gaiola de ferro e passou uma noite inteirinha contemplando-a cheio de gozo. Gregorio Lamadrid carregou de correntes e arrastou pelas ruas a mãe de Facundo Quiroga, antes que Facundo caísse numa emboscada com uma bala num olho. Em um curral, sobre merda de vaca, Juan Lavalle fuzilou Manuel Dorrego; e desde então, o fantasma de Dorrego vem perseguindo Lavalle e morde seus calcanhares até que o agarre e o costure a tiros ao corpo nu da sua amante, para que Lavalle tenha a sorte de morrer dentro de mulher.

(55, 103 e 110)

1838
Tegucigalpa

A AMÉRICA CENTRAL SE QUEBRA EM PEDAÇOS,

enquanto Morazán luta na Guatemala contra a multidão ensandecida pelos monges.

Um atrás do outro, vão-se partindo os débeis fios que tinham costurado as terras dessa pátria. Costa Rica e Nicarágua rompem o pacto federal e também Honduras se declara independente. A cidade de Tegucigalpa celebra, com bombos, fanfarras e discursos, o fracasso do filho seu que daqui se lançou, há dez anos, à grande campanha unificadora. Os rancores provincianos, invejas e cobiças, velhos venenos, podem mais que a paixão de Morazán. A República Federal da Centro-América jaz agora esquartejada em quatro pedaços. Logo serão cinco, e depois seis. Pobres pedaços. Sentem uns pelos outros mais ódio que pena.

(220)

1839
Copán

VENDE-SE CIDADE SAGRADA POR
CINQUENTA DÓLARES

e ela é comprada por John Lloyd Stephens, embaixador dos Estados Unidos na América Central. É a cidade maia de Copán, em Honduras, invadida pela selva às margens de um rio.

Em Copán fizeram-se pedra os deuses, e pedra os homens que os deuses escolheram ou castigaram. Em Copán tinham vivido, há mais de mil anos, os sábios astrônomos que descobriram os segredos da estrela matutina e mediram o ano solar com precisão jamais alcançada.

O tempo mutilou, mas não venceu, os templos de belos frisos e escadarias lavradas. As divindades ainda aparecem nos altares, brincando de esconde-esconde entre a plumagem das máscaras. O jaguar e a serpente ainda abrem suas bocas nas estelas erguidas no meio do capim, e homens e deuses respiram através dessas pedras caladas, jamais mudas.

(133)

1839
Havana

Fala o tambor, dizem os corpos

O capitão-geral de Cuba decide autorizar os bailes de tambores nas plantações, desde que sejam sempre em dias de festa e sob a vigilância dos capatazes.

Os capatazes se encarregarão de evitar que os tambores transmitam vozes de rebelião. Tambor negro, tambor vivo, não toca sozinho. O tambor conversa com outros tambores, chama o tambor macho, ama o tambor fêmea, e perigosamente conversa com as pessoas e os deuses. Quando são chamados pelo tambor, os deuses acodem e entram nos corpos, e com eles, voam.

Em tempos muito antigos, o escorpião Akeké matou o aborrecimento cravando seu ferrão em um casal humano. Desde então, os negros saem dançando do ventre da mãe, dançando falam do amor ou da dor ou da fúria e dançando atravessam a vida feroz.

(22, 222 e 241)

1839
Havana

Anúncios Classificados

Parte Econômica

Venda de Animais

Vende-se uma negra nativa, jovem, sadia e sem marcas, muito humilde e fiel, boa cozinheira, com alguma inteligência em lavar e passar, e excelente para tratar crianças, pela quantidade de 500 pesos. Na rua de Daoiz, número 150, explicarão o resto.

Vende-se belo cavalo de fina estampa, de seis palmos e três polegadas de altura...

PARTE ECONOMICA.

Ventas de animales.

Se vende una negra criolla, jóven sana y sin tachas, muy humilde y fiel, buena cocinera, con alguna intelijencia en lavado y plancha, y escelente para manejar niños, en la cantidad de 500 pesos. En la calle de Daoiz, número 150, impondrán de lo demas.   3||11

Se vende un hermoso caballo de bonita estampa, de seis cuartas tres pulgadas de alzada, de-

> **SE ALQUILAN POSESIONES** para viviendas. Negras para el servicio de casa. Negros para peones y para todo trabajo, y se dan negritos para jugar con niños. De todo darán razon en la calle de Daoiz número 11.   mzo. 21
> **SANGUIJUELAS superiores aca**badas de llegar de la península, se hallan de venta en la

Alugam-se posses para residências. Negras para o serviço da casa. Negros para peões e para todo trabalho, e dá-se de presente negrinhos para brincar com meninos. De tudo darão detalhes na rua de Daoiz, número 11.

Sanguessugas superiores acabadas de chegar da península, encontram-se à venda na...

(276)

1839
Valparaíso

O ILUMINADOR

Ladeira acima, no bairro de La Rinconada do porto chileno de Valparaíso, na frente de uma casa qualquer há um cartaz:

> LUZES E VIRTUDES AMERICANAS
> Isto é, velas de sebo, paciência, sabão,
> resignação, cola forte, amor ao trabalho.

Lá dentro, fumaça de cozinha e alvoroço de guris. Aqui vive Simón Rodríguez. O mestre de Bolívar tem em sua casa uma escola e uma fabriquinha. Ele ensina aos meninos a alegria de criar. Fazendo velas e sabão, paga as despesas.

(298)

1839
Veracruz

"Dai-me por Deus um marido, ainda que velho, manco ou malparido"

O embaixador da Espanha pisa em terra mexicana pela primeira vez. Não encontra em Veracruz outro pássaro além dos urubus à espreita dos mortos. De braços dados com a mulher, sai para passear pelas ruas tristes, para ir averiguando os costumes do país.

Em uma igreja, o embaixador encontra um santo surrado. Com pedradas as solteiras pedem milagre. De esperança disparam pedras as jovens, achando que a melhor pontaria lhes dará o melhor marido; e por vingança as murchas, que já não esperam de Santo Antônio de Pádua marido nem consolo, o crivam vociferando insultos. Bem arrebentado está o pobre Santo Antônio, com a cara desfeita, tocos no lugar dos braços, e o peito cheio de buracos. Deixam flores aos seus pés.

(57)

1840
Cidade do México

Baile de máscaras

Os costureiros e cabeleireiros franceses da Cidade do México andam correndo sem parar, de casa em casa, de dama em dama. No grande baile em benefício dos pobres, quem será a mais elegante? Que beleza prevalecerá?

Madame Calderón de la Barca, esposa do embaixador da Espanha, prova o vestido nacional mexicano, o traje típico do vale de Puebla. Alegria do espelho que recebe a imagem: blusa branca de rendas e bordados, saia vermelha, fulgor de lantejoulas sobre as anáguas bordadas. Madame Calderón aperta a cintura, dando mil voltas à faixa colorida, e penteia-se com uma risca no meio dos cabelos, unindo as tranças com um anel.

Toda a cidade fica sabendo. Reúne-se o Conselho de Ministros para contornar o perigo. Três ministros – Relações Exteriores, Interior e Guerra – apresentam-se na casa do embaixador e formulam oficial advertência. As senhoras importantes não podem acreditar: desmaios, sais, ventanias de leques: tão digna dama, tão indignamente vestida! E em público! Os amigos aconselham, o corpo diplomático pressiona: cuidado, evitai o escândalo, tais roupas são próprias de mulheres de reputação duvidosa.

Madame Calderón de la Barca renuncia ao traje nacional. Não irá ao baile vestida de mexicana. Exibirá roupas de camponesa italiana do Lazio. Umas das patrocinadoras da festa acudirá vestida de rainha da Escócia. Outras damas serão cortesãs francesas ou camponesas suíças, inglesas ou aragonesas, ou se envolverão em extravagantes véus turcos.

Navegará a música em um mar de pérolas e brilhantes. Será uma dança sem graça: não por culpa dos pés e sim dos sapatos, tão minúsculos e atormentadores.

(57)

Alta sociedade mexicana:
assim começa uma visita

– Como vai a senhora? A senhora vai bem?
– *Às suas ordens. E a senhora?*
– *Sem novidades, às suas ordens.*
– *Como a senhora passou a noite?*
– *Às suas ordens.*
– *Como me alegro! E a senhora, como vai?*

– *À sua disposição. E a senhora?*
– *Muito obrigada. E o senhor?*
– *Às suas ordens, sem novidades.*
– *Queira fazer o favor de sentar-se.*
– *Primeiro a senhora.*
– *Não, senhora, primeiro a senhora, por favor.*
– *Bem, vá lá, para lhe obedecer, senhora, mas sem cerimônias; sou inimiga de formalidades e etiquetas.*

(57)

Pregões ao longo do dia na Cidade do México

– Carvão, senhor!
– *Manteeeiga! Manteeeiga a real e meio!*
– Carne-seca, da boa!
– Tem seeeebooo?
– Botõõõões!
– *Ameixas amarelas!*
– Bananas, laranjas, romãs pequeninas?
– Espelhiiiiinhos!
– Pãozinho de forno, quentiiiinhos!
– *Quem quer gaiolas de Puebla, gaiolas de cinco varas?*
– Bolos de mel! Queijo e mel, requeijão e melado bão!
– *Carameeelos! Cocada! Mereeeeengues!*
– O úúúúltimo bilheeete, o último por meio real!
– Brooooas !
– Quem quer nozes?
– Brooooas de requeijão!
– Patos, minh'alma! Patos quentes!
– *Pamoonhas, pamonhiinhas!*
– Castanhassaaada?

(57)

Alta sociedade mexicana:
assim se despede o médico

Junto à cama:
— Senhora, estou às suas ordens!
— Muitíssimo obrigada, senhor.
Ao pé da cama:
— Reconheça-me, senhora, como seu mais humilde servidor!
— Bom-dia, senhor.
Fazendo uma pausa junto à mesa:
— Senhora, beijo-lhe os pés!
— Senhor, beijo-lhe a mão!
Perto da porta:
— Senhora, minha pobre casa, e tudo o que existe nela, e eu mesmo, apesar de inútil, tudo o que tenho é seu!
— Muitíssimo obrigada, senhor!
Me dá as costas para abrir a porta, mas vira para mim depois de abri-la.
— Adeus, senhora, sou seu servidor!
— Adeus, senhor!
Sai, finalmente, mas entreabrindo logo a porta e pondo a cabeça para fora:
— Bom-dia, senhora!

(57)

1840
Cidade do México

Assim é iniciada uma freira de clausura

Escolheste a boa vereda
e ninguém poderá afastar-te,
eleita.

Aos dezesseis anos, diz adeus ao mundo. Em carruagem passou pelas ruas que nunca mais verá. Parentes e amigos que nunca mais a verão assistem à cerimônia no convento de Santa Teresa.

ninguém, ninguém, nada
poderá afastar-te

Comerá junto às outras esposas de Cristo, em tigela de barro, com uma caveira servindo de centro de mesa. Fará penitência pelos pecados que não cometeu, misteriosos delitos que outros gozam e que ela redimirá atormentando a carne com cinturão de espinhos e coroa de espinhos. Dormirá para sempre sozinha, em leito de mortificação; vestirá tecidos que lixam a pele.

longe das batalhas da grande Babilônia
corrupções tentações perigos
longe

Está coberta de flores e pérolas e diamantes. É despojada de todos os enfeites, é despojada de roupas.

nunca

Ao som do órgão, o bispo exorta e abençoa. O anel pastoral, uma enorme ametista, desenha a cruz sobre a cabeça da moça ajoelhada. Cantam as freiras:

Ancilla Christi sum...

É vestida de negro. As freiras, deitadas, humilham seus rostos contra o chão, negras asas abertas ao redor do círculo de círios.
Fecha-se uma cortina, como tampa de ataúde.

(57)

1842
San José da Costa Rica

Ainda que o tempo te esqueça, a terra não

Na cidade da Guatemala, damas e frades preparam Rafael Carrera, caudilho das montanhas, para exercer longa ditadura. Experimentam nele o tricórnio, a casaca e o espadim; ensinam-lhe a caminhar com botas de verniz, a escrever o próprio nome e a ler as horas no relógio de ouro. Carrera, criador de porcos, continuará exercendo seu ofício por outros meios.

Em San José da Costa Rica, Francisco Morazán se prepara para morrer. Difícil coragem. Para Morazán, namorado da vida, homem de vida tanta, a viagem não é fácil. Passa a noite com os olhos pregados no teto da cela, dizendo adeus. Foi muito o mundo. O general demora para se despedir. Gostaria de ter governado mais e lutado menos. Muitos anos passou guerreando, a facão limpo, pela grande pátria centro-americana, enquanto ela se obstinava em se partir.

Antes do clarim militar, soa o pássaro madrugador. O canto do madrugador vem do alto céu e do fundo da infância, como antes, como sempre, ao final da escuridão. Dessa vez anuncia o último amanhecer.

Morazán enfrenta o pelotão de fuzilamento. Descobre a cabeça e ele mesmo manda preparar armas. Manda apontar, corrige a pontaria, dá a ordem de fogo.

A descarga o devolve à terra.

(220)

1844
Cidade do México

Os galinhos guerreiros

A Igreja, latifundiária e agiota, é dona da metade do México. A outra metade pertence a um punhado de senhores e aos índios acurralados em suas comunidades. O proprietário da presidência é o general López de Santa Anna, que vela pela paz pública e pela boa saúde de seus galos de briga.

Santa Anna governa com alguns dos galos nos braços. Assim recebe bispos e embaixadores, e para atender um galo ferido abandona as reuniões de gabinete. Funda mais rinhas de galos que hospitais e dita mais regras de briga que decretos de educação. Os galistas integram sua corte privada, junto com os jogadores e as viúvas de coronéis que nunca existiram.

Ele gosta muito de um galo pintado que finge de fêmea e se engraça com o inimigo até que o apunhala quando o põe bobo; mas entre todos prefere o feroz Pedrinho. Pedrinho, ele trouxe de Veracruz, com a terra de lá, para que pudesse se mexer nela sem saudade. O próprio Santa Anna amarra a farpa em Pedrinho, na roda de briga. Cruza apostas com arrieiros e vagabundos, e mastiga penas do rival para lhe dar azar. Quando fica sem moedas, atira condecorações na arena.

– *Dou oito a cinco!*
– *Oito a quatro se quiser!*

Um relâmpago atravessa o redemoinho de penas e a esporada de Pedrinho arranca os olhos ou abre a garganta de qualquer campeão. Santa Anna dança num pé só e o matador ergue a crista, bate as asas e canta.

(227 e 309)

1844
Cidade do México

Santa Anna

franze a cara, perde o olhar no vazio: está pensando em algum galo caído em combate ou em sua própria perna, a que perdeu, venerada prenda de glória militar.

Faz seis anos, durante uma guerrinha contra o rei da França, um tiro de canhão arrancou-lhe a perna. Do leito de agonia, o mutilado presidente ditou a seus secretários um lacônico recado de quinze páginas, de adeus à pátria; mas voltou à vida e ao poder, como era de costume.

Um cortejo enorme acompanhou a perna de Veracruz até a capital. Chegou a perna sob um pálio, escoltada por Santa Anna, que mostrava o chapéu de plumas brancas pela janela da carruagem; e atrás, com gala total, vieram bispos e ministros e embaixadores e um exército de hussardos, dragões e soldados armados de couraça. A perna atravessou mil arcos de flores, de aldeia em aldeia, entre filas de bandeiras, e à sua passagem ia recebendo responsórios e discursos, odes, hinos, salvas de canhão e badaladas de sino. Ao chegar ao cemitério, o presidente pronunciou, diante do panteão, a homenagem final a esse pedaço dele que a morte tinha levado como se fosse um adiantamento.

Desde então dói nele a perna que falta. Hoje dói mais que nunca, dói até não dar mais, porque o povo em rebelião arrebentou o monumento que a guardava e está arrastando a perna pelas ruas da cidade.

(227)

1845
Vuelta de Obligado

A INVASÃO DOS COMERCIANTES

Há três anos, a esquadra britânica humilhou o Celeste Império. Depois do bloqueio de Cantão e de todo o litoral, a invasão inglesa impôs aos chineses o consumo do ópio, em nome da liberdade de comércio e da civilização ocidental.

Depois da China, a Argentina. De pouco ou nada serviram os longos anos de bloqueio do porto de Buenos Aires. Juan Manuel de Rosas, que manda adorar seu retrato e governa rodeado de bufões vestidos de rei, ainda nega a abertura dos rios argentinos. Banqueiros e comerciantes da Inglaterra e da França reclamam há anos que se castigue a insolência.

Muitos argentinos caem na defesa, mas finalmente os barcos de guerra dos dois países mais poderosos do mundo arrebentam com disparos de canhão as correntes estendidas no rio Paraná.

(271 e 336)

1847
Cidade do México

A CONQUISTA

— *O México cintila diante de nossos olhos* — tinha-se deslumbrado o presidente Adams, no despontar do século.

À primeira mordida, o México perdeu o Texas.

Agora os Estados Unidos têm o México inteiro no prato.

O general Santa Anna, sábio em retiradas, foge rumo ao sul, deixando um córrego de espadas e cadáveres nos barrancos. De derrota em derrota, retrocede seu exército de soldados ensanguentados, mal-alimentados, jamais pagos, e junto deles os antigos canhões arrastados por mulas, e depois a caravana de mulheres que carregam em canastras filhos, farrapos e *tortillas*. O exército do general Santa Anna, com mais oficiais que soldados, só é eficaz para matar compatriotas pobres.

No castelo de Chapultepec, os cadetes mexicanos, quase meninos, não se rendem. Resistem ao bombardeio com uma obstinação que não vem da esperança. Sobre seus corpos se derramam as pedras. Entre as pedras, os vencedores fincam a bandeira das barras e das estrelas, que se eleva, no meio da fumaça, sobre o vasto vale.

Os conquistadores entram na capital. A Cidade do México: oito engenheiros, dois mil frades, dois mil e quinhentos advogados, vinte mil mendigos.

O povo, encolhido, grunhe. Dos telhados, chovem pedras.

(7, 127, 128 e 187)

1848
Vila de Guadalupe Hidalgo

Os conquistadores

Em Washington, o presidente Polk proclama que sua nação já é tão extensa como a Europa inteira. Não há quem pare o avanço desse jovem país devorador. Rumo ao sul e rumo ao oeste, os Estados Unidos crescem matando índios, atropelando vizinhos, ou pagando. Compraram a Luisiana de Napoleão e oferecem à Espanha cem milhões de dólares pela ilha de Cuba.

Mas o direito de conquista é mais glorioso e mais barato. O tratado com o México é assinado na vila de Guadalupe Hidalgo. O México cede aos Estados Unidos, com uma pistola no peito, a metade do seu território.

(128)

1848
Cidade do México

Os irlandeses

Na Praça Maior da Cidade do México, os vencedores castigam. Não só açoitam os mexicanos rebeldes. Também os irlandeses desertores levam na cara a marca do ferro em brasa e depois são pendurados na forca.

O batalhão irlandês Saint Patrick chegou com os invasores, mas lutou junto com os invadidos. Do norte até Molino del Rey, os irlandeses fizeram sua a sorte, a má sorte, dos mexicanos. Muitos caíram defendendo, sem munições, o convento de Churubusco. Os prisioneiros balançam, com as caras queimadas, no patíbulo.

(128)

1848
Ibiray

Um velho de poncho branco em uma casa de pedra vermelha

Não gostou nunca das cidades. Sua querência é uma floresta do Paraguai, e sua carruagem, uma carreta cheia de ervas curadoras. Um bastão o ajuda a caminhar, e o negro Ansina, trovador de verso alegre, ajuda-o a trabalhar a terra e a receber sem sombras más a luz de cada dia.

– *José Artigas, às suas ordens.*

Oferece mate e respeito, palavras poucas às visitas que de vez em quando vêm do Uruguai:

– *Quer dizer que meu nome ainda é ouvido por lá.*

Tem mais de oitenta anos, vinte e oito de exílio, e se nega a regressar. Continuam vencidas as ideias nas quais acreditou e as gentes que amou. Bem sabe Artigas quanto pesam o mundo e a memória, e prefere calar. Não há erva que cicatrize as feridas de dentro.

(277)

José Artigas, segundo Domingo Faustino Sarmiento

Era um salteador, nada mais, nada menos. Trinta anos de prática assassinando ou roubando dão títulos indiscutíveis para o exercício do mando sobre a paisanada de indiadas alvoroçadas por uma revolução política, e entre as quais vem incrustado o nome assustador de Artigas como chefe de bandoleiros... Quem o obedecia? As raças de índios, reduzidos ou selvagens que acaudilha pelo direito do mais selvagem, do mais cruel, do mais inimigo dos brancos. Incivil, pois não frequentou cidades nunca, alheio a toda tradição humana de governo livre; e embora branco, mandando indígenas menos preparados ainda que ele... Considerando os antecedentes e os atos de Artigas, sentimos uma espécie de sublevação da razão, dos instintos do homem de raça branca, ao querer dar-lhe um pensamento político e um sentimento humano.

(311)

1848
Buenos Aires

Os amantes (I)

Dramatis personae:

CAMILA O'GORMAN. Nascida em Buenos Aires, em casa de três pátios, há vinte anos. Educada com cheiro de santidade, para ser sucessivamente virgem, esposa e mãe na senda reta que conduz à paz conjugal, aos trabalhos de agulha, aos saraus de piano e ao rosário rezado com véu negro na cabeça. Fugiu com o pároco da igreja do Socorro. A ideia foi dela.

LADISLAO GUTIÉRREZ. Ministro de Deus. Vinte e cinco anos. Sobrinho do governador de Tucumã. Não conseguiu dormir desde que pôs a hóstia na língua dessa mulher ajoelhada à luz dos círios. No fim deixou cair o missal e a batina e soltou um tropel de anjinhos e pombas de campanário.

ADOLFO O'GORMAN. Inicia cada refeição recitando os dez mandamentos, na cabeceira de uma longa mesa de caioba. De casta mulher engendrou um filho sacerdote, um filho policial e uma filha fugitiva. Pai exemplar, é o primeiro a pedir exemplar castigo para *o horrendo escândalo* que envergonha sua família. Em carta a Juan Manuel de Rosas, reclama mão dura *contra* o *ato mais atroz e nunca ouvido no país*.

FELIPE ELORTONDO Y PALACIO. Secretário da Cúria. Também escreve a Rosas pedindo a captura dos amantes e seu inflexível castigo, para prevenir crimes semelhantes no futuro. Em sua carta, esclarece que foi o bispo quem fez Gutiérrez virar padre.

JUAN MANUEL DE ROSAS. Manda caçar os amantes. De Buenos Aires, galopam os mensageiros. Levam um impresso que descreve os fugitivos. Camila: *branca, de olhos negros de olhar agradável, alta, de corpo delgado, bem proporcionada.* Ladislao: *moreno, delgado, de barba inteira e cabelo crespo.* A justiça será feita, promete Rosas, *para satisfazer à religião e às leis e para impedir a consequente desmoralização, libertinagem e desordem.* Todo o país está à espreita.

Também participam:

A IMPRENSA DE OPOSIÇÃO. De Montevidéu, Valparaíso e La Paz, os inimigos de Rosas invocam a moral pública. No jornal El Mercurio Chileno se lê: *Chegou a tal extremo a horrível corrupção dos costumes sob a tirania do "Calígula do Prata", que os ímpios e sacrílegos sacerdotes de Buenos Aires fogem com as meninas da melhor sociedade, sem que o infame sátrapa adote medida alguma contra essas monstruosas imoralidades.*

OS CAVALOS. Levam os amantes para o norte, campos afora, driblando cidades. O de Ladislao é de pelo dourado e pernas compridas. O de Camila, cinzento, gordo e rabudo. Dormem, como seus cavaleiros, à intempérie. Não se cansam.

A BAGAGEM. Dele: um poncho de lã, algumas roupas, um par de navalhas e um par de pistolas, um isqueiro, uma gravata de seda e um tinteiro de cristal. Dela: um xale de seda, alguns vestidos, quatro anáguas, um leque, um par de luvas, um pente e um anelzinho de ouro quebrado.

(166 e 219)

Os amantes (II)

Eles são dois por engano. A noite corrige.

1848
Santos Lugares

Os amantes (III)

No verão, fogem. Passam o outono no porto de Goya, às margens do Paraná. Lá se chamam com outros nomes. No inverno são descobertos, delatados e agarrados.

São levados para o sul, em carretas separadas. As rodas deixam cicatrizes no caminho.

Em calabouços separados são trancados, na prisão de Santos Lugares.

Se pedirem perdão, serão perdoados. Camila, grávida, não se arrepende. Ladislao tampouco. Prendem ferros a seus pés. Um sacerdote orvalha os grilhões com água benta.

São fuzilados no pátio, com os olhos vendados.

(219)

1848
Bacalar

Cecílio Chi

Falaram as espigas, avisando fome. As imensas plantações de açúcar estão devorando as plantações de milho das comunidades maias da região mexicana de Iucatã. Compram-se homens, como na África, pagando-os com aguardente. *Os índios ouvem pelas costas,* diz o açoite.

E explode a guerra. Fartos de pôr os mortos em guerras alheias, os maias acodem ao chamado do tambor de tronco oco. Brotam da mata, da noite, do nada, o facão numa mão, a tocha na outra: com as fazendas ardem seus donos e os filhos de seus donos e ardem também os documentos de dívida que fazem escravos os índios e os filhos dos índios.

O torvelinho maia se contorce e arrasa. Cecílio Chi avança com quinze mil índios contra os canhões e assim cai a soberba de Valladolid de Iucatã, que se crê tão fidalga, tão de Castela, e caem Bacalar e muitos povoados e guarnições, um atrás do outro.

Cecílio Chi extermina inimigos invocando o antigo rebelde Jacinto Canek, e o mais antigo profeta Chilam Balam. Anuncia que o sangue inundará a praça de Mérida até os tornozelos das gentes. Oferece aguardente e fogos artificiais aos santos padroeiros de cada aldeia que ocupa: se os santos se negam a mudar de lado, e continuam a serviço dos amos, Cecílio Chi os degola a facão e os atira na fogueira.

(144 e 273)

1849
Margens do rio Platte

Um cavaleiro chamado Varíola

De cada quatro índios pawnees, um morreu este ano de varíola ou cólera. Os kiowas, seus inimigos de sempre, salvaram-se graças ao Velho Tio Saynday.

Andava o velho malandro por estas planícies, de pena em pena. *Meu mundo acabou,* comprovava, enquanto em vão buscava cervos e búfalos e o rio Washita lhe oferecia barro vermelho no lugar de água clara. *Logo meu povo kiowa será cercado como as vacas.* Sumido nessas melancolias perambulava o Velho Tio Saynday, quando viu que lá no leste, em vez do sol, amanhecia a escuridão. Uma grande mancha escura vinha crescendo através da pradaria. Quando ela chegou, descobriu que a mancha era um cavaleiro de negras roupas, alto chapéu negro e negro cavalo. O cavaleiro tinha ferozes cicatrizes na cara.

– Eu me chamo Varíola – se apresentou.

– Nunca ouvi – diz Saynday.

– Venho de longe, do outro lado do mar – explicou o desconhecido. – Trago morte.

Perguntou pelos kiowas. O Velho Tio Saynday soube mudá-lo de rumo. Explicou-lhe que os kiowas não valiam a pena, povo pouquinho e pobretão, e em troca lhe recomendou os índios pawnees, que são muitos, belos e poderosos, indicando-lhe os rios onde vivem.

(198)

1849
San Francisco

O OURO DA CALIFÓRNIA

De Valparaíso acodem em massa os chilenos. Trazem um par de botas e um punhal, um farol e uma pá.

Porta de ouro se chama agora a entrada da baía de San Francisco. Até ontem, San Francisco era a aldeia mexicana de Yerbas Buenas. Nessas terras, usurpadas do México na guerra da conquista, há pepitas de três quilos de ouro puro.

Não há lugar na baía para tanto barco. Toca fundo a âncora e voam os aventureiros para além dos morros. Ninguém perde tempo em surpresas ou cumprimentos. O jogador afunda no barro suas botinas de verniz:

– *Viva meu dado carregado, viva meu baralho!*

Só com pisar nessa terra, o mambembe vira rei e morre de despeito a bela que o tinha desprezado. Vicente Pérez Rosales, recém-chegado, escuta os pensamentos de seus compatriotas: "Já tenho talento! Porque no Chile, quem é burrico sendo rico?". *Aqui, quem perde tempo perde ouro.* Incessante trovão de martelos, mundo que ferve, estrépitos de parto: do nada brotam as tendas onde se oferecem ferramentas e licores e carne-seca a troco de sacos de couro cheios de ouro em pó. Grasnam os corvos e os homens, bandos de homens de todas as pátrias, e noite e dia gira o torvelinho de jaquetas e jaquetões marinheiros, peles do Oregon e botões de Maule, punhais franceses, chapéus chineses, botas russas e balas fulgurantes no cinturão dos vaqueiros.

Uma chilena agradável de se ver sorri como pode debaixo da sombrinha de rendas, amassada pelo espartilho e pela multidão que a leva em andor sobre o barro pavimentado de garrafas quebradas. Ela é, nesse porto, Rosarita Améstica. Era Rosarito Izquierdo quando nasceu em Quilicura, há um segredo de anos, e depois foi Rosarito Villaseca em Talcahuano, Rosarito Toro em Talca e Rosarito Montalva em Valparaíso.

Do castelo de popa de um barco, o leiloeiro oferece as damas à multidão. Exibe-as e elogia, uma por uma, *vejam senhores que estampa que juventude que formosura que...*

– *Quem dá mais?* – apura o leiloeiro. – *Quem dá mais por esta flor incomparável?*

(256)

1849
O Moinho

Eles estavam aqui

Chama o homem e flameja o ouro nas areias e rochas. Faíscas de ouro saltam pelos ares; dócil vem o ouro à mão do homem, do fundo dos rios e das quebradas da Califórnia.

O Moinho é um dos muitos acampamentos surgidos às margens do ouro. Um dia, os mineiros de O Moinho percebem certas tenazes linhas de fumaça que se erguem do distante monte de ciprestes. De noite, veem uma fila de fogos caçoando do vento. Alguém reconhece os sinais: o telégrafo dos índios está convocando a guerra contra os intrusos.

Num piscar de olhos, os mineiros formam um destacamento de cento e setenta rifles e atacam de surpresa. Trazem mais de cem prisioneiros e fuzilam quinze só para avisar.

(256)

Cinzas

Desde que teve o sonho do Coelho Branco, o velho não falava de outra coisa. Custava-lhe falar, e há muito que não podia ficar em pé. Os anos tinham aguado seus olhos e o tinham dobrado sem remédio. Vivia dentro de uma canastra, a cara escondida atrás dos joelhos pontudos em posição de voltar para a barriga da terra. Metido na canastra, viajava nas costas de algum filho ou neto e contava seu sonho a todo mundo: *O Coelho Branco vai nos devorar,* balbuciava. *Vai devorar nossa semente, nossa erva, nossa vida.* Dizia que o Coelho Branco chegaria montado num animal maior que o cervo, um animal com pés redondos e pelos no pescoço.

O velho não chegou a ver a febre do ouro nessas terras da Califórnia. Antes que chegassem, a cavalo, os mineiros, anunciou:

– *A velha raiz está pronta para crescer.*

Foi queimado em sua canastra, sobre lenhas que ele mesmo tinha escolhido.

(229)

1849
Baltimore

Poe

Às portas de uma taverna de Baltimore jaz o moribundo de barriga para cima, afogando-se no próprio vômito. Alguma mão piedosa o arrasta para o hospital, na madrugada; e nada mais, nunca mais.

Edgar Allan Poe, filho de artistas esfarrapados e andarilhos, poeta vagabundo, convicto e confesso culpado de desobediência e delírio, tinha sido condenado por invisíveis tribunais e tinha sido triturado por pinças invisíveis.

Ele se perdeu procurando a si mesmo. Não procurando o ouro da Califórnia.

(99 e 260)

1849
San Francisco

As calças de Lévi

Os fulgores de violências e milagres não cegam Lévi-Strauss, que chega da remota Baviera e num piscar de olhos percebe que aqui o mendigo vira milionário e o milionário mendigo ou cadáver num estalido de baralhos ou gatilhos. E num outro piscar de olhos descobre que as calças viram farrapos nessas minas da Califórnia e decide dar melhor destino aos fortes tecidos que tinha trazido. Não venderá toldos nem barracas. Venderá calças, ásperas calças para homens ásperos no áspero trabalho de escavação nos rios e galerias. Para que não se desmanchem as costuras, ele as reforça com rebites de cobre. Atrás, abaixo da cintura, Lévi estampa seu nome numa etiqueta de couro.

Logo os vaqueiros de todo o oeste farão suas essas calças de brim azul de Nimes, que não se deixam gastar pelos sóis ou pelos anos.

(113)

1850
San Francisco

O CAMINHO DO DESENVOLVIMENTO

Anda o chileno Pérez Rosales querendo tentar a sorte nas minas da Califórnia. Sabendo que a poucas milhas de San Francisco pagam preços de fábula por comida, consegue uns quantos sacos de carne-seca cheia de traça e umas latas de doce e compra um barco. Já está saindo do cais, quando um agente da alfândega aponta sua cabeça com um fuzil:

– *Alto lá!*

Esse barco não pode navegar em nenhum rio dos Estados Unidos, *porque foi construído no estrangeiro e não tem quilha de madeira norte-americana.*

Os Estados Unidos defendem seu mercado nacional desde os tempos do primeiro presidente. Abastecem de algodão a Inglaterra, mas as tarifas aduaneiras fecham caminho aos tecidos ingleses e a tudo que é produto que possa prejudicar sua própria indústria. Os plantadores dos Estados sulinos querem roupa inglesa, que é muito melhor e mais barata, e lamentam que os teares do norte lhes imponham seus tecidos feios e caros, desde a fralda do recém-nascido até a mortalha do defunto.

(162 e 256)

1850
Buenos Aires

O CAMINHO DO SUBDESENVOLVIMENTO: O PENSAMENTO
DE DOMINGO FAUSTINO SARMIENTO

*Não somos industriais nem navegantes e a Europa nos
proverá por longos séculos de seus artefatos em troca de nossas
matérias-primas.*

(310)

1850
Rio da Prata

BUENOS AIRES E MONTEVIDÉU
EM MEADOS DO SÉCULO

De sua poltrona da Academia Francesa até o cais do rio da Prata, navega o poeta Xavier Marmier.

As grandes potências europeias chegaram a um acordo com Rosas. Já foi levantado o bloqueio de Buenos Aires. Marmier pensa estar caminhando pela *rue* Vivienne quando percorre a rua Peru. Nas vitrinas, encontra sedas de Lyon e o *Journal de Modes,* romances de Dumas e Sandeau e poesias de Musset; mas à sombra dos portais da Prefeitura perambulam negros descalços, com uniforme de soldados, e soa no pavimento o trote de um gaúcho.

Alguém explica a Marmier que nenhum gaúcho desgraça ninguém sem antes beijar a lâmina da faca e jurar pela Imaculada; e se o defunto era gente estimada, homem querido, o degolador o monta em seu cavalo e o amarra na sela para que entre cavalgando no cemitério. Mais longe, nas praças suburbanas, Marmier descobre as carroças, navios do pampa, que do interior trazem couros e trigos e na volta levam telas e licores chegados do Havre ou de Liverpool.

O poeta cruza o rio. Há sete anos Montevidéu está sitiada pelas costas, acossada pelo exército gaúcho do general Oribe, mas a cidade sobrevive de cara para o rio-mar, graças aos navios franceses que derramam no porto mercadorias e dinheiros. Um dos jornais montevideanos se chama *Le Patriote Français* e é francesa a maioria da população. No refúgio dos inimigos de Rosas, anota Marmier, *os ricos viraram pobres e todos viraram loucos.* Uma onça de ouro paga um galã para prender uma camélia nos cabelos da noiva e a dona de casa oferece à visita um ramo de madressilvas atado em aro de prata, rubis e esmeraldas. Para as damas de Montevidéu, a guerra entre as vanguardistas e as conservadoras parece mais importante que a guerra contra os camponeses uruguaios, guerra de verdade que mata gente. As vanguardistas usam cabelos curtíssimos e as conservadoras exibem grandes cachos.

(196)

1850
Paris

Dumas

Alexandre Dumas arregaça as mangas de fina cambraia e, pluma em riste, de uma tirada escreve as épicas páginas de *Montevidéu ou a nova Troia*.

O romancista, homem de fantasia e glutonaria, cotou em cinco mil francos essa profissional proeza da imaginação. Chama de *montanha* o humilde morro de Montevidéu, e converte em epopeia grega a guerra dos comerciantes estrangeiros contra a cavalaria gaúcha. As hostes de Giuseppe Garibaldi, que lutam por Montevidéu, não levam à frente a bandeira de Montevidéu e sim a clássica caveira pirata com as tíbias cruzadas sobre fundo negro; mas no romance que Dumas escreve de encomenda não há senão mártires e titãs na defesa da cidade quase francesa.

(101)

1850
Montevidéu

Lautréamont aos quatro

No porto de Montevidéu nasceu Isidoro Ducasse. Uma dupla muralha fortificada separa do campo a cidade sitiada. Isidoro cresce atordoado pelos tiros de canhão e vendo passar moribundos dependurados nos cavalos.

Seus sapatos caminham rumo ao mar. Plantado na areia, cara ao vento, ele pergunta ao mar aonde vai a música depois que sai do violino, e aonde vai o sol quando chega a noite, e aonde vão os mortos. Isidoro pergunta ao mar para onde é que se foi a mãe, aquela mulher de quem ele não consegue se recordar, nem deve citar, nem sabe imaginar. Alguém lhe disse que os outros mortos a expulsaram do cemitério. Nada responde o mar, que tanto conversa; e o menino foge barranco acima e chorando abraça com todas as suas forças uma árvore, para que não caia.

(181)

1850
Chan Santa Cruz

Cruz que fala

Três longos anos de guerra índia em Iucatã. Mais de cento e cinquenta mil mortos, cem mil refugiados. A população se reduziu à metade.

Um dos capitães da rebelião, o mestiço José Maria Barrera, conduz os índios até uma gruta no mais remoto da selva. Ali o manancial oferece água fresca, à sombra de uma altíssima caioba. Da caioba nasceu uma pequena cruz que fala.

Diz a cruz, em língua maia:

― *Chegou o tempo de Iucatã se levantar. Eu a cada hora estou caindo, estão me machadando, estão me dando punhaladas, estão me dando pauladas. Eu ando por lucatán para redimir meus índios amados...*

A cruz tem o tamanho de um dedo. Os índios a vestem. Põem nela *huipil* e saia; a enfeitam com fios coloridos. Ela juntará os dispersos.

(273)

1851
Latacunga

"Ando errante e despido…"

― *Em vez de pensarmos em medos, em persas, em egípcios, pensemos nos índios. Mais nos vale entender um índio que um Ovídio. Empreenda sua escola com índios, senhor reitor.*

Simón Rodríguez oferece seus conselhos ao colégio da aldeia de Latacunga, no Equador: que uma cátedra de língua quíchua substitua a de latim, e que se ensine física em vez de teologia. Que o colégio levante uma fábrica de louça e outra de vidro. Que se implantem mestria de construção, carpintaria e ferraria.

Pelas costas do Pacífico e montanhas dos Andes, de aldeia em aldeia, peregrina dom Simón. Ele nunca quis ser árvore, quis ser vento. Leva um quarto de século levantando pó pelos caminhos da América. Desde que Sucre o expulsou de Chuquisaca, fundou muitas escolas e fábricas de velas e publicou um par de livros que ninguém leu. Com suas próprias mãos compôs os livros, letra a letra, porque não há tipógrafo que possa com tantas chaves e quadros sinóticos. Esse velho vagabundo, calvo e feio e barrigudo, curtido pelos sóis, leva nas costas um baú cheio de manuscritos condenados pela absoluta falta de dinheiro e de leitores. Roupa, não leva. Não tem mais que a que leva no corpo.

Bolívar o chamava *meu mestre, meu Sócrates*. Dizia-lhe: *o senhor moldou meu coração para o grande e o belo*. As pessoas apertam os dentes para não rir, quando o louco Rodríguez lança suas perorações sobre o trágico destino dessas terras hispano-americanas:

– *Estamos cegos! Cegos!*

Quase ninguém o escuta, ninguém acredita nele. Acham que é judeu, porque vai regando filhos por onde passa e não os batiza com nomes de santos, e os chama Milho, Abóbora, Cenoura e outras heresias. Mudou de sobrenome três vezes e diz que nasceu em Caracas, mas também diz que nasceu em Filadélfia e em Sanlúcar de Barrameda. Correm rumores de que uma de suas escolas, a de Concepción, no Chile, foi arrasada por um terremoto que Deus enviou quando soube que dom Simón ensinava anatomia passeando pelado na frente dos alunos.

Cada dia está mais sozinho dom Simón. O mais audaz, o mais amável dos pensadores da América, cada dia mais sozinho.

Aos oitenta anos, escreve:

– *Eu quis fazer da terra um paraíso para todos. Fiz dela um inferno para mim.*

(298)

As ideias de Simón Rodríguez:
"Ou inventamos ou estamos perdidos"

Veja a Europa como inventa, e veja a América como imita!
Uns tomam por prosperidade ver seus portos cheios de barcos... alheios, e suas casas convertidas em armazéns de coisas... alheias. Cada dia chega uma remessa de roupa feita, e até de gorros para os índios. Logo veremos pacotinhos dourados, com as armas da coroa, contendo terra preparada "por um novo método" para os meninos acostumados a comer terra.

As mulheres confessando em francês! Os missionários absolvendo os pecados em castelhano!

A América não deve imitar servilmente, deve ser original.

A sabedoria da Europa e a prosperidade dos Estados Unidos são, na América, dois inimigos da liberdade de pensar. Nada querem as novas repúblicas admitir, que não traga o passe... Os estadistas dessas nações não consultaram para suas instituições nada que não fosse a razão; e esta, a encontraram no seu solo. Imitem a originalidade, já que tratam de imitar tudo!

Onde iremos buscar modelos? Somos independentes, mas não livres; donos do solo, mas não de nós.

Abramos a história: e pelo que ainda não está escrito, leia cada um em sua memória.

(285)

1851
La Serena

Os precursores

A miséria é não saber pensar nem dar à memória mais recordação que a dor, diz Francisco Bilbao, e diz que a exploração do homem pelo homem não deixa ao homem tempo para ser homem. A sociedade se divide entre os que tudo podem e os que tudo fazem. Para que ressuscite o Chile, *gigante sepultado sob o monte,* há que se acabar com um sistema que nega albergue a quem constrói palácios e veste de farrapos quem tece as melhores roupas.

Não cumpriram trinta anos os precursores do socialismo no Chile. Francisco Bilbao e Santiago Arcos, jovens de fraque, instruídos em Paris, traíram sua classe. Em busca de uma *sociedade solidária,* desataram, ao longo deste ano, várias insurreições militares e levantamentos populares em todo o país, contra os emperucados e os frades e as propriedades privadas.

No último dia do ano, despenca o último bastião revolucionário na cidade de La Serena. Muitos *vermelhos* caem diante dos pelotões de fuzilamento. Bilbao, que noutra ocasião escapou disfarçado de mulher, fugiu desta vez pelos telhados e rumou para o exílio de batina e missal.

(39)

1852
Santiago do Chile

"O QUE SIGNIFICOU A INDEPENDÊNCIA PARA OS POBRES?", SE PERGUNTA, NO CÁRCERE, O CHILENO SANTIAGO ARCOS

Dos ricos é e foi, desde a independência, o governo. Os pobres foram soldados, milicianos nacionais, votaram como o patrão mandou, lavraram a terra, fizeram açudes, trabalharam nas minas, carregaram, cultivaram o país, permaneceram ganhando real e meio, foram açoitados, presos aos troncos... Os pobres gozaram da gloriosa independência assim como os cavalos que em Chacabuco e Maipú avançaram contra as tropas do rei.

(306)

O POVO DO CHILE CANTA À GLÓRIA DO PARAÍSO

São Pedro, feito patrão,
mandou buscar cachaça e vinho,
uns rolinhos de toucinho,
batatinhas prum salpicão,
um ponche temperadão,
e uma cesta de tortinhas,

*pra que tudas as mocinhas
da Corte celestiá
se pudésse alegrá e
o cansancio num chegá.*

*Tava ficando tarde
quando disse Sant'Antônio:
"Caralho, pelos demônios,
que esta festa está que arde!"
Jogarei anzol no rio
feito tudo mundo faz,
e com muita suavidade
em Santa Clara um capote,
sem que ninguém note,
vou dando assim divagá".*

(182)

1852
Mendoza

As linhas da mão

Até os anjinhos dos altares exibem fita vermelha na Argentina. Quem se nega desafia as fúrias do ditador. Como muitos inimigos de Rosas, o doutor Federico Mayer Arnold sofreu desterro e prisão.

Há pouco, esse jovem professor de Buenos Aires publicou um livro em Santiago do Chile. O livro, enfeitado com citações em francês, começava assim: *Vinte e dois anos apenas! Três cidades me expulsaram de seu seio e quatro cárceres no seu me receberam. Eu atirei, porém, livre meu pensamento no rosto do déspota! Lanço, de novo ao mundo, minhas ideias, e sem temor espero o que o Destino me tenha preparado.*

Dois meses depois, ao dobrar uma esquina, o doutor Federico Mayer Arnold cai banhado em sangue. Mas não por ordem do tirano: a sogra de Federico, dona Maria, mulher mal-humorada, pagou os esfaqueadores. Ela mandou liquidar o genro, porque era um ingrato.

(14)

1855
La Cruz

O TESOURO DOS JESUÍTAS

Ela sabe. Por isso o corvo a persegue, voa atrás dela cada manhã, a caminho da missa, e fica esperando por ela na porta da igreja.

Faz pouco, fez cem anos. Dirá o segredo quando estiver para morrer. Senão, será castigada pela Divina Providência.

– *Daqui a três dias* – promete.

E aos três dias:

– *O mês que vem.*

E no mês:

– *Amanhã veremos.*

Quando a acossam, põe olhos de galinha e banca a atordoada, ou dispara a rir movendo as perninhas, como se ter tanta idade fosse uma malandragem.

Todo o povoado de La Cruz sabe que ela sabe. Era muito menina quando ajudou os jesuítas a enterrar o tesouro nos bosques de Missiones, mas não se esqueceu.

Uma vez, aproveitando uma ausência, os vizinhos abriram o velho baú onde ela passa os dias sentada. Dentro não havia um saco cheio de onças de ouro. No baú encontraram os umbigos secos de seus onze filhos.

E chega a agonia. Todo o povo ao pé do leito. Ela abre e fecha sua boca de peixe, como querendo dizer.

Morre envolta em ares de santidade. O segredo era tudo o que teve na vida, e vai-se embora sem dá-lo a ninguém.

(147)

1853
Paita

Os três

Já não se veste de capitã, não dispara pistolas, nem monta a cavalo. Não caminham as pernas e o corpo inteiro transborda em gorduras; mas ocupa sua cadeira de inválida como se fosse um trono e descasca laranjas e goiabas com as mãos mais belas do mundo.

Rodeada de cântaros de barro, Manuela Sáenz reina na penumbra do portal de sua casa. Mais além, se abre, entre morros da cor da morte, a baía de Paita. Desterrada nesse porto peruano, Manuela vive de preparar doces e conservas de frutas. Os navios param para comprar. Gozam de grande fama, nessa costa, seus manjares. Por uma colheradinha, suspiram os mestres das baleeiras.

Ao cair da noite, Manuela se diverte jogando restos aos cães vagabundos, que ela batizou com nomes dos generais que foram desleais a Bolívar. Enquanto Santander, Páez, Córdoba, Lamar e Santa Cruz disputam os ossos, ela acende seu rosto de lua, cobre com o leque a boca sem dentes e começa a rir. Ri com o corpo inteiro e os muitos bordados esvoaçantes.

Do povoado de Amotape vem, às vezes, um velho amigo. O andarilho Simón Rodríguez senta-se em uma cadeira de balanço, junto a Manuela, e os dois fumam e conversam e se calam. As pessoas que Bolívar mais quis, o mestre e a amante, mudam de assunto se o nome do herói escorrega para a conversa.

Quando dom Simón vai-se embora, Manuela pede que lhe passem o cofre de prata. Abre o cofre com a chave escondida no peito e acaricia as muitas cartas que Bolívar tinha escrito *à única mulher,* papéis gastos que ainda dizem: *Quero ver-te e rever-te e tocar-te e sentir-te e saborear-te...* Então pede o espelho e se penteia longa e calmamente, para que ele venha visitá-la em sonhos...

(295, 298 e 343)

1854
Amotape

Conta uma testemunha como Simón Rodríguez se despediu do mundo

Dom Simón, assim que viu entrar o cura de Amotape, ergueu-se no quarto, sentou-se. Fez com que o cura se acomodasse na única cadeira que havia e começou a lhe dizer algo assim como uma dissertação materialista. O cura ficou estupefato, e mal tinha ânimo para pronunciar algumas palavras tentando interrompê-lo...

(298)

1855
Nova York

Whitman

Na falta de editor, o poeta paga do próprio bolso a edição de *Folhas de erva*.

Waldo Emerson, teólogo da democracia, abençoa o livro, mas a imprensa o ataca, chamando-o de prosaico e obsceno.

Na grandiosa elegia de Walt Whitman, rugem as multidões e as máquinas. O poeta abraça Deus e os pecadores e abraça os índios e os pioneiros que os aniquilam, abraça o escravo e o amo, a vítima e o verdugo. Todo crime se redime no êxtase do novo mundo, a América musculosa e sufocante, sem dívida alguma a pagar ao passado, ventos do progresso que fazem o homem camarada do homem e desencadeiam a virilidade e a beleza.

(358)

1855
Nova York

Melville

O barbudo navegante é um escritor sem leitores. Faz quatro anos que publicou a história do capitão que persegue a baleia branca pelos mares do universo, arpão de sangue em busca do Mal, e ninguém lhe prestou a menor atenção.

Nesses tempos de euforia, nessas terras norte-americanas em plena expansão, destoa a voz de Herman Melville. Seus livros desconfiam da Civilização, que atribui ao selvagem o papel do Demônio e o obriga a desempenhá-lo – como o capitão Ahab faz com Moby Dick na imensidão do oceano. Seus livros rejeitam a Verdade única e obrigatória que uns homens, acreditando-se eleitos, impõem aos demais. Seus livros duvidam do Vício e da Virtude, sombras do mesmo nada, e ensinam que o sol é a única lâmpada digna de confiança.

(211 e 328)

1855
Território Washington

"Vocês morrerão sufocados por seus próprios excrementos", adverte Seattle, chefe índio

A terra não é irmã do homem branco, é sua inimiga. Quando a conquistou, segue seu caminho. Mas todas as coisas estão conectadas. O que acontece com a terra, acontece com os filhos da terra...

O ruído da cidade insulta meus ouvidos...

O ar é algo precioso para o homem de pele vermelha. Porque todos partilhamos o mesmo hálito: os animais, as árvores, as pessoas. Ao cabo de vários dias, o moribundo não sente o fedor de seu corpo...

Pouco importa onde passaremos o resto de nossos dias. Não são muitos. Umas poucas horas a mais, uns poucos invernos. Os brancos também passarão. Talvez antes que outras tribos. Continuem vocês contaminando sua cama e uma noite morrerão sufocados por seus próprios excrementos.

(229)

O FAROESTE

E por acaso alguém escuta o velho chefe Seattle? Os índios estão condenados, como os búfalos e os alces. Quem não morre de tiro morre de fome ou de pena. Da reserva onde definha, o velho chefe Seattle fala na solidão sobre explorações e extermínios, e diz sabe-se lá o quê sobre a memória de seu povo circulando pela seiva das árvores.

Zune o Colt. Como o sol, os pioneiros brancos marcham rumo ao oeste. Uma luz de diamante os guia lá das montanhas. A terra prometida rejuvenesce aquele que lhe crava o arado para fecundá-la. Num piscar de olhos brotam ruas e casas na solidão habitada por cactos, índios e serpentes. O clima, dizem, é tão, tão sadio, que para se inaugurar os cemitérios o único remédio é derrubar alguém a tiro.

O capitalismo adolescente, atacante guloso, muda o que toca. Existe o bosque para que o machado o derrube e o deserto para que o atravesse o trem; o rio vale a pena se tem ouro e a montanha se contém carvão ou ferro. Ninguém caminha. Todos correm, urgentes, impelidos, atrás da errante sombra da riqueza e do poder. Existe o espaço para que o derrote o tempo, e o tempo para que o progresso o sacrifique em seus altares.

(218)

1856
Granada

Walker

O filho de Tennessee fuzila rápido e enterra sem epitáfio. Tem olhos de cinza. Não ri nem bebe. Come por comer. Não foi visto com mulher, desde que morreu sua noiva surda-muda; e Deus é seu único amigo digno de confiança. Faz-se chamar de Predestinado. Veste-se de negro. Detesta ser tocado.

William Walker, cavalheiro do sul, proclama-se presidente da Nicarágua. Os tapetes vermelhos cobrem a Praça Maior de Granada. Brilham as trombetas ao sol. A banda toca marchas militares norte-americanas, enquanto Walker se deita no chão e jura com uma mão sobre a Bíblia. Vinte e um tiros de canhão o saúdam. Pronuncia seu discurso em inglês e depois ergue um copo d'água e brinda o presidente dos Estados Unidos, seu compatriota e estimado colega. O embaixador norte-americano, John Wheeler, compara Walker a Cristóvão Colombo.

Walker chegou à Nicarágua no ano passado, à frente da Falange dos Imortais. *Ordenarei a morte de todo aquele que se oponha à marcha imperial de minhas forças.* Como se fossem punhal em carne entraram os flibusteiros dos cais de San Francisco e Nova Orleans.

O novo presidente da Nicarágua restabelece a escravidão, abolida na América Central há mais de trinta anos, e reimplanta o tráfico negreiro, o regime de servidão e o trabalho forçado. Decreta que o inglês é o idioma oficial da Nicarágua e oferece terras e braços aos norte-americanos brancos que queiram vir.

(154, 253 e 314)

1856
Granada

Foi

Five or none. A Nicarágua era pouco. William Walker queria conquistar toda a América Central.

Os cinco fiapos da pátria de Morazán, unidos contra o pirata, trituraram sua tropa. Muitos norte-americanos são mortos pela guerra popular; e mata mais a cólera *morbus*, que enruga e acinzenta e fulmina.

O messias da escravidão, derrotado, atravessa o lago da Nicarágua. Bandos de patos e enxames de moscas propagadoras da peste o perseguem.

Antes de voltar aos Estados Unidos, Walker decide castigar a cidade de Granada. Que nada dela fique vivo. Nem sua gente, nem suas casas de telhas de barro, nem suas ruas de laranjeiras na areia.

Erguem-se aos céus as chamas.

Ao pé dos embarcadouros em ruínas, há uma lança cravada. Como bandeira triste, pende da lança uma tira de couro. Em letras gravadas em vermelho, está escrito: *Aqui foi Granada.*

(154 e 314)

Walker: "em defesa da escravidão"

Os inimigos da civilização americana – porque tais são os inimigos da escravidão – parecem mais espertos que os amigos.

O sul deve fazer alguma coisa pela memória dos valentes que descansam debaixo da terra da Nicarágua. Em defesa da escravidão aqueles homens abandonaram seus lares, enfrentaram com calma e constância os perigos de um clima tropical e por último deram a vida... Se ainda resta vigor no sul – e quem duvida disso? – para seguir lutando contra os soldados antiescravagistas, que sacuda a modorra que o embarga e se prepare de novo o conflito.

O verdadeiro campo para exercer a escravidão é a América tropical; ali está o natural assento de seu império e ali se pode desenvolver apenas fazendo esforço...

(356)

1858
Fontes do rio Gila

As terras sagradas dos apaches

Aqui, no vale onde nasce o rio, entre as altas rochas do Arizona, está a árvore que deu abrigo a Jerônimo há trinta anos. Ele acabava de brotar do ventre da mãe e foi envolto numa manta. Penduraram a manta num galho. O vento acalentava o menino, enquanto uma voz suplicava à árvore:

– *Que viva e cresça para ver te dar frutos muitas vezes.*

Essa árvore está no centro do mundo. Parado à sua sombra, Jerônimo jamais confundirá o norte com o sul nem o mal com o bem.

Ao redor abre-se o vasto país dos apaches. Nessas toscas terras vivem desde que o primeiro deles, o filho da tormenta, vestiu as plumas da águia que tinha vencido os inimigos da luz. Aqui jamais faltaram animais para caçar, nem ervas para curar os enfermos, nem cavernas rochosas onde jazer depois da morte.

Uns estranhos homens chegam a cavalo, carregando longas cordas e muitos bastões. Têm a pele como se fosse dessangrada e falam um idioma jamais ouvido. Cravam na terra sinais coloridos e fazem perguntas a uma medalha branca que lhes responde movendo uma agulha.

Jerônimo não sabe que esses homens vieram medir as terras apaches para vendê-las.

(24 e 91)

1858
Kaskiyeh

Jerônimo

Os apaches tinham ido sem armas ao mercado de Kaskiyeh, terras do sul entre Sonora e Casas Grandes, para trocar por víveres as peles de búfalo e de cervo. Os soldados mexicanos arrasaram o acampamento deles e levaram os cavalos. Entre os mortos estão a mãe e a mulher de Jerônimo, e seus três filhos.

Jerônimo não diz nada enquanto seus companheiros se reúnem e tristemente votam: estão cercados, desarmados, e só podem ir embora.

Sentado junto ao rio, imóvel, vê os seus irem embora atrás dos passos do chefe Mangas Vermelhas. Aqui ficam os mortos. Finalmente, Jerônimo parte também, com a cabeça virada para trás. Segue sua gente *à distância justa para ouvir o suave roçar dos pés dos apaches em retirada.*

Durante a longa viagem para o norte, não abre a boca. Ao chegar à sua terra, queima sua casa de peles e a casa da sua mãe e todas as suas coisas e as coisas de sua mulher e de sua mãe e queima os brinquedos de seus filhos. Depois, de costas para a fogueira, joga a cabeça para trás e canta uma canção de guerra.

(24)

1858
San Borja

Que morra a morte

Seu corpo dolorido estava querendo misturar-se com a terra americana. Aimé Bonpland soube que nela acabaria, para continuar nela, desde aquele distante dia em que desembarcou com Humboldt nas costas do Caribe.

Bonpland morre de sua morte, num rancho de barro e palha, serenamente, sabendo que não morrem as estrelas nem deixarão de nascer as formigas e as gentes, e que novos trevos haverá, e novas laranjas ou sóis nos ramos; e que os potrinhos, recém-erguidos sobre suas pernas compridas, estirarão o pescoço buscando teta. O velho diz adeus ao mundo como um menino se despede do dia na hora de dormir.

Depois um bêbado apunhala o cadáver; mas a sinistra imbecilidade humana é um detalhe que carece de importância.

1860
Chan Santa Cruz

O CENTRO CERIMONIAL DOS REBELDES DE IUCATÃ

– *Meu pai não me pôs com os ricos, não me pôs com os generais nem com os que têm dinheiro, nem com os que dizem tê-lo* – tinha anunciado em Iucatã a Mãe das Cruzes, a que brotou da caioba junto do manancial; e quando os soldados viraram a caioba de ponta-cabeça a golpes de machado e queimaram a cruzinha vestida pelos índios, ela já tinha tido filhas. De cruz em cruz sobreviveu a palavra:

– *Com os pobres me pôs meu pai, porque eu sou pobre.*

Ao redor da cruz, das cruzes, cresceu Chan Santa Cruz, o grande santuário dos maias rebeldes na selva de Iucatã.

Os soldados da expedição do coronel Acereto penetram sem resistência. Não encontram nenhum índio e ficam de boca aberta: os maias ergueram uma imensa igreja de maciças paredes e alta abóbada, a Casa de Deus, a Casa do Deus-Tigre, e na torre balançam os sinos arrancados de Bacalar.

Na cidade sagrada, vazia de gente, tudo dá medo. Há pouca água nos cantis, mas o coronel Acereto proíbe beber dos poços. Há seis anos, outros soldados beberam e vomitaram e morreram enquanto os índios perguntavam, da floresta, se a água estava fresca.

Os soldados esperam e desesperam e vão-se passando os dias. Enquanto isso, de cem aldeias e mil milharais acodem os índios. Concentram forças na mata; e quando o coronel Acereto decide retirar-se, varrem-lhe as tropas com um sopro só.

A orquestra, que foi capturada intacta, ensinará música aos meninos e tocará polcas na igreja, onde vive e fala a cruz, rodeada de deuses maias. Ali, na igreja, o povo comunga panquecas de milho e mel e uma vez por ano elege os intérpretes da cruz e os chefes da guerra, que exibem brincos de ouro mas cultivam o milho como qualquer um.

(273 e 274)

1860
Havana

Poeta em crise

Com treze mortos por quilômetro de estrada construiu-se em Cuba o caminho de ferro que leva açúcar dos campos de Güines até o porto de Havana, mortos africanos, irlandeses, canarianos e chineses de Macau, escravos ou miseráveis que trabalham por jornada, trazidos de longe pelos traficantes – e o auge do açúcar exige mais e mais.

Há dez anos, chegou a Cuba o primeiro carregamento de escravos maias de Iucatã. Cento e quarenta índios, prisioneiros de guerra, foram vendidos a vinte e cinco pesos por cabeça; as crianças, grátis. Depois o presidente mexicano Santa Anna outorgou o monopólio do tráfico ao coronel Manuel María Jiménez e o preço subiu a cento e sessenta pesos por homem, cento e vinte por mulher e oitenta por criança. A guerra maia continuou e com ela os empréstimos cubanos em dinheiro e fuzis: o governo de Iucatã cobra imposto por cada escravo vendido e assim paga com índios a guerra contra os índios.

O poeta espanhol José Zorrilla comprou, no porto de Campeche, uma partida de índios para vender em Cuba. Estava tudo pronto para o embarque quando a febre amarela matou em Havana seu sócio capitalista, Cipriano de las Cagigas, e agora o autor de *Don Juan Tenorio* se consola escrevendo versos em um cafezal.

(222 e 273)

1861
Havana

Braços de açúcar

Em breve, a cidade de Havana celebrará seus "jogos florais". Os intelectuais do Ateneu propõem um grande tema central: querem que o certame literário se dedique a pedir à Espanha sessenta mil escravos negros. Os poetas apoiariam, assim, o projeto de importação de negros, que já conta com o apoio do *Diário da Marinha* e a bênção legal do fiscal da Audiência.

Faltam braços para o açúcar. São escassos e caros os negros que entram, de contrabando, pelas praias de Mariel, Cojímar e Batabanó. Três donos de engenhos redigiram o projeto porque *Cuba jaz exausta e desolada* e suplicam às autoridades espanholas *que recolham seus lastimosos ais e a nutram de negros,* escravos mansos e leais a quem *Cuba deve sua prosperidade econômica.* Será fácil, garantem, trazê-los da África: *Eles correrão alegres para os barcos espanhóis, quando os virem chegar.*

(222 e 240)

Palavras de açúcar

As grades de Havana exibem volutas de ferro, e as colunas, caracóis de gesso; os balcões, bordados de madeira; os vitrais, caudas de pavão real. A linguagem dos doutores e dos frades exibe arabescos. Os poetas perseguem rimas jamais usadas e os prosadores adjetivos pomposos. Os oradores perseguem o ponto, o ponto saltitante e fugitivo: o ponto aparece atrás do advérbio ou do parêntese, e o orador lhe atira palavras e palavras; estica-se o discurso querendo alcançá-lo, mas o ponto foge sempre para mais longe, e assim continua a perseguição até o infinito.

Os livros de contabilidade falam, em compensação, a áspera linguagem da realidade. Nos engenhos de açúcar de toda Cuba, registra-se o nascimento ou a compra de cada escravo negro como o ingresso de um bem móvel, e se calcula para ele um ritmo de depreciação de três por cento ao ano. A doença de um homem equivale a um defeito de uma válvula e o fim de uma vida é como a perda de uma cabeça de gado: *As reses matadas são touros. Perdeu-se uma porca da paineira. Morreu o negro Domingo Mondongo.*

(222)

1861
Bull Run

Os cinzas contra os azuis

Perto da cidade de Washington ocorre a primeira batalha da guerra civil. Numeroso público acorreu, em carruagens ou a cavalo, para presenciar o espetáculo. Nem bem começa a correr o sangue, foge a multidão em debandada, uivando de pânico, desbocando cavalos; e rapidamente as ruas da capital se enchem de mutilados e moribundos.

Dois países opostos tinham partilhado entre si, até agora, o mapa, a bandeira e o nome dos Estados Unidos. Um jornal do sul informou na seção *Notícias do Estrangeiro* que Abraham Lincoln tinha ganho as eleições. Em um mês, os estados sulinos formaram um país à parte e desencadeou-se a guerra.

Lincoln, o novo presidente, encarna os ideais do norte. Em sua campanha anunciou que não se pode continuar sendo metade livre e metade escravo e prometeu granjas no lugar dos latifúndios e mais altas tarifas contra a competição europeia.

Norte e sul: dois espaços, dois tempos. Ao norte, fábricas que já produzem mais que os campos, incessantes inventores criando o telégrafo elétrico e a máquina de costura e a colheitadeira, novas cidades brotando por todas as partes, um milhão de habitantes em Nova York e portos onde já não cabem os barcos repletos de europeus desesperados em busca de pátria nova. Ao sul, a tradição e a nostalgia, os campos de tabaco, as vastas plantações de algodão: quatro milhões de escravos negros produzindo matéria-prima para os teares ingleses de Lancashire e Manchester, cavalheiros batendo-se em duelo pela honra manchada da irmã ou o bom nome da família e damas passeando em caleça pelos campos em flor e desmaiando nas varandas dos palácios na hora do crepúsculo.

(70)

1862
Fredericksburg

O LÁPIS DA GUERRA

Encostado num muro, as pernas cruzadas no chão, um jovem soldado olha sem ver. A barba, de vários meses, amassa o colarinho aberto do uniforme. Sua mão acaricia a cabeça de um cachorro que dorme sobre seus joelhos.

John Geyser, recruta da Pensilvânia, se desenha e desenha seus companheiros enquanto a guerra mata. Por um instante o lápis os detém no caminho da fossa cavada entre tiros de canhão: os soldados carregam o rifle, limpam o rifle, comem a ração de bolacha e toucinho, ou tristemente olham: tristemente olham sem ver ou talvez vendo mais do que olham.

(69)

1863
Cidade do México

"A Argélia americana"

é o novo nome do México, segundo a imprensa de Paris. O exército de Napoleão III avança e conquista a capital e as principais cidades.

Em Roma, o papa salta de alegria. O governo de Benito Juárez, desalojado pelos invasores, era culpado de blasfêmia contra Deus e suas propriedades no México. Juárez tinha deixado nua a Igreja, despojando-a de seus sagrados dízimos, de seus latifúndios vastos como o céu e do amoroso abrigo do Estado.

Os conservadores se somam aos conquistadores. Vinte mil soldados mexicanos ajudam os trinta mil soldados da França, que acabam de assaltar a Crimeia, a Argélia e o Senegal. Napoleão III apodera-se do México, invocando o espírito latino, a cultura latina e a raça latina, e exigindo ao mesmo tempo o pagamento de um imenso e fantástico empréstimo.

Da nova colônia tomará conta Maximiliano da Áustria, um dos muitos príncipes sem trabalho na Europa, acompanhado por sua mulher estonteante.

(15)

1863
Londres

Marx

Napoleão III vai arrebentar a crista no assunto do México, se é que não o enforcam antes – anuncia um profeta sábio e pobretão, que vive de favor em Londres.

Enquanto corrige e pule os rascunhos de uma obra que vai mudar o mundo, Karl Marx não perde um detalhe de tudo que acontece no mundo. Em cartas e artigos chama de *imperial Lazarillo de Tormes* Napoleão, e a invasão do México de *infame empresa*. Denuncia também a Inglaterra e a Espanha, que quiseram repartir com a França o território do México feito presa de guerra, e todas as nações ladras de nações, acostumadas a mandar para o matadouro milhares e milhares de homens para que os usurários e os traficantes ampliem o campo de seus negócios.

Marx já não crê que a expansão imperial dos países mais desenvolvidos seja uma vitória do progresso sobre o atraso. Há quinze anos, porém, não tinha discordado de Engels quando Engels aplaudiu a invasão do México pelos Estados Unidos, acreditando que assim os camponeses mexicanos virariam proletários e cairiam do pedestal os bispos e os senhores feudais.

(129 e 201)

1865
La Paz

Belzu

Uma maré de índios sublevados devolveu o poder a Belzu. Manuel Isidoro Belzu, *o vô Belzu*, vingador dos pobres, verdugo de doutores, regressa a La Paz em onda de multidões.

Enquanto governou, há uns anos, a capital da Bolívia esteve onde ele estava, na anca de seu cavalo; e os donos do país, que desencadearam contra ele mais de quarenta golpes militares, não conseguiram derrubá-lo. Os comerciantes estrangeiros o odiavam, porque Belzu proibiu-lhes a entrada e amparou os artesãos de Cochabamba frente à invasão de ponchos fabricados na Inglaterra. Tiveram terror dele os rábulas de Chuquisaca, por cujas veias corre tinta ou água; e também conspiraram contra ele os senhores das minas, que jamais puderam lhe ditar um decreto.

Belzu, enxuto e belo, voltou. Entra no palácio a cavalo, com passo suave, como que navegando.

(172)

DE UM DISCURSO DE BELZU AO POVO BOLIVIANO

Soou a hora de pedir à aristocracia seus títulos e à propriedade privada seus fundamentos... A propriedade privada é a fonte principal da maior parte dos delitos e crimes na Bolívia, é a causa da luta permanente entre os bolivianos, é o princípio dominante daquele egoísmo eternamente condenado pela moral universal. Não mais propriedade, não mais proprietários, não mais heranças! Abaixo aristocratas! Que a terra seja de todos! Basta de exploração do homem pelo homem!

(213)

1865
La Paz

Melgarejo

Mariano Melgarejo, o mais feroz inimigo de Belzu, é um hércules capaz de carregar um cavalo no ombro. Nasceu em Tarata, alta terra de altas ervas, de pai que ama e foge. Nasceu num domingo de Páscoa:

– *Deus me escolheu para nascer enquanto Ele ressuscitava.*

Antes de aprender a caminhar, soube galopar os cavalos que apareciam no verdor; e antes da teta materna conheceu a *chicha,* essa aguardente que faz rodar ou voar, a melhor *chicha* da Bolívia, leite de Tarata, milho mascado e cuspido pelas velhas de pior saliva. Não sabia nem assinar o nome quando já não havia o que o parasse nas cargas guerreiras inquietantes, corpo a corpo, o casaco em farrapos, erguendo e partindo gente a golpes de punho, lança ou sabre.

Desgraçou a muitos. Matou em dia claro e em noite sem lua, eterno sublevado, compra-brigas, e duas vezes foi condenado à morte. Entre farras e bagunças, conheceu o desterro e o poder. Anteontem à noite dormia no trono, e ontem à noite, nas rugas dos montes. Ontem entrou nessa cidade de La Paz à testa de seu exército, montado num canhão enorme, o poncho vermelho ondulando feito bandeira; e hoje atravessa a praça sombrio e só.

(85)

1865
La Paz

O golpe de estado mais rápido da história

É a hora de Belzu. Melgarejo, o vencido, vem se render. Melgarejo atravessa a praça, atravessa a gritaria:

— *Viva Belzu!*

No vasto salão do primeiro andar, Belzu aguarda. Melgarejo entra no palácio. Sem levantar o olhar, a barba negra amassada contra seu peito de touro, sobe as escadarias. A multidão vocifera na praça:

— *Viva Belzu! Vô Belzu!*

Melgarejo caminha até Belzu. O presidente se levanta, abre os braços:

— Te perdoo.

Através das janelas abertas entra o trovão das vozes:

— *Vovô Belzu!*

Melgarejo deixa-se abraçar e dispara. Soa o tiro, soa o corpo contra o chão.

O vencedor sai ao balcão. Mostra o cadáver, oferece o cadáver:

— *Belzu morreu! Viva quem?*

(85)

1865
Appomattox

O General Lee submete sua espada de rubis

Os soldados do norte, em pleno avanço esmagador, esperam a ordem para o assalto final. Nisso, uma nuvem de pó se ergue e cresce das linhas inimigas. Do esfomeado e despedaçado exército dos cor de cinza, solta-se um cavaleiro. Traz um trapo branco atado em um pedaço de pau.

Nas últimas batalhas, os soldados do sul levavam seus nomes escritos nas costas, para que fossem reconhecidos entre os mortos. O sul, arrasado, tinha perdido a guerra, e continuava a guerra por obstinado sentido da honra.

Agora, o general vencido, Robert Lee, entrega com mão enluvada sua espada cravejada de rubis. O general vencedor,

Uysses Grant, sem sabre nem insígnias, farda desabotoada, fuma ou masca um charuto.

A guerra terminou, terminou a escravidão. Com a escravidão caíram os muros que impediam o pleno desenvolvimento da indústria e a expansão do mercado nacional nos Estados Unidos. Seiscentos mil jovens morreram em batalha. Entre eles, a metade foram negros que vestiram o uniforme azul nos batalhões do norte.

(70)

1865
Washington

Lincoln

Abe vem do Kentucky. Lá, o pai ergueu o machado e descarregou o martelo e a cabana teve paredes e tetos e leitos de folhagem. Cada dia o machado cortava lenha para o fogo e um dia o machado arrancou do bosque a madeira necessária para que a mãe de Abe fosse enterrada debaixo da neve. Abe era muito criança enquanto o martelo golpeava esses pregos de madeira. A mãe nunca mais faria pão branco aos sábados, nem piscariam nunca mais aqueles olhos sempre perplexos, de modo que o machado trouxe madeira para construir uma balsa e o pai levou os filhos para Indiana, pelo rio.

Vem de Indiana. Lá Abe desenhou com um carvão suas primeiras letras e foi o melhor lenhador do distrito. Em Illinois amou uma mulher chamada Ann e se casou com outra chamada Mary, que falava francês e tinha inaugurado a moda da saia-balão na cidade de Springfield. Mary decidiu que Abe seria presidente dos Estados Unidos. Enquanto ela paria filhos varões, ele escrevia discursos e um que outro poema sobre o que passou, triste ilha, mágica ilha banhada em luz líquida.

Vem do Capitólio, em Washington. Da janela, via o mercado de escravos, uma espécie de estábulo onde ficavam os negros trancados feito cavalos.

Vem da Casa Branca. Chegou à Casa Branca prometendo reforma agrária e proteção à indústria e proclamando que aquele que priva o outro de sua liberdade não é digno de desfrutá-la. Entrou na Casa Branca jurando que governaria de tal maneira que pudesse ter ainda um amigo dentro de si quando já não tivesse amigos. Governou em guerra e em guerra cumpriu todas as suas promessas. Ao amanhecer era visto de chinelos, parado na porta da Casa Branca esperando o jornal.

Vem sem pressa. Abraham Lincoln nunca teve pressa. Caminha como pato, apoiando inteiramente seus pés enormes, e como torre sobressai na multidão que o ovaciona. Entra no teatro e lentamente sobe as escadas rumo ao camarote presidencial. No camarote sobre flores e bandeiras, se recorta na sombra sua cabeça ossuda, pescoço comprido, e na sombra brilham os olhos mais doces e o mais melancólico sorriso da América.

Vem da vitória e do sonho. Hoje é Sexta-Feira Santa e há cinco dias que o general Lee se rendeu. Ontem à noite, Lincoln sonhou com um mar de mistério e um estranho navio que navegava rumo às margens cheias de brumas.

Lincoln vem da sua vida inteira, caminhando sem pressa rumo a esse encontro no camarote de um teatro na cidade de Washington.

E vem para ele a bala que lhe parte a cabeça.

(81 e 188)

1865
Washington

Homenagem

Quantos negros foram enforcados por roubar uma calça ou por olhar uma mulher branca nos olhos? Como se chamavam os escravos que, há mais de um século, incendiaram Nova York? Quantos brancos seguiram as pegadas de Elijah Lovejoy, cuja gráfica foi lançada duas vezes ao rio, e que morreu assassinado em Illinois, sem que ninguém fosse perseguido nem castigado por isso? A história da abolição da escravatura nos Estados Unidos teve infinitos protagonistas, negros e brancos. Como estes:

– John Russwurm e Samuel Cornish, que fizeram o primeiro jornal dos negros, e Theodore Weld, que fundou o primeiro centro de ensino superior admitindo mulheres e negros.

– Daniel Payne, que conseguiu manter aberta durante seis anos sua escola para negros em Charleston, e Prudence Crandall, mestra *quaker* de Connecticut, que por ter recebido em sua escola uma menina negra perdeu suas alunas brancas e foi insultada, apedrejada e encarcerada; e houve cinzas onde sua escola tinha existido.

– Gabriel Posser, que buscou a liberdade para seus irmãos na Virgínia e encontrou a forca para si próprio, e David Walker, por cuja cabeça pagavam dez mil dólares as autoridades da Geórgia, e que andava pelos caminhos anunciando que matar um homem que está te arrancando a vida é como beber água quando tens sede, e disse isso até que desapareceu ou foi desaparecido.

– Nat Turner, que num eclipse de sol viu escrito o sinal de que os últimos seriam os primeiros e ficou louco de fúria assassina, e John Brown, barba de caçador, olhos em chamas, que assaltou uma loja de armas da Virgínia e, de um depósito de locomotivas, livrou batalha contra os soldados da marinha e depois se negou a ser declarado louco por seu advogado e caminhou dignamente para a forca.

– William Lloyd Garrison, fanático inimigo dos ladrões de homens, que foi passeado pelas ruas de Boston com uma corda no pescoço, e Henry Garnet, que pregou no templo o escravo resignado que peca contra Deus, e Henry Ward Beecher, clérigo de Brooklin, que falou que, em certos casos, um rifle pode ser mais útil que a Bíblia, e por isso as armas enviadas aos escravos do sul passaram a se chamar *bíblias de Beecher*.

– Harriet Beecher Stowe, em cuja cabana de tio Tom muitos brancos foram incorporados à causa, e Frances Harper, poeta, que encontrou as palavras necessárias para amaldiçoar o poder e o dinheiro, e Solomon Northup, escravo da Luisiana que difundiu o testemunho da vida nas plantações de algodão desde que soa o corno antes da alba.

– Frederick Douglass, escravo fugitivo de Maryland, que em Nova York converteu em ata de acusação o pregão do Dia da Independência e proclamou que a liberdade e a igualdade soavam como a paródia oca.

– Harriet Tubman, camponesa analfabeta, que organizou a fuga de mais de trezentos escravos pelo caminho da estrela polar, até o Canadá.

(12 e 210)

1865
Buenos Aires

A TRÍPLICE INFÂMIA

Enquanto na América do Norte a história ganha uma guerra, na América do Sul se desencadeia outra guerra que a história perderá. Buenos Aires, Rio de Janeiro e Montevidéu, os três portos que há meio século aniquilaram José Artigas, se dispõem a arrasar o Paraguai.

Sob as sucessivas ditaduras de Gaspar Rodríguez de Francia, Carlos Antonio López e seu filho Francisco Solano, caudilhos de absolutíssimo poder, o Paraguai converteu-se em exemplo perigoso. Correm os vizinhos grave risco de contágio: no Paraguai não mandam os latifundiários, nem os comerciantes especulam, nem asfixiam os agiotas. Bloqueado por fora, o país cresceu para dentro, e continua crescendo, sem obedecer ao mercado mundial nem ao capital estrangeiro. Enquanto os demais espernejam, enforcados nas próprias dívidas, o Paraguai não deve um centavo a ninguém e caminha com suas próprias pernas.

O embaixador britânico em Buenos Aires, Edward Thornton, é o supremo sacerdote da feroz cerimônia de exorcismo. Argentina, Brasil e Uruguai esconjurarão o demônio cravando baionetas no peito dos soberbos.

(47, 60 e 83)

1865
Buenos Aires

Com baba de aranha teceram a aliança

Como grotesca copa de arbusto, cravada na lança, a cabeça de cabelos longos e fita de Chacho Peñaloza decorava o centro de uma praça. Chacho e seu cavalo tinham sido um só músculo: sem cavalo o agarraram, e à traição o degolaram. *Para aquietar a gentalha* exibiram a cabeça do guerreiro gaúcho das planícies de La Riosa. Domingo Faustino Sarmiento felicitou os verdugos.

Na guerra contra o Paraguai se prolonga outra guerra, que leva meio século: a guerra de Buenos Aires, porto vampiro, contra as províncias. Venancio Flores, uruguaio, colaborou com Mitre e Sarmiento no extermínio de gaúchos rebeldes. Como recompensa obteve a presidência do Uruguai. Naves brasileiras e armas argentinas impuseram Flores no governo. A invasão do Uruguai abriu caminho a partir do bombardeio da cidade desamparada de Paysandú. Durante um mês resistiu Paysandú, até que o chefe da defesa, Leandro Gómez, caiu fuzilado sobre seus escombros fumegantes.

Assim, a aliança de dois virou Tríplice Aliança. Com bênção inglesa e créditos ingleses, os governos da Argentina, Brasil e Uruguai se lançam para redimir o Paraguai. Firmam um tratado. Fazem a guerra, diz o tratado, em nome da paz. O Paraguai terá que pagar os gastos de seu próprio extermínio e os vencedores lhe brindarão com um governo adequado. Em nome do respeito à integridade territorial do Paraguai, o tratado garante ao Brasil um terço de sua superfície e adjudica à Argentina toda Misiones e o vasto Chaco. A guerra se faz também em nome da liberdade. O Brasil, que tem dois milhões de escravos, promete a liberdade ao Paraguai, que não tem nenhum.

(47, 244 e 291)

1865
San José

Urquiza

Beija a mão de uma mulher, dizem, e ela fica grávida. Coleciona filhos e terras. Filhos, tem cento e cinquenta, sem contar os duvidosos, e léguas de campo, sabe-se lá quantas serão. Adora os espelhos, as condecorações brasileiras, as porcelanas francesas e o tilintar dos patacões.

Justo José de Urquiza, velho caudilho dos rios argentinos, o homem que há anos derrotou Juan Manuel de Rosas, tem suas dúvidas sobre a guerra do Paraguai. Resolve-as vendendo trinta mil cavalos de suas fazendas ao exército brasileiro, a preço excelente, e contratando o fornecimento de charque aos exércitos aliados. Resolvidas suas dúvidas, manda fuzilar quem se nega a matar paraguaios.

(271 e 291)

1866
Curupaytí

Mitre

Boiam nas águas, à deriva, pedaços de madeira que foram naus. A armada paraguaia morreu, mas a frota aliada não pode continuar invadindo rio acima. É detida pelos canhões de Curupaytí e Humaitá, e entre ambas as fortalezas por uma fileira de garrafões, talvez minas, estendidos de costa a costa.

Sob o comando de Bartolomeu Mitre, presidente argentino e generalíssimo da Tríplice Aliança, os soldados avançam de baioneta calada contra as muralhas de Curupaytí. O clarim desata ondas sucessivas de soldados para o assalto. Poucos chegam ao fosso e nenhum à paliçada. Os paraguaios praticam tiro ao alvo contra um inimigo que persiste em se mostrar em campo aberto, em pleno dia. Ao trovão dos canhões, retumbar de tambores, prossegue o pipocar da fuzilaria. A fortaleza paraguaia cospe línguas de fogo; e quando se desvanece a fumaça, lenta neblina, milhares de mortos, caçados feito coelhos, aparecem virados nos pântanos. A prudente distância, luneta na mão, casaca negra e redingote, Bartolomeu Mitre contempla os resultados de seu gênio militar.

Mentindo com admirável sinceridade, ele tinha prometido às tropas invasoras que em três meses chegariam a Assunção.

(61 e 272)

1866
Curupaytí

O pincel da guerra

Cándido López, soldado de Mitre, pintará esse desastre de Curupaytí e as anteriores batalhas que batalhou, e também a vida cotidiana da guerra nos acampamentos. Pintará com a mão esquerda, porque em Curupaytí uma granada fez voar sua mão direita.

Pintará sem imitar ninguém e ninguém o imitará. Durante a semana venderá sapatos numa loja de Buenos Aires e, aos domingos, fará quadros que dirão: A *guerra foi assim*. A tonta mão esquerda se fará sábia, por amor à memória, mas nenhum artista lhe prestará a menor atenção, nem o levará a sério nenhum crítico, nem haverá ninguém interessado em comprar recordações do soldado maneta.

– *Eu sou um cronista do pincel.*

O solitário Cándido López pintará multidões. Não haverá em suas obras primeiros planos de sabres fulgurantes e cavalos briosos, nem heróis em agonia pronunciando o discurso póstumo com uma mão sobre o peito sangrento, nem alegorias da Glória com as tetas ao vento. Através de seus olhos de menino, desfilarão inumeráveis soldadinhos de chumbo e cavalos de carrossel jogando em ordenada formação o pavoroso jogo da guerra.

(100)

1867
Campos de Catamarca

Felipe Varela

Sublevam-se os cavaleiros montoneros em cinco províncias argentinas. A tesoura de tosar, atada à lança, desafia o canhão dos regimentos de linha, buscando o corpo a corpo; e na poeira dos entreveros vocifera-se: *Viva o Paraguai!*

Dos Andes até as planícies, Felipe Varela vem atiçando os camponeses contra o porto de Buenos Aires, usurpador da Argentina e negador da América. O caudilho de Catamarca denuncia a bancarrota da nação, empenhada em empréstimos milionários para aniquilar outra nação irmã. Seus montoneros levam na testa uma divisa, *a união americana,* e uma velha fúria no coração: *Ser da província é ser um mendigo sem pátria.* Gaúcho magro, face ossuda e barba, nascido e crescido num lombo de cavalo, Varela é a rouca voz da pobreza empurrada para a morte. Amarrados com cordas acodem aos estuários paraguaios os *voluntários* das províncias, e são presos em currais, e metem bala neles quando se rebelam ou desertam.

(239)

1867
Planícies de La Rioja

A TORTURA

O coronel Pablo Irrazábal toma declaração dos peões rebeldes de La Rioja. Toma declaração, ou seja: leva-os ao tronco, ou faz com que caminhem com os pés em carne viva, ou os degola pouco a pouco com faca sem fio.

O porto de Buenos Aires emprega diversos instrumentos de persuasão contra as províncias revoltadas. Um dos mais eficazes é o chamado *cepo colombiano.* Arma-se o cepo dobrando o preso e amarrando-o em arco, usando tiras úmidas de couro entre dois fuzis, de tal maneira que, quando os couros ficam secos, a espinha dorsal range e se arrebenta em pedaços.

(214)

1867
La Paz

Sobre a diplomacia, ciência das
relações internacionais

Montado em Holofernes, seu cavalo de guerra e festa, o presidente Melgarejo chega à catedral de La Paz. Sentado debaixo de um pálio, em poltrona de veludo, assiste a uma missa solene. Exibe uniforme de general do exército do Chile e em seu peito reluz o grande cordão da Ordem Imperial do Brasil.

Ao cabo de tantos andares e matares, Melgarejo aprendeu a não confiar nem em sua própria camisa. Dizem que às vezes arranca-a e criva-a de balas:

– *O que manda manda, e o dedo no gatilho.*

Há dois seres no mundo, e só dois, que o general de ferro não olha de soslaio: seu cavalo Holofernes e a bela Juana Sánchez. O embaixador do Chile ergue a taça e brinda com Holofernes e à saúde de Holofernes, quando o negro cavalo aparece à mesa presidencial para beber cerveja entre ministros, bispos e generais. O embaixador do Brasil cobre o corpo de Juana Sánchez com colares, diademas e braceletes que a amante de Melgarejo jamais tinha visto ou sonhado.

Cravado o peito de condecorações brasileiras, Melgarejo cede ao Brasil sessenta e cinco mil quilômetros quadrados de selva boliviana, na Amazônia. Transformado em general do exército chileno, Melgarejo entrega ao Chile a metade do deserto litorâneo de Atacama, riquíssimo em salitre. Capitais chilenos e britânicos estão explorando ali o fertilizante mais cobiçado pelas cansadas terras da Europa. Com a amputação do deserto de Atacama, a Bolívia começa a perder sua saída para o mar.

(85, 107 e 172)

Inscrições em uma rocha do Deserto de Atacama

Antônia, por ti morro.

                              Sabes quem.

O JUIZ DE CHAÑARCILLO ESTÁ ROUBANDO.
Paga minhas três onças, Ramón.
O I n t e n d e n t e é u m b u r r o.
Dom T.P. diz que não é mulato.

(256)

1867
Bogotá

Publica-se um romance chamado "Maria"

As damas se balançam nas redes, madeixas ondulando atrás dos pescoços de marfim, suavemente impulsionadas em seu vaivém por cavalheiros que se vestem como defuntos e têm cara de frango fervido. Uma caravana de negros, com cestas na cabeça, passa longe e em silêncio, como que pedindo desculpas por existir e incomodar. No jardim da plantação, aroma de café, fragrância de gardênias, Jorge Isaacs molha sua pena em lágrimas.

A Colômbia inteira soluça. Efraim não chegou a tempo. Enquanto ele sulcava o mar, sua prima Maria, vítima de doença hereditária e incurável, exalava o último suspiro e ascendia virgem ao Céu. Diante do sepulcro, Efraim amassa contra o peito sua herança de amor. Maria deixou-lhe um lenço, por ela bordado e por ela molhado, umas pétalas de açucena tão iguais a ela e tão murchas como ela, um anelzinho escorregado da mão rígida que tinha sido elegante rosa de Castela, e uma mecha de seu cabelo no relicário que seus lábios de lírio lograram beijar enquanto os gelava a morte.

(167 e 208)

1867
Querétaro

Maximiliano

O exército de Juárez e as mil guerrilhas do povo mexicano expulsam os franceses. Maximiliano, o imperador, desmorona no barro gritando *viva o México*.

No fim, Napoleão III tinha tirado o exército de Maximiliano, o papa o odiava e os conservadores o chamavam de *Impiorador*. Napoleão tinha ordenado que ele administrasse a nova colônia francesa, mas Maximiliano não obedecia. O papa esperava a devolução de seus bens terrenos, e os conservadores acreditavam que ia exorcizar o México do demônio liberal, mas Maximiliano, em plena guerra contra Juárez, ditava leis iguais às de Juárez.

Uma carruagem negra chega a Querétaro debaixo da chuva. O presidente Juárez, o vencedor dos intrusos, chega perto do ataúde aberto e sem flores, onde jaz o príncipe de lânguidos olhos azuis que gostava de passear pela alameda com trajes adornados dos peões mexicanos, com chapelões e lantejoulas.

(94 e 143)

1867
Paris

Ser ou copiar, este é o problema

À Exposição Universal de Paris chegam os quadros a óleo que o Equador envia. Todos os quadros são cópias exatas das obras mais famosas da pintura europeia. O catálogo exalta os artistas equatorianos, que, *se não têm grande valor em originalidade, têm ao menos o mérito de reproduzir, com fidelidade notável, as obras-primas da escola italiana, espanhola, francesa e flamenga.*

Enquanto isso, outra arte floresce nos mercados índios e nos subúrbios populares do Equador. É a desprezada tarefa de mãos capazes de transformar em formosura o barro e a madeira e a palha, a pena do pássaro e a concha do mar ou o miolo do pão. Essa arte se chama, como pedindo desculpas, artesanato. Não a fazem os acadêmicos, mas as pobres gentes que comem corações de pulga ou tripas de mosquito.

(37)

Cantar do pobre no Equador

– Está com fome?
– Sim.
– Come cãibra.
Mata um mosquito,
chupa o sangue disso
e guarda os miúdos
pra fazer chouriço.

(65)

1869
Cidade do México

Juárez

Em pedra de Oaxaca foi talhada a cara deste índio mexicano que venceu o papa de Roma e o terceiro Napoleão. Sem sorrisos nem palavras, sempre de fraque e colarinho alto, sempre de negro, Benito Juárez é uma rocha rodeada por um coro de doutores que giram a seu redor discursando e declamando e recitando, letrados instruídos dotados de bicos de ouro e douradas plumas.

O México tinha mais sacerdotes que professores e a Igreja era dona da metade de tudo, quando Juárez chegou ao poder e os liberais receitaram seus unguentos civilizadores ao país doente de ignorância e atraso. A terapia da modernização exige paz e ordem. É preciso acabar com as guerras que matam mais gente que a malária ou a pneumonia, mas a peste da guerra acossa Juárez, um acossamento sem quartel. Primeiro foi a guerra contra os frades e os conservadores e depois a guerra contra os invasores franceses; e desde então, a guerra contra os caudilhos militares, heróis que se negam a se aposentar, e contra os índios que se negam a perder a terra de suas comunidades.

Os liberais mexicanos professam fé cega no sufrágio universal e na liberdade de expressão, embora o sufrágio seja privilégio de poucos e sejam poucos os que se expressam. Creem na salvação pela educação, embora as escassas escolas estejam todas nas cidades, porque os liberais se entendem melhor, afinal de contas, com as musas que com os índios. Enquanto crescem os latifúndios, eles sonham com empreendedores granjeiros fecundando os agrestes, e sonham com trilhos milagrosos, fumaças de locomotivas, fumaças de chaminés, ideias e gentes e capitais que trarão o progresso lá da Europa.

O próprio Juárez, filho de índios zapotecas, está convencido de que, se o México copiar as leis norte-americanas, crescerá como os Estados Unidos, e se consumir produtos ingleses se transformará numa nação industrial como a Inglaterra. Importando ideias francesas, crê o vencedor da França, o México será uma nação ilustrada.

(142, 143 e 316)

1869
San Cristóbal de Las Casas

Não estão mudos nem a terra nem o tempo

Vibra a terra de tanto que conversam lá embaixo os mortos. A fossa parece praça em dia de mercado. Celebram novidades os maias tombados nas velhas rebeliões de Chiapas. Aqui se lutou com lança e machado desde o distante dia em que o primeiro usurpador, filho de mulher e cão, lançou-se sobre as terras das comunidades. Falam entre si os mortos, dizendo alegrias, e através do sonho felicitam os vivos e lhes dizem verdades que o ouvido ignora.

Novamente rebelaram-se os índios daqui. Os índios, escravos por dívidas, arrasam fazendas e queimam cárceres e defendem as últimas terras que têm em comunidade e que em comunidade trabalham, apesar do governo de Juárez.

Os deuses da montanha celebram também. Eles são os que desviam o vendaval quando o vendaval traz doença ou cobiça.

(155 e 274)

1869
Cidade do México

Juárez e os índios

Por ser revoltoso, por ser bandido, por ser raivoso socialista, foi fuzilado, há um ano, Julio López. No comando dos índios da região de Chalco, Julio López tinha jurado guerra aos ricos e tinha-se rebelado reclamando as terras usurpadas.

Nos índios prisioneiros em Chalco puseram uniformes de soldados e os obrigaram a lutar contra os índios rebelados em Iucatã. Os *pacificados* de cada guerra se fazem *pacificadores* na seguinte, rebeldes vencidos e forçados a matar rebeldes, e assim o governo do presidente Juárez vai enviando tropas contra os maias de Iucatã e os maias de Chiapas, os coras de Nayarit e os tarascos de Michoacán, e os yaquis de Sonora e os apaches do norte.

Para recuperar as terras de suas comunidades, os índios derrubam as cercas que dividem as fazendas: caem os primeiros mortos e o ar vira pura fumaça de pólvora. A Constituição de Juárez quer converter os índios em pequenos proprietários e trabalhadores livres. As leis de Juárez proíbem o cepo e os grilhões, a escravidão por dívidas e os salários de fome. A realidade, enquanto isso, arranca dos índios as terras que ainda possuíam em comum e os faz escravos de latifúndios ou mendigos de cidades.

Benito Juárez nasceu na serra, entre as rochas parecidas com ele, nas margens do lago de Guelatao. Aprendeu a chamar as coisas do mundo em uma das cem línguas índias do México. Depois, ao amparo de um homem piedoso, fez-se doutor.

(142 e 274)

1869
Londres

Lafargue

Quando Paul Lafargue lançou-se à conquista de Laura Marx, o fundador do socialismo científico estava acabando de corrigir o primeiro tomo de *O Capital*. Karl Marx não gostou nem um pouco das ardentes investidas do cubano, e exigiu-lhe *maneiras inglesas mais tranquilas* para fazer a corte à sua filha de olhos verdes. Também lhe exigiu garantias econômicas. Expulso da Alemanha, França e Bélgica, Marx tinha passado tempos muito duros em Londres, mordido pelas dívidas, às vezes sem um pêni para comprar o jornal, e as misérias do exílio tinham matado três de seus filhos.

Mas não pôde espantar Lafargue. Sempre soube que não o poderia. Lafargue era muito jovem quando Marx e ele começaram a brigar e a gostar um do outro. E do mestiço cubano nasce agora o primeiro neto de Marx, bisneto de uma mulata do Haiti e de uma índia da Jamaica.

(177 e 279)

1869
Acosta Ñú

CAI O PARAGUAI, ESMAGADO DEBAIXO DAS PATAS DOS CAVALOS,

e, tombado, luta. Com sinos de igrejas são feitos os últimos canhões, que disparam pedras e areia, enquanto avançam rumo ao norte os exércitos da Tríplice Aliança. Os feridos arrancam as vendas, porque mais vale morrer sangrando que servir ao exército inimigo ou marchar para cafezais brasileiros com a marca de ferro da escravidão.

Nem os túmulos se salvam do saque em Assunção. Em Piribebuy, os invasores arrasam as trincheiras, defendidas por mulheres, mutilados e velhos, e põem fogo no hospital com os feridos dentro. Em Acosta Ñú, resistem à ofensiva batalhões de meninos disfarçados com barbas de lã ou capim.

E continua a carnificina. Quem não morre de bala morre de peste. E cada morto dói. Cada morto parece o último, mas é o primeiro.

(61 e 254)

1870
Cerro Corá

Solano López

Essa é uma caravana de mortos que respiram. Os últimos soldados do Paraguai peregrinam atrás dos passos do marechal Francisco Solano López. Não se veem botas nem arreios, porque foram comidos, mas tampouco chagas ou farrapos: são de barro e osso os soldados que perambulam pelos bosques, máscaras de barro, couraças de barro, carne de olaria que o sol cozinhou com o barro dos pântanos e o pó vermelho dos desertos.

O marechal López não se rende. Alucinado, a espada para cima, encabeça essa última marcha rumo a parte alguma. Descobre conspirações, ou delira com elas, e por delito de traição ou de fraqueza manda matar seu irmão e todos os seus cunhados e também o bispo e um ministro e um general... Na falta de pólvora, as execuções são cumpridas à lança. Muitos caem por sentença de López, e muitos mais por exaustão, e no caminho ficam. A terra recupera o que é seu e os ossos dão o rastro ao perseguidor.

As imensas hostes inimigas fecham o cerco em Cerro Corá. Derrubam López nas margens do rio Aquidabán e o ferem com lança e o matam com a espada. E com um tiro o arrematam, porque ainda ruge.

(291)

1870
Cerro Corá

Elisa Lynch

Rodeada pelos vencedores, Elisa cava com as unhas uma sepultura para Solano López.

Já não soam os clarins, nem sibilam as balas, nem explodem as granadas. As moscas picam a cara do marechal e atacam seu corpo aberto, mas Elisa não vê nada além da névoa vermelha. Enquanto abre a terra com as mãos, ela insulta esse maldito dia; e se demora o sol no horizonte porque o dia não se atreve a se retirar antes que ela termine de amaldiçoá-lo.

Essa irlandesa de cabelos dourados, que lutou no comando de colunas de mulheres armadas de enxadas e paus, foi a mais implacável conselheira de López. Ontem à noite, ao cabo de dezesseis anos e quatro filhos, ele disse a ela pela primeira vez que a amava.

(25)

O Guarani

Do Paraguai aniquilado, sobrevive a língua.

Misteriosos poderes tem o guarani, língua de índios, língua de conquistados que os conquistadores fizeram sua. Apesar de proibições e desprezos, o guarani é a língua nacional dessa pátria em escombros e língua nacional seguirá sendo, embora a lei não o queira. Aqui o mosquito continuará se chamando *unha do Diabo* e *cavalinho do Diabo,* a libélula. Continuarão sendo *fogos da lua,* as estrelas, e o crepúsculo, *a boca da noite.*

Em guarani pronunciaram os soldados suas senhas e contrassenhas e seus discursos, enquanto durou a guerra, e em guarani cantaram. Em guarani calam, agora, os mortos.

(152)

1870
Buenos Aires

Sarmiento

O presidente argentino, Domingo Faustino Sarmiento, recebe a ordem do dia sobre a vitória no Paraguai. Ordena à banda de música que toque serenatas e escreve: *É providencial que um tirano tenha feito morrer todo esse povo guarani. Era preciso purgar a terra de toda essa excrescência humana.*

Sarmiento, fundador da Sociedade Protetora de Animais, prega o racismo sem meias palavras e o pratica sem que lhe trema a mão. Admira os norte-americanos, *isentos de toda mistura de raças inferiores,* mas do México para o sul não vê mais que barbárie, sujeira, superstição, caos e loucura. Essas trevas o assustam e fascinam: lança-se ao ataque com um sabre numa mão e o candeeiro na outra. Como governador e presidente, multiplica os cemitérios e as escolas e fomenta as nobres virtudes do degolar, do poupar e do ler. Como escritor, publica prosas de muito talento a favor do extermínio de gaúchos, índios e negros e sua substituição por brancos lavradores do norte da Europa, e em defesa do uso do fraque e do corte de cabelo à inglesa.

(310 e 311)

1870
Rio de Janeiro

Mil candelabros multiplicam luzes nos espelhos

e os sapatos de seda desenham círculos de valsas sobre o lustroso assoalho do palácio do barão de Itamaraty. O casal imperial atravessa as nuvens de convidados, de salão em salão, incessantes beija-mãos e tilintar de cristais, e à sua passagem os sons marciais e os estrondosos vivas interrompem o baile. Parecem pinguins os cavalheiros, e mariposas as damas, apertadas pelos merinaques, abrindo leques de bordado; e mais de uma exibe corpetes europeus, importados por mademoiselle Arthémise, que acompanham perfeitamente o movimento ondulatório da respiração. Com champanhe francês e música da moda, o Brasil celebra o arrasamento do Paraguai.

As carruagens que vêm para a festa cruzam com as caravanas de negros carregados de pestilentas panelas e barris. Nuvens de moscas perseguem a procissão até as praias do Rio de Janeiro. A cada anoitecer, os escravos jogam a merda dos amos nas águas da bela baía.

(204)

1870
Rio de Janeiro

Mauá

Enquanto festejam a derrota do Paraguai, os países vencedores disputam o mapa do vencido a dentadas.

No Rio de Janeiro, alguém assiste com cenho franzido às borbulhantes celebrações e encolhe os ombros quando ouve falar das novas fronteiras. Irineu Evangelista de Souza, barão de Mauá por graça do imperador Pedro II, não quis nunca essa guerra. Desde o princípio pressentiu que seria longa e sangrenta e que também perderia quem a ganhasse. Louros para o império do Brasil? A paz iluminada pela glória? O império prosperando como se a guerra nunca tivesse havido? O barão de Mauá, sócio brasileiro dos Rotschild de Londres, sabe agora que os exterminadores devem aos bancos britânicos o dobro do que deviam. Dono de grandes plantações, Mauá sabe que os cafezais perderam nos campos de batalha muitos milhares de escravos negros. Acostumado a financiar os orçamentos e a emitir a moeda dos países vencedores, Mauá também sabe que se empapelaram de vales que não valem nada. E talvez saiba, quem sabe, que esta guerra recém-terminada é o começo de sua ruína pessoal, que os credores terminarão arrancando-lhe até os óculos de ouro e que em seus últimos anos voltará a ser aquele menino tão sozinho que um navegante tinha abandonado no cais do Rio.

(109)

1870
Vassouras

Os barões do café

O vale do Paraíba do Sul produz a maior parte do café que o mundo consome e também produz a maior quantidade de viscondes, barões e marqueses por metro quadrado.

Do trono do Brasil, o imperador Pedro II recompensa agora com novos títulos de nobreza os escravagistas do café, que com tanto dinheiro contribuíram para a guerra contra o Paraguai.

Não há plantação com menos de cem escravos. Noite ainda, ao toque do sino de ferro os escravos se lavam no tanque, dão graças em voz alta a Nosso Senhor Jesus Cristo e marcham ao trabalho morro acima, empurrados pelo chicote de cinco correias.

Os filhos dos senhores vêm ao mundo pela mão de parteiras negras, e amas negras lhes dão de mamar. Criadas negras lhes ensinam canções, lendas e comidas. Com meninos negros aprendem a brincar e com moças negras descobrem o amor. Mas desde cedo sabem quem é proprietário e quem é propriedade. O casamento com a prima ou a sobrinha robustecerá a unidade da família e perpetuará a nobreza da linhagem.

(327)

1870
São Paulo

Nabuco

Do negro escravo comem todos. Não só os barões do café e os senhores do açúcar: qualquer brasileiro livre, por mais pobre que seja, tem pelo menos um escravo trabalhando para ele.

Joaquim Nabuco denuncia, em discursos ardentes, a profunda infecção. Nascido de latifundiários e políticos profissionais, Nabuco proclama que o Brasil não entrará no mundo moderno enquanto a terra e a política pertencerem a um punhado de famílias e enquanto descansar o país inteiro sobre as costas dos escravos.

O poeta José Bonifácio encabeça o grupo de abolicionistas da Universidade de São Paulo. Além de Nabuco, trabalham com ele outros intelectuais de brilhante palavra, como Castro Alves, Rui Barbosa e Luís Gama, que foi vendido na Bahia pelo próprio pai e conseguiu escapar da escravidão para denunciá-la.

(74)

1870
Buenos Aires

O bairro norte

Um cavaleiro de blusa verde sopra a corneta que anuncia o perigo. Estrépito de cascos, confusão de campainhas, correrias de transeuntes: o novo bonde vem correndo sobre trilhos em louca velocidade de dez quilômetros por hora. Um jornal de Buenos Aires promete reservar uma coluna, cada dia, para as vítimas.

Um ou outro mortinho faz o bonde, para não decepcionar, mas em pouco tempo já ninguém fala de seus furores homicidas. A febre amarela invadiu Buenos Aires e está assassinando trezentos por dia.

Dessa peste, nasce o cemitério de La Chacarita, porque não há onde enterrar tanto pobre, e nasce também o Bairro Norte, porque os ricos fogem de seu bastião tradicional. As dez quadras ao sul da praça de Maio decidiram o destino da Argentina inteira, desde sempre, e desde sempre prosperaram à sua custa. Ali viveram, até agora, os cavalheiros que fazem política e negócios no Café de Paris e as damas que fazem compras na Loja de Londres. Agora os espanta e expulsa a febre amarela, que morde com gana a zona baixa, rodeada de depósitos de lixo e pântanos, berço de mosquitos, caldo de pragas; e os casarões que o êxodo esvazia se transformam em cortiços. Onde até hoje vivia uma família, duzentas pessoas se apinharão do jeito que der.

Muito cresceu esta cidade derramada sobre as margens do rio. Há um par de séculos, Buenos Aires era uma aldeia triste e perdida. Hoje é habitada por cento e oitenta mil pessoas, e a metade são estrangeiros: pedreiros, lavadeiras, sapateiros, peões, cozinheiras, guardas-noturnos, carpinteiros e outros que chegam trazidos do Mediterrâneo pelos ventos alísios.

(312)

1870
Paris

Lautréamont aos vinte e quatro

Era de falar atropelado e se cansava por qualquer coisa. Passava as noites diante do piano, fazendo acordes e palavras, e ao amanhecer davam pena seus olhos de febre.

Isidoro Ducasse, o imaginário conde de Lautréamont, morreu. O menino nascido e crescido na guerra de Montevidéu, aquele menino que fazia perguntas ao rio-mar, morreu num hotel de Paris. O editor não se atrevera a mandar seus *Cantos* para as livrarias.

Lautréamont tinha escrito hinos ao piolho e ao pederasta. Tinha cantado o farol vermelho dos prostíbulos e os insetos que preferem sangue ao vinho. Tinha desafiado o deus bêbado que nos criou e tinha proclamado que mais vale nascer do ventre de uma fêmea de tubarão. Tinha-se precipitado no abismo, pelanca humana capaz de beleza e loucura, e ao longo de sua queda tinha descoberto imagens ferozes e palavras assombrosas. Cada página que escreveu grita quando a rasgam.

(181)

1871
Lima

Juana Sánchez

O devastador Melgarejo caiu. Fugiu da Bolívia, perseguido a pedradas pelos índios, e vive mal em seu exílio num quartinho nos subúrbios de Lima. Do poder, não lhe sobra mais que o poncho cor de sangue. Seu cavalo, Holofernes, foi morto pelos índios, que cortaram suas orelhas.

Passa as noites uivando na frente da casa dos Sánchez. O lúgubre vozeirão de Melgarejo faz tremer Lima. Juana não abre a porta.

Juana tinha dezoito anos quando chegou ao palácio. Melgarejo trancou-se com ela três dias e três noites. Os guardas da escolta escutaram gritos, golpes, suspiros, gemidos, nenhuma palavra. Ao quarto dia, Melgarejo emergiu:

– *Gosto dela tanto quanto do meu exército!*

A mesa dos banquetes converteu-se em altar. Ao centro, entre círios, Juana reinava nua. Ministros, bispos e generais rendiam homenagem à bela e caíam de joelho quando Melgarejo alçava uma taça de conhaque em chamas e cantava versos de devoção. Ela, de pé, de mármore, sem outra roupa que seus cabelos, desviava o olhar.

E calava. Juana calava. Quando Melgarejo saía em campanha militar, deixava-a trancada num convento de La Paz. Voltava ao palácio com ela nos braços e ela calava, mulher virgem cada noite, cada noite nascida para ele. Nada disse Juana quando Melgarejo arrancou dos índios as terras das comunidades e deu de presente oitenta propriedades e uma província inteira para a família dela.

Também agora cala Juana. Trancada com pedra e cal a porta de sua mansão em Lima, ela não se mostra nem responde aos desesperados rugidos de Melgarejo. Nem sequer lhe diz:

– *Nunca me tiveste. Eu não estava ali.*

Chora e berra Melgarejo, seus punhos como trovões contra a porta. Nesse umbral, gritando o nome dessa mulher, morre com dois tiros.

(85)

1873
Acampamento de Tempú

Os mambises

Os negros, reluzentes de tochas e outras luzes, ondulam e giram e saltam, e conversam com os deuses uivando de dor e de prazer. Ao correspondente do *New York Herald*, essas turbulências são tão incompreensíveis como as estações, que em Cuba ocorrem todas ao mesmo tempo dentro do infinito verão: o jornalista pisca forte quando descobre que a mesma árvore oferece, ao mesmo tempo, o galho que floresce estalando em pleno verdor e o galho que agoniza, amarelento.

Essa é a terra do *mambí*, na selva do oriente de Cuba. *Mambí* significa, lá no Congo, *bandido, revoltoso*, mas *mambí* é nessa ilha o escravo que lutando vira pessoa.

Antes de somar-se ao exército patriota, os mambises tinham sido cimarrões na serra. O correspondente do *Herald* calcula que a guerra colonial levou, em cinco anos, oitenta mil vidas espanholas. Muitos soldados caíram por doença ou bala; e muitos mais pelo facão *mambí*. A guerra transformou os engenhos de açúcar em fortalezas armadas contra os ataques dos negros de fora e as fugas dos negros de dentro.

Nesse acampamento de mambises maltrapilhos, quase nus, tudo se divide. O jornalista bebe água com melado, na falta de café, e ao cabo de uns dias jura ódio eterno à batata-doce e à cutia – um animalzinho que dá de comer a quem o agarra no buraco de uma árvore ou num rochedo. Essa guerra poderia durar eternamente, escreve o jornalista: aqui os bejucos dão água quando não há rio por perto e as árvores dão frutas, redes, sandálias e boa sombra para se sentar e contar piadas e aventuras enquanto se curam os feridos.

(237)

1875
Cidade do México

Martí

Mal lhe despontavam os bigodes quando fundou em Havana dois jornais efêmeros, *O Diabo Manquinho* e *A Pátria Livre;* e por querer a independência de Cuba, colônia de Espanha, foi condenado à prisão e trabalhos forçados. Antes, ainda muito menino, quis traduzir Shakespeare, e tinha incendiado palavras, e tinha jurado vingança na frente de um escravo negro pendurado na forca. Tinha adivinhado, nos primeiros versos, que morreria em Cuba e por ela.

Da prisão, foi empurrado para o desterro. Não tinham sido apagadas ainda as marcas dos grilhões em seus tornozelos. Ninguém mais patriota cubano que esse filho de um sargento espanhol das colônias. Ninguém mais menino que este exilado perguntador, que tanto e tanto se assombra e se indigna com o mundo.

José Martí tem vinte e dois anos quando assiste, no México, à primeira manifestação conjunta de estudantes e trabalhadores. Os fabricantes de chapéus se declararam em greve. Contam com a solidariedade da Sociedade Fraternidade e Constância de Barbeiros, a Sociedade Fraternal de Encadernadores, os tipógrafos, os alfaiates e os intelectuais *operários da Ideia*. Ao mesmo tempo, se desencadeia a primeira greve universitária, contra a expulsão de três estudantes de medicina.

Martí organiza recitais em benefício dos fabricantes de chapéus e em seus artigos descreve os estudantes, que marcham junto com os operários pelas ruas da Cidade do México, todos de braços dados, todos vestidos de domingo: *Esta juventude entusiasta,* escreve, *tem razão. Mas mesmo que não tivesse razão, nós a amaríamos.*

(129, 200 e 354)

1875
Fort Sill

Os últimos búfalos do sul

Estavam as planícies do sul atapetadas de búfalos, que se multiplicavam como os capins altos, quando o homem branco chegou do Kansas. Agora o vento fede a coisa podre. Os búfalos esfolados jazem nas planícies. Milhões de peles viajaram rumo ao leste da Europa. O extermínio do búfalo não dá somente dinheiro; além disso, explica o general Sheridan, *é a única maneira de conseguir uma paz duradoura e abrir caminho ao avanço da civilização.*

Os índios kiowas e comanches já não encontram búfalos no território da reserva de Fort Sill. Em vão invocam a boa caça com danças ao deus sol. As rações do governo federal, rações de dar dó, não bastam para comer.

Os índios fogem para o distante *canyon* de Palo Puro, o último lugar com búfalos nas planícies do sul. Lá encontram comida e todo o resto: convertem as peles em casas, mantas e vestidos, os chifres e os ossos em colheres, facas e pontas de flecha, os nervos e os tendões em cordas e redes e as bexigas em cântaros de água.

Logo chegam os soldados, entre nuvens de pó e pólvora. Queimam choças e alimentos, matam mil cavalos e arrebanham os índios de volta ao seu cárcere.

Uns poucos kiowas conseguem escapar. Perambulam pelas planícies até que a fome os rende. Entregam-se em Fort Sill. Ali os soldados os metem num curral e a cada dia atiram para eles pedaços de carne crua.

(51 e 229)

O MAIS ALÉM, O MAIS DENTRO

Reúnem-se em assembleia os búfalos do último rebanho do sul. Não se alonga a discussão. Tudo está dito e a noite continua. Os búfalos sabem que já não são capazes de proteger os índios.

Quando se ergue a madrugada lá no rio, uma mulher kiowa vê passar o último rebanho através da neblina. O chefe marcha a passo lento, seguido pelas fêmeas e as crias e os poucos machos que ainda estão vivos. Ao chegar aos pés do monte Scott, ficam esperando, imóveis, com as cabeças baixas. Então o monte abre a boca e os búfalos entram. Lá dentro o mundo é verde e fresco.

Os búfalos passaram. O monte se fecha.

(198)

1876
Little Big Horn

Touro Sentado

Quando fala, nenhuma palavra se cansa nem cai.

Não mais mentiras, diz. Há oito anos, o governo dos Estados Unidos garantiu aos sioux, por solene tratado, que para sempre seriam donos das Montanhas Negras, seu centro do mundo, o lugar onde os guerreiros falam com os deuses. Há dois anos, descobriu-se ouro nessas terras. No ano passado, o governo ordenou aos sioux que abandonassem os campos de caça onde os mineiros buscavam ouro nas rochas e mananciais.

Falei bastante. Não mais mentiras. Touro Sentado, chefe de chefes, concentrou milhares e milhares de guerreiros das planícies, sioux, cheyennes, arapahos. Bailou três dias e três noites. Cravou os olhos no sol. Sabe.

Desperta antes da alvorada. Seus pés nus se molham no orvalho e recebem o latejar da terra.

Ao amanhecer, ergue o olhar mais além das colinas. Lá vem o general Custer. Lá vem o Sétimo de Cavalaria.

(51 e 206)

1876
Little Big Horn

Alce Negro

Aos nove anos, escutou vozes. Soube que todos os seres com pernas, asas ou raízes somos filhos do mesmo pai sol e da mesma mãe terra, em cujos peitos mamamos. As vozes lhe anunciaram que ele faria florescer o bastão sagrado, a árvore da vida cravada no centro da terra dos sioux, e que montado em nuvem de tormenta mataria a seca. Também lhe anunciaram guerras e penas.

Aos dez anos, encontrou, pela primeira vez, um homem branco. Pensou que se tratava de um doente.

Aos treze, Alce Negro está se banhando no rio Little Big Horn quando os gritos avisam que os soldados estão vindo. Trepa numa colina e de lá vê uma imensa nuvem de pó cheia de estampidos e gritos, e da nuvem fogem muitos cavalos com as selas vazias.

(51 e 230)

1876
Little Big Horn

Custer

Vasilha Negra, o chefe cheyenne, tinha lhe advertido quando fumaram juntos o cachimbo da paz. Custer morreria se traísse suas promessas, e nenhum índio sujaria as mãos escalpelando seu crânio. Depois, Custer incendiou esse acampamento e o chefe Vasilha Negra foi morto a tiros entre as chamas.

Agora o general George Armstrong Custer é um a mais entre os mortos do Sétimo de Cavalaria, que os índios destroçaram nas margens do rio Little Big Horn. Custer tinha mandado rapar, ontem à noite, a cabeleira dourada. Seu crânio rapado aparece intacto e ainda tem essa cara meio estúpida dos homens que nunca foram derrotados.

(51, 91 e 198)

1876
War Bonnet Creek

Buffalo Bill

Pouco depois da derrota de Little Big Horn, uns soldados se lançaram sobre os índios cheyennes acampados nas margens de um riacho e no tiroteio cai o chefe Mão Amarela.

Buffalo Bill é o primeiro a chegar. De um corte arranca o couro cabeludo do chefe cheyenne e num galope voa até os cenários de distantes cidades. A história do oeste vai-se convertendo em espetáculo à medida que acontece. Não terminou a batalha e já o esfolador está vendendo sua épica façanha nos teatros da Filadélfia, Baltimore, Washington e Nova York. Para memória e vingança do general Custer, Buffalo Bill ergue os braços para as plateias repletas: numa mão aparece a faca, e na outra, que amassa um pelame tingido de sangue, cai uma cascata de plumas coloridas. O herói veste uma roupa mexicana de muitos enfeites, com um par de revólveres no cinturão e uma Winchester de quinze tiros pendurada no ombro. Logo a cena ilustrará as capas dos livrinhos de *cowboys* que circulam por todo o país.

Buffalo Bill, o mais célebre dos vaqueiros, não arreou uma vaca na vida. O símbolo vivo da conquista do oeste, imortal super-homem, fez sua fama exterminando índios e búfalos e falando sem parar sobre sua própria coragem e pontaria. Foi batizado como Buffalo Bill quando trabalhava para a estrada de ferro da Kansas Pacific: ele diz que em um ano e meio disparou 4.280 tiros e matou 4.280 búfalos, embora as mulheres o impedissem de trabalhar a todo vapor.

(157)

1876
Cidade do México

Ir embora

O general Santa Anna tinha sido onze vezes presidente do México. Comprovava a lealdade de seus generais vendendo pedaços do país e cobrando impostos de cachorros, cavalos e janelas; mas amiúde teve que fugir do palácio, disfarçado de pobre. Embora fosse um especialista em perder guerras, fez levantar muitas estátuas a si mesmo, a galope em bronze, a espada para cima, e por decreto converteu seu aniversário em festa nacional.

Quando voltou do exílio, já tinham morrido todos os seus amigos e todos os seus inimigos. Afundado numa poltrona, sempre com um galo nos braços, Santa Anna esfregava antigas medalhas ou coçava a perna de pau. Estava cego, mas acreditava ver carruagens de príncipes e presidentes detendo-se à sua porta. Estava surdo, mas acreditava ouvir ladainhas de multidões acorrendo para lhe suplicar audiência e clemência ou emprego.

– *Que esperem!* – uivava Santa Anna. – *Que se calem!*

De sua casa na rua Vergara, hipotecada, sempre vazia, ele é tirado agora, para ser levado ao cemitério. Um galo anda na frente do ataúde, encarando gente e puxando briga.

(227 e 266)

1877
Cidade da Guatemala

O civilizador

Justo Rufino Barrios, presidente da Guatemala, fecha as pálpebras e escuta ruídos de trens de ferro e máquinas a vapor violando o silêncio dos conventos.

Não há quem pare os colorantes sintéticos nos mercados do mundo e não há quem compre o grão, o anil ou a cochinilla que a Guatemala vende. É a hora do café. Os mercados exigem café e o café exige braços e terras, trens e portos. *Para modernizar o país,* Barrios expulsa os frades parasitas, toma da Igreja suas terras imensas e as dá de presente a seus amigos mais íntimos. Também expropria as terras das comunidades indígenas. Decreta a abolição da propriedade coletiva, e impõe o recrutamento obrigatório. *Para integrar o índio à nação, o* governo liberal o transforma em servo das novas plantações de café. Volta o sistema colonial do trabalho forçado.

Os soldados percorrem as fazendas repartindo índios.

(59)

1879
Cidade do México

Os socialistas e os índios

Dá pena dizer, mas é preciso. O coronel Alberto Santa Fé denuncia da prisão de Tlatelolco: os índios eram mais felizes sob o domínio espanhol. *Hoje dizem pomposamente que são livres e não passam de escravos.*

Segundo o socialista Santa Fé, que desencadeou a insurreição dos índios do vale de Texmelucan, os males do México vêm da miséria do povo, que por sua vez vem do acúmulo de terras em poucas mãos e da falta de indústria nacional, *porque tudo nos chega do estrangeiro podendo nós mesmos fazê-lo.* E se pergunta: *Devemos preferir perder a independência e ser uma colônia norte-americana, mudar a organização social que nos arruinou?*

Do jornal *O Socialista,* Juan de Mata Rivera também proclama que melhor estavam os índios na colônia, e exige que lhes devolvam suas terras: não há lei que outorgue direito aos ladrões sobre os frutos da violência e da infâmia.

Ao mesmo tempo, os camponeses de Sierra Gorda difundem seu *plano socialista*. Acusam o latifúndio despojador, raiz de toda desgraça, e os governos que puseram os índios a serviço dos latifundiários. Propõem que se declarem *povoados* as fazendas, restituindo a propriedade comunitária de terras de lavradio, águas, montes e pastos.

(129 e 274)

1879
Ilha de Choele-Choel

A TIROS DE REMINGTON

os soldados argentinos conquistam vinte mil léguas de terras de índios.

O mercado de Londres exige a multiplicação das vacas; e explode a fronteira. Para que os latifúndios dos pampas cresçam rumo ao sul e rumo ao oeste, os fuzis de repetição esvaziam *os espaços vazios*. Limpando de selvagens a Patagônia, incendiando acampamentos, fazendo pontaria sobre índios e avestruzes, o general Julio Argentino Roca culmina a brilhante carreira militar que tinha iniciado nas guerras contra gaúchos e paraguaios.

Na ilha de Choele-Choel, no rio Negro, quatro mil soldados empoeirados assistem à missa. Oferece-se a vitória a Deus. A campanha do deserto acabou.

Os sobreviventes, índios, índias, restos da fronteira, são repartidos em fazendas, fortes, cavalariças, cozinhas e camas. Mais de dez mil, calcula o tenente-coronel Federico Barbará. Graças ao altruísmo das damas argentinas, diz Barbará, as crianças selvagens trocam o chiripá por calças e adquirem cara de gente.

(353)

1879
Buenos Aires

Martín Fierro e o crepúsculo do gaúcho

José Hernández publica em Buenos Aires a última parte de *Martín Fierro*, canto de agonia do gaúcho que fez a pátria e sem pátria ficou. Há algum tempo circula pelos campos rio-platinos a outra metade do esplêndido poema e seus versos são tão essenciais como a carne e a erva-mate e o tabaco.

Tristeando versos em roda de fogueiras, os servos do latifúndio e os milicos de fortalezas evocam os andares daquele irmão arisco, homem sem rei e sem lei, e assim recuperam a memória de sua liberdade perdida.

(158)

1879
Port-au-Prince

Maceo

O desterrado Antonio Maceo chega ao alto de Belle Air, a caminho de São Domingos, quando cinco pistoleiros se lançam contra ele. É noite de lua inteira, mas Maceo escapa do tiroteio e se enfia a galope no terreno cheio de ervas daninhas. O cônsul espanhol no Haiti tinha prometido aos verdugos vinte mil pesos em ouro. Maceo é o mais popular e perigoso dos guerreiros da independência de Cuba.

Na guerra perdeu o pai e quatorze irmãos; e à guerra voltará. No trovão da cavalaria, quando o chiado dos facões arremete contra as bocas dos canhões, Maceo cavalga na frente. Em combate ganhou todas as suas promoções e não é do agrado de alguns chefes brancos que um quase negro seja major-general.

Maceo luta por uma revolução de verdade. *Não se trata de substituir os espanhóis,* diz. A independência não é o último objetivo, e sim o primeiro. A partir dela, Cuba terá que mudar, e enquanto o povo não mandar a colônia não será pátria. Os grandes latifundiários *criollos* desconfiam, com toda razão, desse homem que diz não ser absolutamente sagrado o direito da propriedade.

(262)

1879
Ilhas Chinchas

O GUANO

De pura merda eram feitas as colinas que se erguiam nas ilhas. Durante milênios, milhões de aves tinham concluído sua digestão nas costas do sul do Peru.

Os incas sabiam que esse guano era capaz de ressuscitar qualquer terra, por mais morta que parecesse; mas a Europa só conheceu os mágicos poderes do fertilizante peruano quando Humboldt levou as primeiras amostras.

O Peru, que tinha ganho prestígio mundial pela prata e pelo ouro, pôde perpetuar sua glória graças à boa vontade dos pássaros. Rumo à Europa navegavam os navios, carregados do guano malcheiroso, e voltavam trazendo estátuas de puro mármore de Carrara para decorar a alameda de Lima. Vinham os porões repletos de roupas inglesas, que arruinaram os teares da serra sulina, e vinhos de Bordeaux que liquidaram os vinhedos nacionais de Moquegua. Casas inteiras chegaram a El Callao, vindas de Londres. De Paris, importaram-se hotéis completos, de luxo, com cozinheiro e tudo.

Ao cabo de quarenta anos, as ilhas estão arrasadas. O Peru vendeu doze milhões de toneladas de guano, gastou o dobro, e agora deve uma vela a cada santo.

(43, 44 e 289)

1879
Desertos de Atacama e Tarapacá

O SALITRE

A guerra não explode por causa do guano, que agora é pouco. É o salitre quem lança o exército chileno à conquista dos desertos, contra as forças aliadas do Peru e da Bolívia.

Dos estéreis desertos de Atacama e Tarapacá sai o verdor dos vales da Europa. Nessas solidões não há mais que lagartixas escondendo-se debaixo das pedreiras e filas de mulas levando para os portos do Pacífico os carregamentos de salitre, granulada neve que devolverá o entusiasmo às cansadas terras europeias. Nada faz sombra nesse mundo sem nada, que é como são as fulgurantes montanhas de salitre secando-se ao sol no desamparo e os operários miseráveis, guerreiros do deserto que usam como couraça um arruinado saco de farinha, picaretas como lanças e pás como espadas.

O salitre ou nitrato tornou-se imprescindível para os negócios da vida e da morte. Não é só o mais cobiçado dos fertilizantes. Além disso, misturado com carvão e enxofre, vira pólvora. É necessário na agricultura e na próspera indústria da guerra.

(35 e 268)

1880
Lima

OS CHINESES

O Chile invade e arrasa. Com uniformes ingleses e armas inglesas, o exército chileno derruba os povoados de Chorrillos, Barranco e Miraflores, praias de Lima, sem deixar pedra sobre pedra.

Os oficiais peruanos mandam os índios ao matadouro e fogem gritando: *Viva a pátria!*

Há muitos chineses, chineses do Peru, lutando do lado chileno. São chineses que fugiram dos latifúndios, que entram em Lima cantando gratidões ao general invasor, Patricio Lynch, o Príncipe Vermelho, o Salvador.

Esses chineses tinham sido embarcados, há poucos anos, pelos traficantes ingleses, portugueses e franceses nos portos de Macau e Cantão. De cada três, dois chegaram vivos ao Peru. No porto de Callao, foram postos à venda: os jornais de Lima os ofereciam *acabadinhos de chegar*. Muitos foram marcados com ferro em brasa. A estrada de ferro, o algodão, o açúcar, o guano e o café necessitavam de braços escravos. Nas ilhas guaneras, os guardas não tiravam os olhos deles, porque ao menor descuido os chineses se matavam atirando-se ao mar.

A queda de Lima desencadeia o caos em todo o Peru. No vale de Cañete, os negros se insurgem. No fim do carnaval, numa quarta-feira de cinzas, explode o ódio de séculos. Ritual de humilhações: os negros, até há pouco escravos e como escravos tratados ainda, vingam os antigos rancores, matando chineses, também escravos, a pauladas, a facadas.

(45 e 329)

1880
Londres

Reivindicação da preguiça

Expulso pela polícia francesa e castigado pelo inverno inglês, que faz mijar estalactites, Paul Lafargue escreve em Londres um novo arrazoado contra o *sistema criminoso que faz do homem um miserável servo da máquina*.

A moral capitalista é uma lamentável paródia da moral divina, escreve o genro cubano de Marx. Como os frades, o capitalismo ensina aos operários que eles nasceram neste vale de lágrimas para trabalhar e sofrer; induz a que entreguem suas mulheres e suas crianças às fábricas, que as trituram doze horas por dia. Lafargue se nega a acompanhar *os cantos nauseabundos em honra ao deus Progresso, filho maior do Trabalho,* e reivindica o direito à preguiça e ao pleno gozo das paixões humanas. A preguiça é um presente dos deuses. Até Cristo a pregou no sermão das montanhas. Um dia, anuncia Lafargue, vão terminar os tormentos da fome e do trabalho forçado, mais numerosos que os gafanhotos da Bíblia, e então a terra estremecerá de alegria.

(177)

1881
Lincoln City

Billy the Kid

– *Vou te dar um conselho, doc.*
Até um minuto atrás, Billy the Kid esperava a forca numa cela. Agora aponta para o xerife do alto da escada.
– *Começo a ficar cansado, doc.*
O xerife atira para ele as chaves das algemas e quando Billy se agacha explode um relâmpago de revólveres. O xerife despenca com uma bala no olho e a estrela de prata desfeita em pó.
Billy tem vinte e um anos e vinte e uma marcas na culatra do Colt, sem contar os apaches e os mexicanos que matou sem registrar.
– *Se eu fosse você, não faria isso, forasteiro.*
Começou sua carreira aos doze, quando um vagabundo insultou sua mãe e ele fugiu galopando, brandindo um punhal que gotejava sangue.

(131 e 292)

1882
Saint Joseph

Jesse James

Jesse e seus rapazes, os *James boys,* tinham combatido junto ao exército escravagista do sul e depois foram os anjos vingadores da terra vencida. Por puro senso de honra depenaram sete bancos, sete trens postais e três diligências. Cuspindo de lado, ar indiferente, sem se dar ao trabalho de sacar a arma, Jesse mandou dezesseis próximos para outro mundo.

Um sábado à noite, em Saint Joseph, Missouri, seu melhor amigo mete-lhe um tiro nas costas.

– *Você, pequena, seque essas lágrimas e sirva um trago para todos. E vamos ver se tiram esse lixo do caminho. Vou contar o que fui. Sabem o que fui? Mais teimoso que todos os burros do Arizona.*

(292)

1882
Pradarias de Oklahoma

O crepúsculo do *cowboy*

Há meio século, o legendário cavalo selvagem de Oklahoma maravilhou Washington Irving e inspirou-lhe a pena. Aquele indomável príncipe das planícies, flecha branca de crina, é hoje besta de carga ou mansa cavalgadura.

Também o *cowboy*, campeão da conquista do oeste, anjo da Justiça ou bandoleiro vingador, vira soldado ou peão obediente a horários. O arame farpado avança em um ritmo de mil quilômetros por dia e os trens frigoríficos atravessam as grandes planícies dos Estados Unidos. As baladas e os livrinhos evocam os bons tempos das caravanas de carretas, os queixosos eixos de madeira engraxados com toucinho, os uivos dos coiotes e dos índios, e Buffalo Bill está demonstrando que a nostalgia pode-se transformar em indústria muito lucrativa. Mas o *cowboy* é uma máquina a mais entre as máquinas que descaroçam o algodão, debulham o trigo, empilham o arroz ou batem o feno.

(224 e 292)

1882
Nova York

TAMBÉM O SENHOR PODE TRIUNFAR NA VIDA

O caminho da felicidade já não conduz somente às planícies do oeste. Agora é também o tempo das grandes cidades. O apito do trem, flauta mágica, desperta os jovens que dormem a sesta no povoado e os convida a que se incorporem aos novos paraísos de cimento e aço. Cada órfão andrajoso, prometem os cantos de sereia, se transformará em próspero empresário se trabalhar com fervor e viver com virtude nos escritórios ou nas fábricas dos edifícios gigantescos.

Um escritor, Horatio Alger, vende essas ilusões em milhões de exemplares. Alger é mais famoso que Shakespeare e suas novelas circulam mais que a Bíblia. Seus leitores e seus personagens, mansos assalariados, não deixaram de correr desde que desceram dos trens ou dos transatlânticos. Na verdade, a pista está reservada a um punhado de atletas dos negócios, mas a sociedade norte-americana consome em massa a fantasia da livre competição e até os mancos sonham ganhar corridas.

(282)

1882
Nova York

A criação segundo John D. Rockefeller

No princípio fiz a luz com lampião de querosene. E as sombras, que caçoavam das velas de sebo ou de esperma, recuaram. E amanheceu e entardeceu o primeiro dia.

E no segundo dia Deus me pôs à prova e permitiu que o demônio me tentasse oferecendo-me amigos e amantes e outros desperdícios.

E disse: "Deixai que o petróleo venha a mim". E fundei a Standard Oil. E vi que estava certo e amanheceu e entardeceu o terceiro dia.

E no quarto dia segui o exemplo de Deus. Como Ele, ameacei e amaldiçoei quem me negasse obediência; e como Ele, apliquei a extorsão e o castigo. Como Deus esmagou seus competidores, assim pulverizei sem piedade meus rivais de Pittsburgh e da Filadélfia. E aos arrependidos prometi perdão e paz eterna.

E pus fim à desordem do universo. E onde havia caos implantei a ordem. E, em escala jamais conhecida, calculei custos, impus preços e conquistei mercados. E distribuí a força de milhões de braços para que nunca mais se perdesse tempo, nem energia, nem matéria. E desterrei a casualidade e a sorte da história dos homens. E no espaço por mim criado não reservei nenhum lugar para os débeis e os ineficazes. E amanheceu e entardeceu o quinto dia.

E para dar nome à minha obra inaugurei a palavra *trust*. E vi que estava certo. E comprovei que o mundo girava ao redor de meus olhos vigilantes, enquanto amanhecia e entardecia o sexto dia.

E no sétimo dia fiz caridade. Somei o dinheiro que Deus me havia dado por ter continuado Sua obra perfeita e doei aos pobres vinte e cinco centavos. Então, descansei.

(231 e 282)

1883
Bismarck City

Os últimos búfalos do norte

O búfalo já é uma curiosidade em Montana e os índios *black-feet* roem ossos velhos e cascas de árvores.

Touro Sentado encabeça a última caçada dos sioux nas planícies do norte. Depois de muito andar, encontram uns poucos animais. Por cada um que matam, os sioux pedem perdão ao Grande Búfalo invisível, segundo quer a tradição, e lhe prometem que não desperdiçarão nenhum pelo do morto.

Pouco depois, a Estrada de Ferro do Pacífico Norte celebra o apogeu de sua via que chega de costa a costa. Essa é a quarta linha que atravessa o território norte-americano. As locomotivas de carvão, com freios pneumáticos e carros Pullman, avançam na frente dos colonos rumo às planícies que foram dos índios. Por todas as partes brotam cidades novas. Cresce e se articula o gigantesco mercado nacional.

As autoridades da Estrada de Ferro do Pacífico Norte convidam o chefe Touro Sentado para pronunciar um discurso na grande festa de inauguração. Touro Sentado chega da reserva onde os sioux sobrevivem por caridade. Sobe ao palco coberto de flores e bandeiras e se dirige ao presidente dos Estados Unidos, aos ministros e personalidades presentes e ao público em geral:

– *Odeio os brancos* – diz. – *Vocês são ladrões e mentirosos...*

O intérprete, um jovem oficial, traduz:

– Meu coração vermelho e doce vos dá as boas-vindas...

Touro Sentado interrompe o clamoroso aplauso do público:

– *Vocês nos arrancaram a terra e fizeram de nós uns párias...*

O público ovaciona, de pé, o emplumado guerreiro; e o intérprete transpira, gélido.

(224)

1884
Santiago do Chile

O MAGO DAS FINANÇAS COME CARNE DE SOLDADOS

Nossos direitos nascem da vitória, a lei suprema das nações, diz o governo vencedor.

A guerra do Pacífico, guerra do salitre, terminou. Por mar e por terra o Chile pulverizou seus inimigos. Foram incorporados ao mapa chileno os imensos desertos de Atacama e Tarapacá. O Peru perde o salitre e as esgotadas ilhas de guano. A Bolívia perde a saída para o mar e fica encurralada no coração da América do Sul.

Em Santiago do Chile celebram a vitória. Em Londres, a cobram. Sem disparar um tiro nem gastar um pêni, John Thomas North converteu-se no rei do salitre. Com dinheiro emprestado pelos bancos chilenos, North comprou por bagatela os bônus que o Estado peruano tinha entregue aos antigos proprietários das jazidas. North comprou-os assim que explodiu a guerra; e antes que a guerra terminasse, o Estado chileno teve a gentileza de reconhecer os bônus como legítimos títulos de propriedade.

(268 e 269)

1884
Huancayo

A PÁTRIA PAGA

Três anos e duzentas léguas de luta incessante percorreu o marechal Andrés Avelino Cáceres, com seus guerrilheiros índios, contra os invasores chilenos nas serras do Peru.

Os índios das comunidades chamam de *Vovô* o seu marechal, homem de costeletas marciais; e muitos morreram por segui-lo, lançando "vivas" a uma pátria que os despreza.

Também em Lima os índios foram carne de canhão e o cronista social Ricardo Palma botou a culpa da derrota *nessa raça abjeta e degradada.*

Em compensação, o marechal Cáceres afirmava até há pouco que o Peru tinha sido vencido por seus próprios comerciantes e burocratas. Até há pouco, também rejeitava o tratado de paz que amputa um bom pedaço do Peru. Agora, Cáceres mudou de ideia. Quer ser presidente. Tem que merecer. É preciso desmobilizar os índios armados, que lutaram contra os chilenos, mas também invadiram fazendas e estão ameaçando a sagrada ordem latifundiária.

O marechal convoca Tomás Laimes, chefe da guerrilha de Colca. Chega Laimes a Huancayo com mil e quinhentos índios. Vem para dizer:

– *Ordene, meu Avôzinho.*

Mas nem bem Laimes chega, e sua tropa é desarmada. Mal atravessa o umbral do quartel, cai com uma coronhada. E depois o fuzilam, vendado e sentado.

(194)

1885
Lima

"O MAL VEM DO ALTO", DIZ MANUEL GONZÁLEZ PRADA

O Peru geme sob o jugo de alguns seres privilegiados... Esses homens nos reduziriam à lâmina entre os cilindros de um trapiche, nos destilariam no tanque de um alambique, nos carbonizariam em um forno de derreter metais, se de nosso resíduo pudessem extrair um só miligrama de ouro... Eles, como terra maldita, recebem a semente e bebem a água, sem jamais produzir fruto...

Na guerra com o Chile, provaram a sua covardia, não tendo coragem nem para defender a tomada do guano e do salitre...

Fomos ultrajados, pisoteados e ensanguentados como não o foi nação alguma; mas a guerra com o Chile nada nos ensinou nem de nenhum vício nos curou.

(145)

1885
Cidade do México

"Tudo é de todos",

diz Teodoro Flores, índio mixteco, herói de três guerras.

– *Repitam!*

E os filhos repetem: *Tudo é de todos.*

Teodoro Flores defendeu o México contra os norte-americanos, os conservadores e os franceses. O presidente Juárez deu-lhe como prêmio três fazendas de boa terra. Ele não aceitou.

– *A terra, a água, os bosques, as casas, os bois, as colheitas. De todos. Repitam!*

E os filhos repetem.

Aberto ao céu, o terraço no alto da casa está quase livre do cheiro de merda e fritura, e quase em silêncio. Aqui se pode tomar a fresca e conversar, enquanto no quintal lá embaixo os homens disputam uma fêmea a facadas, alguém clama pela Virgem aos gritos e os cães uivam trazendo morte.

– *Conte-nos da serra* – pede-lhe o filho mais novo.

E o pai conta como se vive em Teotitlán do Caminho. Lá trabalham os que pedem e reparte-se com cada um o que cada um necessita. É proibido tomar-se mais do que se necessita. Isso é delito grave. Na serra castigam-se os crimes com silêncio, desprezo ou expulsão. Foi o presidente Juárez quem trouxe o sistema do cárcere, que lá ninguém conhecia. Juárez levou juízes e títulos de propriedade e mandou dividir a terra comum:

– *Mas nós não demos importância aos papéis que nos deu.*

Teodoro Flores tinha quinze anos quando aprendeu a língua castelhana. Agora quer que seus filhos se façam advogados, para defender os índios das artimanhas dos doutores. Por isso os trouxe para a capital, para essa pocilga barulhenta, para viver mal, amontoados entre malfeitores e mendigos.

– *O que Deus criou e o que o homem cria. Tudo é de todos. Repitam!*

Noite após noite, as crianças o escutam até serem derrubadas pelo sono.

– *Nascemos todos iguais, peladinhos. Somos todos irmãos. Repitam!*

(287)

1885
Colón

Prestán

A cidade de Colón nasceu há trinta anos, porque o trem que atravessa o Panamá de mar a mar necessitava de uma estação terminal. A cidade nasceu sobre os pântanos do mar do Caribe, e ofereceu febres e mosquitos, hoteizinhos e botecos e bordéis aos aventureiros que afluíram em busca do ouro da Califórnia, e miseráveis barracas aos operários chineses que estenderam a estrada de ferro e morreram de febre ou de tristeza.

Esse ano, Colón ardeu. O fogo devorou as galerias de madeira, as casas e os mercados, e Pedro Prestán levou a culpa. Prestán, mestre e doutor, quase negro, sempre exibindo chapéu de feltro e colarinho, sempre impecável nas ruas de barro, tinha estado à frente de uma insurreição popular. Mil *marines* se lançaram sobre terra panamenha, dizendo proteger a estrada de ferro e outros bens de propriedade norte-americana. Prestán, que defendeu os humilhados com alma e vida e chapéu, balança na forca.

O crime amaldiçoa Colón. Como expiação, a cidade será incendiada cada vinte anos, de agora em diante e para sempre.

(102, 151 e 324)

1886
Chivilcoy

O CIRCO

Ao amanhecer, a carroça do circo emerge da névoa, entre as frondosas árvores de Chivilcoy.

De tarde, ondulam as bandeirolas coloridas sobre a tenda.

Há um desfile triunfal pela cidade. A *Companhia Equestre Ginástica, Acrobática e de Dramas Criollos,* dos irmãos Podestá, traz uma malabarista japonesa e um cão que fala, pombas domesticadas, um menino prodígio e quatro palhaços. O programa garante que o arlequim Pepino, o 88 e a equipe de voadores *despertaram a admiração dos públicos de Londres, Paris, Viena, Filadélfia e Roma.*

Mas o prato forte que o circo oferece é *Juan Moreira,* primeiro drama *criollo* da história argentina, pantomima com duelos de versos e punhais, que conta as desgraças de um gaúcho acossado pelo milico, o juiz, o prefeito e o bodegueiro.

(34)

1886
Atlanta

A coca-cola

John Pemberton, boticário, ganhou certo prestígio por suas poções de amor e suas loções contra a calvície.

Agora inventa um remédio que alivia a dor de cabeça e cessa os enjoos. Seu novo produto é feito à base de folhas de coca, trazidas dos Andes, e nozes de cola, sementes estimulantes que vêm da África. Água, açúcar, caramelo e alguns segredos completam a fórmula.

Logo Pemberton venderá seu invento por dois mil e trezentos dólares. Está convencido de que é um bom remédio; e se arrebentaria de tanto rir, não de orgulho, se algum adivinho lhe dissesse que acaba de criar o símbolo do século que vem.

(184)

1887
Chicago

Cada primeiro de maio, serão ressuscitados

A forca espera por eles. Eram cinco, mas Lingg adiantou a sua morte fazendo explodir entre os dentes uma cápsula de dinamite. Fischer veste-se sem pressa, cantarolando "A Marselhesa". Parsons, o agitador que empregava a palavra como açoite ou faca, aperta as mãos de seus companheiros antes que os guardas as amarrem nas costas. Engel, famoso pela pontaria, pede vinho do Porto e faz todos rirem com uma piada. Spies, que tanto escreveu *pintando a anarquia como a entrada na vida,* se prepara, em silêncio, para entrar na morte.

Os espectadores, em plateia de teatro, cravam os olhos no cadafalso. *Um sinal, um ruído, o alçapão cede... Já, em dança horrível, morreram rodopiando no ar.*

José Martí escreve a crônica da execução dos anarquistas em Chicago. A classe operária do mundo os ressuscitará em cada primeiro de maio. Isso ainda não se sabe, mas Martí sempre escreve como quem ouve, onde menos se espera, o pranto de um recém-nascido.
(199)

1889
Londres

NORTH

Há vinte anos saltou ao cais de Valparaíso, olhos de pedra azul, crespas costeletas de fogo: trazia dez libras esterlinas nos bolsos e um embrulho de roupa nas costas. Em seu primeiro emprego conheceu e padeceu o salitre, nas caldeiras de uma pequena jazida em Tarapacá, e depois foi comerciante no porto de Iquique. Durante a guerra do Pacífico, enquanto chilenos, peruanos e bolivianos se estripavam a golpes de baioneta, John Thomas North praticou malabarismos que fizeram dele o dono dos campos de batalha.

Agora, North, rei do salitre, fabrica cerveja na França e cimento na Bélgica, tem bondes no Egito e serrarias na África negra e explora ouro na Austrália e diamantes no Brasil. Na Inglaterra, esse Midas de berço plebeu e dedos velozes comprou o grau de coronel do exército de Sua Majestade, dirige a loja maçônica do condado de Kent e é membro proeminente do Partido Conservador; duques, lordes e ministros se sentam à sua mesa. Vive num palácio cujas grandes portas de ferro foram arrancadas da catedral de Lima, segundo dizem, pelos soldados chilenos.

Nas vésperas de uma viagem ao Chile, North ofereceu um baile de despedida no hotel Metrópole. Acodem mil ingleses. Os salões do Metrópole brilham como sóis, e brilham os manjares e os licores. Imensos escudos de crisântemos exibem, ao centro, a letra N. Uma ovação saúda o todo-poderoso, que desce as escadarias disfarçado de Henrique VIII. No braço, leva sua mulher, vestida de duquesa; e atrás, vem a filha, de princesa persa, e o filho com roupa de cardeal Richelieu.

O correspondente de guerra do *Times* integra o amplo séquito que acompanhará North na viagem até seu reino do Chile. Turbulentas jornadas se avizinham. Lá, nos desertos conquistados a bala, North é dono do salitre e do carvão e da água e dos bancos e dos jornais e do trem de ferro; mas na cidade de Santiago há um presidente que tem o mau gosto de rejeitar presentes. Chama-se José Manuel Balmaceda. North viaja para derrubá-lo.

(269 e 270)

1889
Montevidéu

O futebol

Está fazendo setenta anos, em Londres, a rainha Vitória. No rio da Prata, o fato é celebrado aos pontapés.

As seleções de Buenos Aires e Montevidéu disputam a bola, no campinho de La Blanqueada, ante o desdenhoso olhar da rainha. No centro do palco, entre as bandeiras, ergue-se o retrato da dona dos mares e boa parte das terras do mundo.

Buenos Aires ganha por 3 a 0. Não há mortos que lamentar, embora ainda não tenha sido inventado o pênalti e arrisca a vida quem se aproxima do gol inimigo. Para fazer um gol de pertinho, é preciso investir contra uma avalanche de pernas que descem feito machados; e cada partida é uma batalha que exige ossos de aço.

O futebol é jogo de ingleses. É praticado pelos funcionários da estrada de ferro, da companhia de gás e do Banco de Londres, e pelos marinheiros de passagem; mas já uns *criollos,* infiltrados entre os artilheiros de loiros bigodões, estão demonstrando que a malícia pode ser uma arma eficaz para fuzilar goleiros.

(221)

1890
Rio da Prata

Os companheiros

Mais de cinquenta mil trabalhadores chegam cada ano ao rio da Prata, europeus que o desespero lança a essas costas: bandeiras italianas saúdam a passagem de Edmundo de Amicis pelas colônias piemontesas do litoral argentino e, nas reuniões operárias de Buenos Aires ou Montevidéu, ouvem-se discursos em espanhol, italiano, francês ou alemão.

Oito de cada dez trabalhadores ou artesãos são estrangeiros e entre eles há socialistas e anarquistas italianos, franceses da Comuna, espanhóis da primeira república e revolucionários da Alemanha e da Europa central.

Nascem greves nas margens do rio. Em Montevidéu, os condutores de bondes trabalham dezoito horas por dia e quinze os trabalhadores dos moinhos e fábricas de macarrão. Não há domingos; e um membro do governo de Buenos Aires tornou pública a sua descoberta de que a preguiça é a mãe de todos os vícios.

Em Buenos Aires celebra-se o primeiro de maio da América Latina. O orador de fundo, José Winiger, saúda em alemão os mártires de Chicago e anuncia que está próxima a hora do socialismo no mundo, enquanto homens de toga, pena, espada ou batina clamam pela expulsão dos estrangeiros inimigos da ordem. O inspirado escritor Miguel Cané redige um projeto de lei para expulsar da Argentina os agitadores vindos de longe.

(140 e 290)

1890
Buenos Aires

Os cortiços

Pobres e ricos pagam a mesma entrada no teatro Colón, quando chega o carnaval, mas transpondo a porta os braços ocupam o seu lugar e os cérebros o seu, e ninguém comete o sacrilégio de se enganar de lugar. Na pista dançam os de baixo e nos salões divertem-se os de cima.

Buenos Aires é como o seu teatro. As pessoas importantes dormem em palácios franceses de dois ou três andares, no bairro Norte, e sozinhas dormem as solteironas que preferem morrer virgens a misturar o sangue com algum estrangeiro remediado. Os que mandam enfeitam sua ascendência ou a fabricam, graças a rios de pérolas e iniciais lavradas em baixela de prata, e ostentam porcelanas da Saxônia, de Sèvres ou de Limoges, cristais de Waterford, tapeçarias de Lyon e toalhas de Bruxelas. Da vida pacata da Grande Aldeia passaram ao exibicionismo frenético da Paris da América.

Ao sul, se apertam os pobres da terra. Nos abandonados casarões coloniais de três quintais, ou em cortiços especialmente construídos, dormem, divididos em turnos, os trabalhadores vindos de Nápoles, de Vigo ou da Bessarábia. Jamais esfriam as camas, escassas no nenhum espaço invadido pelos braseiros e bacias e caixotes que fazem as vezes de berços. Não faltam as brigas nas longas filas da porta da única latrina, e o silêncio é um luxo impossível. Mas às vezes, nas noites de festa, o acordeão ou o bandolim ou a gaita trazem perdidas vozes a essas mulheres lavadeiras e costureiras, servas de patrões e de maridos, e aliviam a solidão desses homens que de sol a sol curtem couros, empacotam carne, serram madeira, varrem ruas, carregam embrulhos, erguem e pintam paredes, fazem cigarros, moem trigo e assam pão, enquanto seus filhos lustram botinas e anunciam o crime do dia.

(236 e 312)

O SOLITÁRIO

Um fogo a menos, dizem lá, nas aldeias da Galiza, quando alguém emigra.

Mas lá ele era excesso de população e aqui gostaria de não sobrar. Trabalha e aguenta e cala como uma mula, homem de poucas palavras, e em cidade alheia ocupa menos espaço que um cão.

Aqui zombam dele e o tratam com desdém, porque ele não sabe nem assinar o próprio nome e o trabalho braçal é coisa de gente inferior. Em compensação, aqui veneram quem muita soberba exibe e aplaudem o malandro capaz de depenar o mais valente com um certeiro golpe de astúcia e sorte.

Pouco pode dormir o solitário, o imigrante; mas nem bem cola as pestanas é amado pelas fadas ou bruxas em montanhas verdejantes e penhascos de névoa. Às vezes tem pesadelos. Então se afoga no rio. Não num rio qualquer, mas em certo rio de lá. Quem o atravessa, diz a fama, perde a memória.

Tangando

O tango, filho tristonho da alegre milonga, nasceu nos quintais suburbanos e nos pátios dos cortiços.

Nas duas margens do Prata, é música de má fama. É dançada em chão de terra, por operários e malandros, homens de martelo ou punhal, macho com macho se a mulher não é capaz de seguir o passo muito atrevido e quebrado ou se lhe parece coisa de putas o abraço tão corpo a corpo: o casal desliza, balança, espreguiça e floreia em cortes e filigranas.

O tango vem das toadas gaúchas do interior e vem do mar, dos cantares marinheiros. Vem dos escravos da África e dos ciganos da Andaluzia. Da Espanha trouxe o violão, da Alemanha o bandoneón e da Itália o bandolim. O cocheiro do bonde puxado a cavalo deu-lhe corneta de chifre, e o operário imigrante, sua harmônica, companheira de solidões. Com passo demorado, o tango atravessou quartéis e tabernas, picadeiros de circos ambulantes e quintais de prostíbulos da periferia. Agora os realejos passeiam o tango pelas ruas das margens de Buenos Aires e de Montevidéu, rumo ao centro, e os barcos o levam para enlouquecer Paris.

(257, 293 e 350)

1890
Hartford

Mark Twain

As mãos do novelista jogam Hank Morgan, funcionário da fábrica de armas Colt, na remota corte do rei Artur. O telefone, a bicicleta e a dinamite viajam ao tempo do mago Merlin e sir Galahad, no vale de Camelot; lá Hank Morgan edita e vende um jornal ao módico preço de dois centavos, funda uma academia militar de West Point e revela que o mundo não é um prato apoiado sobre duas colunas. Embora venha de uma sociedade que já conhece os monopólios, Hank leva aos castelos feudais a boa nova da livre competição, o livre comércio e o sufrágio livre. Em vão tenta substituir os duelos a cavalo pelo *baseball,* a monarquia hereditária pela democracia e o código de honra pelo cálculo de custos; e no final torra trinta mil ginetes ingleses de armaduras e lanças, enfrentando-os com fios elétricos já testados contra os índios dos Estados Unidos. A aventura culmina com morte total e Hank cai asfixiado pela pestilência que emana de suas vítimas.

Mark Twain termina de escrever *Um ianque na corte do rei Artur* em sua casa de Hartford. "É o meu canto de cisne", anuncia. Ele viveu sempre aos saltos, perseguindo um fugitivo milhão de dólares. Foi jornalista e explorador, agente de publicidade, mineiro de ouro, piloto de barco, especulador, inventor de pequenas máquinas, diretor de uma companhia de seguros e empresário azarado; mas, entre bancarrota e bancarrota, deu um jeito para inventar ou recordar Tom Sawyer e Huck Finn, e achou a maneira de nos convidar a todos para a balsa, junto com esse par de garotos, pelas águas do Mississípi. E o fez pela simples alegria de ir, não pela pressa de chegar.

(149 e 341)

1890
Wounded Knee

Vento de neve

O Criador não fez os índios: os cantou, os dançou.

Através dos cantos e das danças, o Criador está anunciando agora que essa terra velha e moribunda logo será arrasada pelo verdejante torvelinho da terra nova. O profeta Wovoka trouxe sua palavra do outro mundo: na terra nova ressuscitarão os búfalos e renascerão os índios mortos e uma feroz inundação afogará os brancos. Nem um único usurpador sobreviverá.

As danças e os cantos do profeta Wovoka vêm do oeste, atravessam as Montanhas Rochosas e se propagam pelas planícies. Os sioux, que foram os mais numerosos e poderosos dessas regiões, celebram a anunciação do paraíso, o fim da fome e do exílio: dançam e cantam da madrugada até o fundo de cada noite.

Quatro dias depois do Natal, os trovões da fuzilaria interrompem as cerimônias no acampamento sioux de Wounded Knee. Os soldados disparam como se fosse contra búfalos: acertam mulheres, crianças, os poucos homens. A ventania açoita os mortos e os congela sobre a neve.

(51, 91 e 230)

Canto profético dos sioux

É de trovão a nação que sou, eu disse.
É de trovão a nação que sou, eu disse.
Viverás.
Viverás.
Viverás.
Viverás.

(38)

1891
Santiago do Chile

Balmaceda

José Manuel Balmaceda quis impulsionar a indústria nacional, *viver e vestir-nos com o que é nosso*, pressentindo que a era do salitre passaria, deixando ao Chile somente remorsos. Quis aplicar estímulos e proteções semelhantes às que tinham praticado, em sua infância industrial, os Estados Unidos, a Inglaterra, a França e a Alemanha. Aumentou os salários dos trabalhadores e semeou escolas públicas pelo país. Deu ao longo corpo do Chile uma coluna vertebral de estradas e caminhos. Em seus anos de presidência, o sagrado capital britânico correu grave risco de profanação: Balmaceda quis nacionalizar as ferrovias e quis acabar com a usura dos bancos e a voracidade das empresas salitreiras.

Muito quis Balmaceda, e bastante conseguiu; porém, mais pôde o enorme orçamento que John Thomas North destina a comprar consciências e distorcer justiças. A imprensa despejou seus trovões contra o *César ébrio de poder, déspota inimigo da liberdade e hostil às empresas estrangeiras*, e não menos forte soou o clamor dos bispos e parlamentares. A sublevação militar explodiu como um eco e então correu sangue do povo.

The South American Journal anuncia o triunfo do golpe de estado: *O Chile voltará aos bons tempos de antes.* O banqueiro Eduardo Matte também celebra: *Os donos do Chile somos nós, os donos do capital e do solo. O resto é massa influenciável e vendável.*

Balmaceda se mata com um tiro.

(270)

1891
Washington

A outra América

José Martí leva dez anos vivendo nos Estados Unidos. É muito o que admira nesse país múltiplo e vigoroso, onde nada que é novo dá medo; mas também denuncia, em seus artigos, as ambições imperiais da jovem nação, a elevação da cobiça à categoria de direito divino e o atroz racismo que extermina índios, humilha negros e despreza latinos.

Ao sul do rio Bravo, diz Martí, há *outra* América, a *nossa América, terra que balbucia,* que não reconhece seu rosto completo no espelho europeu nem no norte-americano. É a pátria hispano-americana, diz, que Cuba reclama para se somar a ela, enquanto o norte a reclama para devorá-la. Os interesses de uma e outra América não coincidem. *Convém à Hispano-América* – pergunta Martí – *a união política e econômica com os Estados Unidos?* E responde: *Dois condores ou dois cordeiros se unem sem tanto perigo como um condor e um cordeiro.* No ano passado celebrou-se em Washington a primeira conferência pan-americana e, agora, Martí assiste, como delegado do Uruguai, à continuação do diálogo. *Quem diz união econômica, diz união política. O povo que compra, manda. O povo que vende, serve... O povo que quer morrer, vende a um povo só, e o que quer se salvar, a mais de um... O povo que quiser ser livre, distribua seus negócios entre países igualmente fortes. Se há de preferir algum, que prefira o que menos o necessite, o que o desdenhe menos...*

Martí consagrou sua vida a essa *outra* América: quer ressuscitar tudo que lhe mataram da conquista em diante, e quer revelá-la e rebelá-la, porque sua escondida e traída identidade não será revelada enquanto não se liberar.

– *Que falta poderá atirar-me na cara a minha grande mãe América?*

Filho de europeus, mas filho da América, cubano patriota da grande pátria, Martí sente que corre em suas veias o sangue dos feridos povos que nasceram de sementes de palmeira ou de milho e que chamavam a Via-Láctea de *caminho das almas* e a lua de *sol da noite* ou *sol adormecido*. Por isso escreve, respondendo a Sarmiento, namorado do alheio: *Não há batalha entre a civilização e a barbárie, e sim entre a falsa erudição e a natureza.*

(112 e 354)

1891
Nova York

O pensamento começa a ser nosso, acha José Martí

...Conhecer é resolver. Conhecer o país e governá-lo conforme o conhecimento é o único modo de livrá-lo de tiranias. A universidade europeia há de ceder à universidade americana. A história da América, dos incas aqui, tem que ser ensinada perfeitamente, mesmo que não se conte a dos arcontes da Grécia. Nossa Grécia é preferível à Grécia que não é nossa. É-nos mais necessária. Os políticos nacionais haverão de substituir os políticos exóticos. Enxerte-se em nossas repúblicas o mundo; mas o tronco há de ser o de nossas repúblicas. E cale-se o pedante vencido; que não há pátria na qual o homem possa ter mais orgulho que em nossas dolorosas repúblicas americanas...

Éramos uma fantasia, com calças da Inglaterra, colete parisiense, jaqueta da América do Norte e botas da Espanha... Éramos dragonas e togas, em países que vinham ao mundo com sandália nos pés e a cinta na cabeça... Nem o livro europeu, nem o livro ianque, davam a chave do enigma hispano-americano...

Os povos se põem de pé e se cumprimentam. "Como somos?", se perguntam; e uns e outros vão-se dizendo como são.

Quando aparece em Cojímar um problema, não vão buscar a solução em Dantzig. As levitas ainda são da França, mas o pensamento começa a ser da América...

(199)

1891
Guanajuato

Cantarranas, 34.
Fotografia instantânea

O artilheiro, encapuzado, se agacha e faz pontaria. A vítima, um elegante cavalheiro de Guanajuato, não sorri nem pestaneja nem respira. Não tem escapatória: às suas costas caiu o pano, frondosa paisagem de gesso pintado, e a escadaria de papelão conduz ao vazio. Cercado de flores de papel, rodeado de colunas e balaustradas de papel, o grave prócer apoia a mão no encosto de uma poltrona e com dignidade enfrenta a boca de canhão da câmara de fole.

Guanajuato inteira se deixa fuzilar no estúdio da rua Cantarranas, 34. Romualdo García fotografa os senhores de muito pergaminho e suas mulheres e seus filhos, meninos que parecem anões afundados em grandes coletes com relógio de bolso e meninas austeras como avozinhas esmagadas por chapelões cheios de sedas e fitas. Fotografa os gordos frades e os militares de gala, os de primeira comunhão e os recém-casados; e também os pobres, que vêm de longe e dão o que não têm, contanto que posem muito penteados, muito passados, exibindo as melhores prendas, diante da câmara do artista mexicano premiado em Paris.

O mago Romualdo García converte pessoas em estátuas e vende eternidade aos mortais.

(58)

1891
Purísima del Rincón

Vidas

Não aprendeu com ninguém; é por gostar que pinta. Hermenegildo Bustos recebe em espécie ou a quatro reais o retrato. O povo de Purísima del Rincón não tem fotógrafo, mas tem pintor.

Há quarenta anos, Hermenegildo retratou Leocadia López, a beleza do povoado, e o retrato ficou igualzinho a ela. Desde então, no povoado de Purísima houve enterros e casamentos com êxito, muitas serenatas e um ou outro esfaqueado nas cantinas, certa moça fugiu com o palhaço de um circo ambulante, tremeu a terra mais de uma vez e mais de uma vez mandaram da Cidade do México novo chefe político; enquanto se passavam os lentos dias e ocorriam os sóis e os aguaceirinhos, Hermenegildo Bustos ia pintando os vivos que via e os mortos dos quais se recordava.

Ele é também hortelão, fazedor de sorvete e homem de dez instrumentos. Semeia milho e feijões, em terra própria ou por encomenda, e se ocupa em tirar vermes das plantações. Faz sorvetes com a geada que recolhe das folhas do ágave; e quando afrouxa o frio faz conservas de laranja. Além disso borda bandeiras pátrias, conserta tetos que deixam a chuva passar, dirige os toques de tambor na Semana Santa, decora biombos, camas e ataúdes e com mão muito delicada pinta dona Pomposa López em ação de graças diante da Santíssima Virgem, que a arrancou do leito da morte, e dona Refúgio Segovia em retrato que destaca seus encantos, sem esquecer nem um fio dos cachos sobre a testa e copiando no pescoço o broche dourado que diz *Refugito*.

Pinta e se pinta: recém-barbeado, cabelos curtos, maçãs salientes e sobrancelhas franzidas, traje militar. E ao dorso de sua imagem escreve: *Hermenegildo Bustos, índio deste povoado de Purísima del Ricón, nasci em 13 de abril de 1832 e me retratei para ver se conseguia em 19 de junho de 1891.*

(333)

1892
Paris

O escândalo do canal

Um tribunal francês decretou a falência da Companhia do Canal do Panamá. Suspendem-se as obras e estoura o escândalo. Subitamente se evaporam as economias de milhares de camponeses e pequenos burgueses da França. A empresa que ia abrir um corte entre os oceanos – aquela passagem que os conquistadores sonharam e buscaram – cometeu uma fraude fenomenal. Divulgam-se as cifras milionárias torradas para subornar políticos e emudecer jornalistas. De Londres, Friedrich Engels escreve: *No Panamá poderia fazer-se em pedaços toda a porcaria burguesa. Fez-se o milagre de transformar o canal num abismo insondável...*

Ninguém menciona os operários panamenhos, chineses e indianos que a febre amarela e a malária exterminaram ao ritmo de setecentos mortos por cada quilômetro de canal aberto entre as montanhas.

(102, 201 e 324)

1892
San José de Costa Rica

Profecia de um jovem poeta da Nicarágua chamado Rubén Darío

O século que vem verá a maior das revoluções que ensanguentaram a terra. O peixe grande come o pequeno? Vá lá; mas logo teremos a revanche. A pobreza reina, e o trabalhador leva nos ombros a montanha de uma maldição. Nada vale, a não ser o ouro miserável. As pessoas deserdadas são o rebanho eterno para o eterno matadouro...

Não haverá força que possa conter a torrente da fatal vingança. Será preciso cantar uma nova Marselhesa que, como as trombetas de Jericó, destrua a moradia dos infames... O céu verá com temerosa alegria, entre o estrondo da catástrofe redentora, o castigo dos altivos malfeitores, a vingança suprema e terrível da miséria embriagada.

(308)

1893
Canudos

Antônio Conselheiro

Faz muito tempo que os profetas percorrem as terras candentes do Nordeste brasileiro. Anunciam que o rei Sebastião regressará da ilha das Brumas e castigará os ricos e transformará os brancos em negros e em jovens os velhos. Quando acabar o século, anunciam, o deserto será mar e o mar, deserto; e o fogo arrasará as cidades do litoral, frenéticas adoradoras do dinheiro e do pecado. Sobre as cinzas do Recife, da Bahia, do Rio e de São Paulo se erguerá uma nova Jerusalém e nela Cristo reinará mil anos. Aproxima-se a hora dos pobres, anunciam os profetas: faltam sete anos para que o céu desça à terra. Então já não existirá doença nem morte; e no novo reino terrestre e celeste toda a injustiça será reparada.

O beato Antônio Conselheiro vaga de vila em vila, fantasma esquálido e empoeirado, seguido por um coro de ladainhas. A pele é uma gasta armadura de couro; a barba, um emaranhado de sarças; a túnica, uma mortalha em farrapos. Não come nem dorme. Divide entre os infelizes as esmolas que recebe. Às mulheres, fala de costas. Nega obediência ao ímpio governo da república e na praça da aldeia de Bom Conselho atira ao fogo os editais de impostos.

Perseguido pela polícia, foge para o sertão. Com duzentos peregrinos, funda a comunidade de Canudos junto ao leito de um rio fugaz. Aqui flutua e fulgura o calor da terra. O calor não deixa que a chuva toque o solo. Brotam dos morros escalvados as primeiras casinhas de barro e palha. No meio dessa tosca terra, terra prometida, primeiro degrau rumo aos céus, Antônio Conselheiro ergue em triunfo a imagem de Cristo e anuncia o apocalipse: *Serão aniquilados os ricos, os incrédulos e as assanhadas. Serão tingidas de sangue as águas. Não haverá mais que um pastor e um só rebanho. Muitos chapéus e poucas cabeças...*

(80 e 252)

1895
Cayo Hueso

Viaja a liberdade dentro de um charuto

Dorme nunca, come pouco. José Martí reúne pessoas e dinheiro, escreve artigos e cartas, faz discursos, poemas e conferências; discute, organiza, compra armas. Mais de vinte anos de exílio não puderam apagá-lo.

Desde sempre soube que Cuba não poderia existir sem revolução. Há três anos fundou, na costa da Flórida, o Partido Revolucionário Cubano. Nasceu o partido nas fábricas de charuto de Tampa e Cayo Hueso, ao amparo dos trabalhadores cubanos desterrados que escutaram Martí em pessoa e no papel impresso.

As fabriquetas de charuto parecem universidades operárias. É tradição que alguém leia livros ou artigos enquanto os outros trabalham em silêncio, e assim os operários tabaqueiros recebem cada dia ideias e notícias e cada dia viajam pelo mundo e pela história e as assombrosas regiões da imaginação. Pela boca do *leitor*, a palavra humana dispara e penetra nas mulheres que limpam as folhas do fumo e nos homens que as torcem e armam os charutos sobre a coxa ou a mesa.

De acordo com os generais Máximo Gómez e Antonio Maceo, Martí lança a ordem de rebelião. A ordem viaja dessas fabriquetas da Flórida e chega a Cuba escondida dentro de um charuto.

(165, 200 e 242)

1895
Playitas

O desembarque

Dentro de quarenta anos, Marcos del Rosario se recordará:

– *Não agradei ao general Gómez à primeira vista. Ele me dizia: "O que é que o senhor vai buscar em Cuba? Perdeu alguma coisa por lá?".*

Marcos aplaudirá sacudindo a terra das mãos:

– *O general Gómez era um velhinho tremendo, forte, forte, e muito ágil, e falava muito alto e às vezes ficava fulo e queria engolir a gente...*

Atravessará o pomar buscando sombra:

– *Finalmente achamos um barco que nos botou perto da costa de Cuba.*

Mostrará as argolas de ferro de sua rede:

– *Estas são daquele tal bote.*

Esticado na rede, acenderá um charuto:

– *O barco nos deixou no mar e era um dia de marejada terrível...*

Dois dominicanos e quatro cubanos no bote. O temporal brinca com eles. Eles juraram que Cuba será livre.

– *Uma noite escura, não se enxergava nada...*

Aparece uma lua vermelha, luta com as nuvens. O bote luta com o mar faminto.

– *O velhinho estava na proa. Ele segurava o timão e Martí a bússola do bote. Um jato d'água arrancou o timão do general... Lutávamos com o mar que queria engolir a gente e não nos queria deixar chegar à terra de Cuba...*

Por arte de magia o bote não se transforma em pedaços contra os rochedos. O bote voa e afunda e ressurge: vira de repente, abrem-se as ondas e uma prainha aparece, uma minúscula ferradura de areia:

– *E o general Gómez saltou na praia e quando viu a terra firme, beijou a terra e cantou que nem galo.*

(259 e 286)

1895
Arroyo Hondo

Serra adentro

Sem tristeza: radiante, comemorando, Marcos del Rosario falará de Martí:

– *Quando o vi, achei que era fraco demais. E depois vi que era um homenzinho vivo, que dava um pulo aqui e caía ali...*

Martí o ensina a escrever. Martí segura a mão de Marcos, que desenha a letra A.

– *Ele tinha-se criado nos colégios e era homem sublime.*

Marcos cuida de Martí. Faz para ele bons colchões de folhas secas, traz-lhe água de coco. Os seis homens que desembarcaram em Playitas viram cem, viram mil... Marcha Martí, mochila nas costas, rifle no ombro, subindo serra e esvaziando aldeias.

– *Quando estávamos subindo os montes, carregadinhos até não mais poder, às vezes ele caía. E eu ia levantá-lo e de raspão ele me dizia: "Não, obrigado, não.". Tinha um anel feito dos grilhões que os espanhóis puseram nele quando ainda era menino.*

(286)

1895
Acampamento de Dos Ríos

O testamento de Martí

No acampamento, em mangas de camisa, Martí escreve uma carta ao mexicano Manuel Mercado, seu amigo da alma. Conta que todos os dias sua vida corre perigo, e que bem vale a pena dá-la pelo seu país e *por meu dever de impedir a tempo, com a independência de Cuba, que se estendam pelas Antilhas os Estados Unidos e caiam, com essa força a mais, sobre nossas terras da América. Tudo que fiz até hoje, e farei, é para isso. Em silêncio teve que ser...* Derramando sangue, escreve Martí, os cubanos estão impedindo *a anexação dos povos da nossa América ao Norte revolto e brutal que os despreza... Vivi no monstro e conheço suas entranhas – e minha funda é a de David.* E mais adiante: *Isto é morte ou vida, e não cabe erro.*

Depois, muda de tom. Tem outras coisas para contar: *E agora, lhe falarei de mim.* Mas a noite o para, ou talvez o pudor, nem bem começa a oferecer ao amigo as profundezas da alma. *Há afetos de tão delicada honestidade...* escreve, e isto é a última coisa que escreve.

No dia seguinte, ao meio-dia, uma bala o derruba do cavalo.

(199)

1895
Niquinohomo

Vai-se chamar Sandino

Na porta dessa casa de adobe juntam-se as pessoas, atraídas pela choradeira.

Feito aranha virada move braços e pernas o recém-nascido. Não vêm de longe os reis magos para lhe dar as boas-vindas, mas deixam-lhe presentes um lavrador, um carpinteiro e uma vendedora que passa rumo ao mercado.

A parteira oferece água de açucena para a mãe e para o menino, um bocadinho de mel, que é seu primeiro sabor do mundo.

Depois, a parteira enterra a placenta, que parece tanto com raiz, num canto do quintal. Enterra em bom lugar, onde o sol bate forte, para que se faça terra aqui em Niquinohomo.

Dentro de alguns anos, também terra se fará, terra rebelada de toda a Nicarágua, o menino que acaba de sair dessa placenta.

(8 e 317)

1896
Port-au-Prince

Disfarces

De acordo com a Constituição do Haiti, a república dos negros livres fala francês e professa a religião cristã. Envergonham-se os doutores porque, apesar de leis e castigos, o *créole* continua sendo a língua de quase todos os haitianos e quase todos continuam acreditando nos deuses do vodu, que vagam soltos por bosques e corpos.

O governo exige um juramento público dos camponeses:

– *Juro destruir todos os fetiches e objetos de superstição, se os tiver comigo ou em minha casa ou em minha terra. Juro não me rebaixar nunca a nenhuma prática supersticiosa...*

(68)

1896
Boca de Dos Ríos

Réquiem

– *Foi aqui?*

Passou um ano e Máximo Gómez vai contando a Calixto García. Os velhos guerreiros da independência de Cuba abrem caminho desde o rio Contramaestre. Atrás, vêm seus exércitos. O general Gómez conta que naquele meio-dia Martí tinha comido com vontade e depois tinha recitado uns versos, como era seu costume, e que então ouviram uns tiros seguidos de descargas cerradas. Todos correram procurando os cavalos.

– *Foi aqui?*

Chegam a um matagal, na entrada do caminho para Palo Picado.

– *Aqui* – aponta alguém.

Os homens que trazem facões limpam o pequeno espaço de terra.

– *Nunca o ouvi queixar-se nem o vi dobrar-se* – diz Gómez.

Resmungão, zangado, acrescenta:

– *Eu ordenei a ele... aconselhei a ele que ficasse.*

Um espaço de terra do tamanho de seu corpo.

O general Máximo Gómez deixa cair uma pedra. O general Calixto García atira outra pedra. E vão passando os oficiais e os soldados e se sucedem os ásperos estalos das pedras ao cair, pedras acrescentando-se a pedras, enquanto cresce o altíssimo túmulo de Martí e só se ouvem esses estalos no imenso silêncio de Cuba.

(105)

1896
Papeete

Flora Tristán

A tela, nua, imensa, se oferece e desafia. Paul Gauguin pinta, persegue, deita cores como quem se despede do mundo; e a mão, desesperada, escreve: *De onde viemos, o que somos, aonde vamos?*

Faz mais de meio século que a avó de Gauguin perguntou a mesma coisa, em um de seus livros, e morreu averiguando. A família peruana de Flora Tristán não a mencionava nunca, como se desse azar ou fosse louca ou fantasma. Quando Paul perguntava pela avó, nos distantes anos da infância em Lima, lhe respondiam:

– Vai dormir, que é tarde.

Flora Tristán tinha queimado sua vida fugaz pregando a revolução, a revolução proletária e a revolução da mulher escravizada pelo pai, o patrão e o marido. A doença e a polícia acabaram com ela. Morreu na França. Os trabalhadores de Bordéus pagaram o caixão dela, e o levaram para o cemitério em procissão.

(21)

1896
Bogotá

José Asunción Silva

Ama sua irmã Elvira, aroma de açucena, incenso de benjoim, furtivos beijos da mais pálida sílfide de Bogotá, e dedicados a ela escreve seus melhores versos. Noite após noite vai visitá-la no cemitério. Ao pé de sua tumba sente-se melhor que nos cenáculos literários.

José Asunción Silva tinha nascido vestido de negro, com uma flor na lapela. Assim viveu trinta anos, golpe após golpe, o lânguido fundador do modernismo na Colômbia. A bancarrota do pai, mercador de sedas e perfumes, tirou-lhe o pão da boca; e num naufrágio foram a pique suas obras completas.

Até altas horas discute, pela última vez, a cadência de um verso alexandrino. Da porta, lampião na mão, despede-se dos amigos. Depois, fuma seu último cigarro turco e pela última vez se entristece na frente do espelho. Nenhuma carta chega de Paris para salvá-lo. Atormentado pelos credores e pelos maldosos que o chamam de Casta Susana, o poeta desabotoa a camisa e prega o revólver na cruz de tinta que um médico amigo tinha desenhado sobre seu coração.

(319)

1896
Manaus

A árvore que chora leite

Os índios a chamam de *caucho*. Dão-lhe um talho e brota leite. Em folhas de bananeira dobradas como se fossem tigelas, o leite é recolhido e endurecido ao calor do sol ou da fumaça, enquanto a mão humana vai-lhe dando forma. Desde tempos muito antigos os índios fazem, com esse leite silvestre, tochas de fogo durador, vasilhas que não se quebram, tetos que zombam da chuva e bolas que pulam e voam.

Faz mais de um século que o rei de Portugal recebeu seringas sem êmbolo e roupas impermeáveis do Brasil; e antes o sábio francês La Condamine tinha estudado as virtudes da incrível goma que não fazia caso da lei da gravidade.

Milhares e milhares de sapatos viajaram da selva amazônica ao porto de Boston, até que há meio século Charles Goodyear e Thomas Hancock descobriram um método para que a borracha não quebrasse nem amolecesse. Então os Estados Unidos passaram a produzir cinco milhões de sapatos por ano, sapatos invulneráveis ao frio, à umidade e à neve, e grandes fábricas surgiram na Inglaterra, Alemanha e França.

E não só sapatos. A borracha multiplica produtos e cria necessidades. A vida moderna gira vertiginosamente em torno da árvore imensa que chora leite quando é ferida. Há oito anos, em Belfast, o filho de John Dunlop ganhou uma corrida de triciclos com pneumáticos que seu pai tinha inventado no lugar das rodas maciças; e no ano passado Michelin criou pneumáticos desmontáveis para os automóveis que correram entre Paris e Bordéus.

A Amazônia, selva descomunal que parecia reservada aos macacos, índios e loucos, é agora reserva de caça da United States Rubber Company, a Amazon Rubber Company e outras distantes empresas que mamam de seu leite.

(334)

1896
Manaus

Dourada idade da borracha

Sobem as cortinas, parcimoniosas, enquanto soam os primeiros acordes da ópera *La Gioconda*, de Ponchielli. É noite de muita pompa e gala e mosquitos na cidade de Manaus. Os artistas líricos italianos estão inaugurando o Teatro Amazonas, imensa nave de mármore trazida da Europa, como eles, até o coração da selva.

Manaus e Belém do Pará são as capitais da borracha no Brasil. Iquitos, na floresta peruana. As três cidades amazônicas pavimentam suas ruas com paralelepípedos europeus e alegram suas noites com moças horizontais vindas de Paris, Budapeste, Bagdá ou da selva daqui. Batutas de ouro dirigem as orquestras e os lingotes servem de peso de papéis; um ovo de galinha custa os olhos da cara. As pessoas importantíssimas bebem bebidas importadíssimas, se restabelecem nas águas termais de Vichy e enviam seus filhos para estudar em Lisboa ou Genebra, em barcos da Booth Line que percorrem as barrosas águas do rio Amazonas.

Quem trabalha nas florestas da borracha? No Brasil, os flagelados das secas do Nordeste. Daqueles desertos vêm os camponeses até esses pântanos, onde é preciso virar peixe. Em cárcere verde trancam-nos por contrato; e cedo chega a morte para salvá-los da escravidão e da espantosa solidão. No Peru, os braços são índios. Muitas tribos caem aniquiladas nessa era da borracha, que parece tão eterna.

(299, 325 e 334)

1897
Canudos

Euclides da Cunha

Durante o dia a terra fumega, flameja, se dilata. Quando cai a noite, machado de gelo, a terra tirita e se contrai: o amanhecer a encontra partida aos pedaços.

Escombros de terremotos, anota Euclides da Cunha em seu caderno. *Paisagem que parece feita para sair correndo*, anota. Percorre as rugas da terra e as curvas do rio, retorcido caminho de barro seco que os índios chamavam de *Mel Vermelho*, e em vão busca sombra entre os arbustos raquíticos. Aqui o ar faz virar pedra tudo o que toca. Um soldado descansa, de barriga para cima, com os braços abertos. Uma crosta negra mancha sua testa. Há três meses o mataram, lutando corpo a corpo, e agora é sua própria estátua.

De longe, da aldeia sagrada de Canudos, soam tiros. O monótono tiroteio leva dias, meses, alterado às vezes pelos disparos de canhão e rajadas de metralhadoras, e Euclides gostaria de entender de onde vem a força desses camponeses místicos que resistem, impávidos, ao assédio de trinta batalhões. Muitos milhares de camponeses estão-se deixando matar por devoção ao messias Antônio Conselheiro. O cronista dessa guerra santa se pergunta como podem confundir o céu com esses páramos e Jesus Cristo com esse alucinado que se salvou do manicômio por falta de vaga.

Vacilando entre o asco e a admiração, Euclides da Cunha descreve o que vê, de assombro em assombro, para os leitores de um jornal de São Paulo. Socialista à europeia, mestiço que despreza os mestiços, brasileiro envergonhado do Brasil, Euclides é um dos mais brilhantes intelectuais da república que ostenta, em sua bandeira recém-nascida, o lema *Ordem e Progresso*. Enquanto ocorre a matança, ele tenta entrar no mistério do sertão do Nordeste, terra de fanáticos onde se herdam rancores e devoções, cura-se com orações o mal triste das vacas esquálidas e se celebra com violão a morte das crianças.

(80)

1897
Canudos

Em cada morto há mais balas que ossos,

mas os últimos defensores de Canudos cantam atrás de uma enorme cruz de madeira, esperando ainda a chegada dos arcanjos.

O comandante da primeira coluna faz fotografar o arrepiante cadáver de Antônio Conselheiro, *para que se tenha certeza da sua morte*. Ele também necessita dessa certeza. Com o rabo do olho, o comandante, de uma poltrona, espia esse punhado de farrapos e ossinhos.

Desaventurados camponeses de todas as idades e cores tinham levantado uma muralha de corpos ao redor desse chaguento matusalém, inimigo da república e das cidades pecadoras. Cinco expedições militares foram necessárias: cinco mil soldados cercando Canudos, vinte canhões bombardeando dos morros, incrível guerra do trabuco laranjeiro contra a metralhadora Nordenfeldt.

As trincheiras foram reduzidas a sepulturas de pó e ainda não se rende a comunidade de Canudos, a utopia sem propriedade e sem lei onde os miseráveis dividiam a terra avara, o pouco pão, e a fé no céu imenso.

Luta-se casa a casa, palmo a palmo.

Caem os quatro últimos. Três homens, um menino.

(80)

1897
Rio de Janeiro

Machado de Assis

Os escritores brasileiros, divididos em seitas que se odeiam entre si, celebram comunhões e consagrações na Colombo e outras confeitarias e livrarias. Ali se despedem, entre perfumes de santidade, os colegas que viajam para colocar flores no túmulo de Maupassant em Paris; e nesses templos nasce, ao som de cristais, abençoada por sagrados licores, a Academia Brasileira de Letras. O primeiro presidente se chama Machado de Assis.

Ele é o grande romancista latino-americano desse século. Seus livros tiram as máscaras, com amor e humor, da alta sociedade de desocupados que ele, filho de pai mulato, conquistou e conhece como ninguém. Machado de Assis arranca a decoração de papel, falsas molduras de falsas janelas com paisagens da Europa, e pisca o olho para o leitor enquanto despe a parede de barro.

(62 e 190)

1898
Costas de Cuba

Esta fruta está para cair

Os cento e quarenta e cinco quilos do general William Shafter desembarcam nas costas orientais de Cuba. Vêm dos frios do norte, onde o general andou matando índios, e aqui se derretem dentro do sufocante uniforme de lã. Shafter manda seu corpo escada acima, para o lombo de um cavalo, e de lá olha o horizonte com uma luneta.

Ele veio para mandar. Como diz um de seus oficiais, o general Young, *os cubanos rebeldes são um montão de degenerados, não mais capazes de se autogovernar que os selvagens da África*. Quando o exército espanhol já se derruba diante do assédio implacável dos patriotas, os Estados Unidos decidem encarregar-se da liberdade de Cuba. Se entram, não haverá quem os tire – tinham advertido Martí e Maceo. Entram.

A Espanha tinha-se negado a vender essa ilha por um preço razoável e a intervenção norte-americana encontrou seu pretexto na oportuna explosão do encouraçado *Maine*, afundado em frente a Havana com seus muitos canhões e tripulantes.

O exército invasor invoca a proteção dos cidadãos norte-americanos e a salvação de seus interesses ameaçados pela arrasadora guerra e o descalabro econômico. Mas conversando em particular, os oficiais explicam que impedirão que uma república negra emerja frente às costas da Flórida.

(114)

1898
Washington

Dez mil linchamentos

Em nome dos negros dos Estados Unidos, Ida Wells denuncia ao presidente McKinley que ocorreram dez mil linchamentos nos últimos vinte anos. Se o governo não protege os cidadãos norte-americanos dentro de suas fronteiras, pergunta Ida Wells, com que direito invoca essa proteção para invadir outros países? Será que os negros não são cidadãos? Ou a Constituição só lhes garante o direito de morrer queimados?

Multidões de energúmenos, excitadas pela imprensa e pelo púlpito, arrancam os negros dos cárceres, os amarram às árvores e os queimam vivos. Depois os verdugos festejam nos bares e anunciam suas façanhas pelas ruas.

A caça aos negros usa como álibi o ultraje de mulheres brancas, num país onde a violação de uma negra por um branco é considerada normal; mas na grande maioria dos casos os negros queimados não são culpados de outro delito além da má reputação, a suspeita de roubo ou a insolência.

O presidente McKinley promete se ocupar do caso.

(12)

1898
Morro de San Juan

Teddy Roosevelt

Brandindo o chapéu, Teddy Roosevelt galopa à frente de seus *rudes ginetes*; e quando desce da colina de San Juan traz na mão, amassada, uma bandeira da Espanha. Ele levará toda a glória dessa batalha que abre caminho para Santiago de Cuba. Sobre os cubanos, que também lutaram, nenhum jornalista falará.

Teddy crê na grandeza do destino imperial e na força de seus punhos. Aprendeu a lutar boxe em Nova York, para salvar-se das surras e humilhações que sofria quando menino por ser magrela, asmático e muito míope; adulto, troca golpes com os campeões, caça leões, laça touros, escreve livros e ruge discursos. Em páginas e tribunas exalta as virtudes das raças fortes, nascidas para dominar, raças guerreiras como a dele, e proclama que, em nove de cada dez casos, não há melhor índio que o índio morto (e o décimo, diz, deve ser olhado bem de perto). Voluntário de todas as guerras, adora as supremas qualidades do soldado que na euforia da batalha sente um lobo no coração, e despreza os generais sentimentaloides que se angustiam pela perda de um par de milhares de homens.

Para liquidar num minuto a guerra de Cuba, Teddy propôs que uma esquadra norte-americana arrase Cádiz e Barcelona a tiros de canhão, mas a Espanha, extenuada por tanta guerra contra os cubanos, se rende em menos de quatro meses. Da colina de San Juan, o vitorioso Teddy Roosevelt galopa furioso rumo ao governo de Nova York e à presidência dos Estados Unidos. Esse fanático devoto de um Deus que prefere a pólvora ao incenso faz uma pausa e escreve: *Nenhum triunfo pacífico é tão grandioso como o supremo triunfo da guerra.*

Dentro de alguns anos, receberá o Prêmio Nobel da Paz.

(114 e 161)

1898
Costas de Porto Rico

Esta fruta está caindo

Ramón Emeterio Betances, longa barba branca, olhos de melancolia, agoniza em Paris, no exílio.

– *Não quero a colônia* – diz. – *Nem com a Espanha, nem com os Estados Unidos.*

Enquanto o patriarca da independência de Porto Rico se aproxima da morte, os soldados do general Miles entram cantando pelas costas de Guánica. Com o fuzil cruzado nas costas e a escova de dentes atravessada no chapéu, marcham os soldados frente ao olhar impassível dos camponeses da cana e do café.

E Eugenio María de Hostos, que também quis uma pátria, contempla as colinas de Porto Rico da coberta de um barco e sente tristeza e vergonha por vê-las passar de dono em dono.

(141 e 192)

1898
Washington

O presidente McKinley explica que os Estados Unidos devem ficar com as Ilhas Filipinas por ordem direta de Deus

Eu andava pela Casa Branca, noite após noite, até a meia-noite; e não sinto vergonha ao reconhecer que mais de uma noite caí de joelhos e supliquei luz e guia a Deus todo-poderoso. E uma noite, tarde, recebi Sua orientação – não sei como, mas recebi: primeiro, que não devemos devolver as Filipinas à Espanha, o que seria covarde e desonroso; segundo, que não devemos entregá-las à França nem à Alemanha, nossos rivais comerciais no Oriente, o que seria indigno e mau negócio; terceiro, que não devemos deixá-las aos filipinos, que não estão preparados para se autogovernar e logo sofreriam pior desordem e anarquia que no tempo da Espanha; e quarto, que não temos outra alternativa a não ser recolher todos os filipinos e educá-los e elevá-los e civilizá-los e cristianizá-los, pela graça de Deus fazer tudo que pudermos por eles, como próximos por quem Cristo também morreu. E então voltei para a cama e dormi profundamente.

(168)

1899
Nova York

Mark Twain propõe mudar a bandeira

Eu levanto minha lâmpada junto à porta de ouro. A Estátua da Liberdade dá as boas-vindas aos incontáveis peregrinos, europeus que fluem em busca da Terra Prometida, enquanto se anuncia que o centro do mundo demorou milênios para se deslocar do Eufrates até o Tâmisa, e agora se encontra no rio Hudson.

Em plena euforia imperial, os Estados Unidos celebram a conquista das ilhas do Havaí, Samoa e as Filipinas, Cuba, Porto Rico e uma ilhota que se chama, eloquentemente, dos Ladrões. O oceano Pacífico e o mar das Antilhas viraram lagos norte-americanos, e está nascendo a United Fruit Company; mas o escritor Mark Twain, velho estraga-festas, propõe que se mude a bandeira nacional: que sejam negras, diz, as listas brancas, e que umas caveiras com tíbias cruzadas substituam as estrelas.

O chefe dos sindicatos operários, Samuel Gompers, exige que se reconheça a independência de Cuba e denuncia os que atiram a liberdade aos cães na hora de escolher entre a liberdade e o lucro. Para os grandes jornais, em compensação, os cubanos que querem a independência são uns ingratos. Cuba é terra ocupada. A bandeira dos Estados Unidos, sem listas negras ou caveiras, ondula no lugar da bandeira da Espanha. As forças invasoras se duplicaram em um ano. Nas escolas ensina-se inglês; e os novos livros de história falam de Washington e Jefferson e não mencionam Maceo nem Martí. Já não existe escravidão; mas nos cafés de Havana aparecem letreiros que advertem: *Só para brancos.* O mercado é aberto, sem condições, aos capitais desejosos de açúcar e tabaco.

(114 e 224)

1899
Roma

Calamity Jane

Dizem que dorme com seus revólveres pendurados na cabeceira da cama e que ainda supera os homens no pôquer, no copo e no palavrão. Derrubou muitos, dizem, com um gancho na mandíbula, desde os tempos em que dizem que lutou ao lado do general Custer em Wyoming e, matando índios, protegeu os mineiros nas Montanhas Negras dos sioux. Dizem que dizem que cavalgou um touro na rua principal de Rapid City e que assaltou trens e que em Fort Laramie namorou o belo xerife Wild Bill Hickock, e que ele lhe deu uma filha e um cavalo, Satã, que se ajoelhava para ajudá-la a desmontar. Sempre vestiu calças compridas, dizem, e amiúde as desvestiu, e não houve nos *saloons* mulher mais generosa nem mais descarada no amor e na mentira.

Dizem. Talvez nunca tenha estado. Talvez não esteja, esta noite, na arena do Show do Oeste Selvagem, e o velho Buffalo Bill nos esteja enganando com outro de seus truques. Se não fosse pelos aplausos do público, nem a própria Calamity Jane estaria segura de que é ela essa mulher de quarenta e quatro anos, grandalhona e sem graça, que joga para cima um chapéu Stetson e o transforma em peneira.

(169)

1899
Roma

O império nascente exibe os músculos

Em cerimônia de muita pompa, Buffalo Bill recebe um relógio de ouro, coroado de diamantes, das mãos do rei da Itália.

O Show do Oeste Selvagem percorre a Europa. A conquista do oeste terminou e a conquista do mundo começou. Buffalo Bill tem às suas ordens um exército multinacional de quinhentos homens. Não só os vaqueiros trabalham no seu circo: também autênticos lanceiros do príncipe de Gales, caçadores da guarda republicana francesa, couraceiros do imperador da Alemanha, cossacos russos, ginetes árabes, charros mexicanos e gaúchos do rio da Prata. Soldados do Quinto de Cavalaria representam seu papel de vencedores, e os índios vencidos, arrancados das reservas, fazem as vezes de comparsas, repetindo suas derrotas sobre a arena do palco. Um rebanho de búfalos, raras peças de museu, acrescenta realismo aos uniformes azuis e aos capacetes de plumas. Os *rudes ginetes* de Teddy Roosevelt dramatizam para o público sua recente conquista de Cuba, e pelotões de cubanos, havaianos e filipinos rendem uma humilhada homenagem à bandeira vitoriosa.

O programa do espetáculo explica a conquista do oeste com palavras de Darwin: *É a inevitável lei da sobrevivência do mais capaz.* Em termos épicos, Buffalo Bill exalta as virtudes cívicas e militares de sua nação, que digere meio México e várias ilhas e entra agora no século vinte pisando no mundo em compasso de grande potência.

(157)

1899
Saint Louis

LONGE

Das bocas brota fogo e das cartolas, coelhos; do chifre encantado nascem cavalinhos de cristal. Um carro esmaga uma mulher deitada, que se levanta de um salto; outra, dança com uma espada cravada no ventre. Um urso enorme obedece complicadas ordens ditadas em inglês.

Convidam Jerônimo a entrar numa casinha de quatro janelas. De repente a casinha se move e sobe pelos ares. Espantado, Jerônimo aparece: lá embaixo as pessoas têm tamanho de formigas. Os guardas riem. Dão-lhe uns vidros de olhar, como aqueles que ele arrancava dos oficiais caídos na batalha. Através dos vidros, aproxima-se o distante. Jerônimo aponta para o sol e a violenta luz machuca seus olhos. Os guardas riem; e como riem, ele ri também.

Jerônimo, prisioneiro de guerra dos Estados Unidos, é uma das atrações da feira de Saint Louis. As multidões acodem para contemplar a fera domesticada. O chefe dos apaches de Arizona vende arcos e flechas, e por uns centavos posa para fotos ou desenha como pode as letras do seu nome.

(24)

1899
Rio de Janeiro

A ARTE DE CURAR MATANDO

Mãos feiticeiras brincam com o preço do café e o Brasil não tem como pagar ao London and River Plate Bank nem a outros credores muito impacientes.

É a hora do sacrifício, anuncia o ministro da Fazenda, Joaquim Murtinho. O ministro acredita nas *leis naturais* da economia, que por seleção natural condenam os débeis, ou seja, os pobres, ou seja, quase todos. Que o Estado arranque o negócio do café das mãos dos especuladores? Isso seria, se indigna Murtinho, uma violação das *leis naturais* e um perigoso passo rumo ao socialismo, espantosa peste que os trabalhadores europeus estão trazendo para o Brasil: o socialismo, diz, nega a liberdade e transforma o homem em formiga.

A indústria nacional, crê Murtinho, não é *natural*. Por pequena que seja, a indústria nacional está subtraindo mão de obra das grandes plantações e está encarecendo o preço dos braços. Murtinho, anjo da guarda da ordem latifundiária, se ocupará bem para que não paguem pela crise os donos de homens e terras que atravessaram, intactos, a abolição da escravatura e a proclamação da República. Para cumprir com os bancos ingleses e equilibrar as finanças, o ministro queima num forno todas as notas que lhe caem nas mãos, suprime tudo que é serviço público que controla e desencadeia uma chuva de impostos sobre os pobres.

Economista por vocação e médico de profissão, Murtinho realiza também interessantes experiências no campo da fisiologia. Em seu laboratório extrai massa encefálica de ratos e coelhos e decapita rãs para estudar as convulsões do corpo, que continua se movendo como se tivesse cabeça.

(75)

1900
Huanuni

Patiño

O ginete vem da desolação e pela desolação cavalga, atravessando ventos de gelo, a tranco lento sobre a nudez do planeta. Uma mula carregada de pedras segue o ginete.

O ginete passou muito tempo perfurando rochas e abrindo covas a tiros de dinamite. Ele nunca viu o mar, nem conheceu a cidade de La Paz, mas suspeita que o mundo está vivendo em plena era industrial e que a indústria come minerais até agora desprezados. Não se meteu montanha adentro buscando prata, como tantos. Buscando estanho, como ninguém, entrou até o fundo da montanha, até a alma, e o encontrou.

Simón Patiño, o ginete batido pelo frio, o mineiro castigado pela solidão e pelas dívidas, chega à aldeia de Huanuni. Nas alforjas de uma mula traz pedaços do veio de estanho mais rico do mundo. Essas pedras farão dele o rei da Bolívia.

(132)

1900
Cidade do México

Posada

Ilustra quadras e notícias. Suas folhas são vendidas nos mercados e nas portas das igrejas e onde quer que um cantador relate as profecias de Nostradamus, os alucinantes detalhes do descarrilamento do trem de Temamatla, a última aparição da Virgem de Guadalupe ou a tragédia da mulher que deu à luz quatro lagartos num bairro dessa cidade.

Por obra da mão mágica de José Guadalupe Posada, os *corridos* não deixarão nunca de correr nem os *sucedidos* de suceder. Em suas imagens continuarão para sempre afiados os punhais dos brigões e as línguas das comadres, continuará o Diabo dançando e flamejando, a Morte rindo, o *pulque* molhando os bigodes, *o desgraçado Eleutério Mirafuentes esmagando com enorme pedregulho o crânio do ancião autor de seus dias*. Uma gravura de Posada festejou esse ano a aparição do primeiro bonde elétrico nas ruas do México. Outra gravura conta, agora, que o bonde bateu num cortejo fúnebre diante do cemitério e que ocorreu tremendo esparramo de esqueletos. Por um centavo, as cópias são vendidas, impressas em papel de embrulho, com versos, para quem saiba ler e chorar.

Sua oficina é uma mistura de rolos e recipientes e zinco e tacos de madeira, tudo amontoado ao redor da prensa e debaixo de uma chuva de papéis recém-impressos e pendurados para secar. Posada trabalha da manhã à noite, gravando maravilhas: *desenhinhos*, diz. De vez em quando sai à porta para fumar um charuto de descanso, não sem antes cobrir a cabeça com uma boina e a vasta barriga com um colete de veludo escuro.

Pela porta da oficina de Posada passam todos os dias os professores da vizinha Academia de Belas-Artes. Não se aproximam nem cumprimentam, nunca.

(263 e 357)

1900
Cidade do México

Porfirio Díaz

Cresceu à sombra de Juárez. *O homem que mata chorando*, dizia Juárez.

– *Chorando, chorando, me fuzila num descuido.*

Porfirio Díaz passa um quarto de século mandando no México. Os biógrafos oficiais registram para a posteridade seus bocejos e seus provérbios. Não tomam nota quando ele diz:

– O melhor índio está a quatro metros abaixo da terra.
– Mata-os quentinhos.
– *Não me alvorocem a cavalhada.*

A *cavalhada* são os legisladores, que votam pela aprovação cabeceando de sono, e que chamam dom Porfirio de *o Único, o Indispensável, o Insubstituível*. O povo o chama de *dom Perfídio* e zomba de seus cortesãos:

– *Que horas são?*
– *Quantas o senhor quiser, senhor presidente.*

Mostra o dedo mindinho e diz: *Sinto dor em Tlaxcala*. Aponta o coração e diz: *Sinto dor em Oaxaca*. Com a mão no fígado, diz: *Michoacán está doendo*. Num minuto tem três governadores tremendo à sua frente.

Aplica-se a lei de fuga contra rebeldes e curiosos. Em plena era de *paz porfiriana*, o México progride. Os recados que antes iam de mula, cavalo ou pombo, voam agora através de setenta mil quilômetros de telégrafos. Por onde passavam as diligências, há quinze mil quilômetros de vias férreas. A nação paga suas dívidas pontualmente e fornece minerais e alimentos ao mercado mundial. Em cada latifúndio ergue-se uma fortaleza: das guaritas os guardas vigiam os índios, que não podem nem mudar de amo. Não existem escolas de economia, mas dom Porfírio governa rodeado de cientistas especializados em comprar terras no lugar exato onde passará a próxima ferrovia. Os capitais chegam dos Estados Unidos e as ideias e modas são compradas, de segunda mão, na França. A capital gosta de chamar a si própria de *Paris das Américas*, embora nas ruas ainda se vejam mais calções brancos do que calças; e a minoria levita reside em palacetes estilo Segundo Império. Os poetas batizaram de *hora verde* o entardecer, não pela luz da folhagem, mas em memória do absinto que Musset bebia.

(33 e 142)

1900
Cidade do México

OS FLORES MAGÓN

Navega o povo em rios de *pulque*, enquanto repicam os sinos e ressoam os foguetes e cintilam os punhais entre os fogos de artifício. A multidão invade a Alameda e outras ruas proibidas, zona sagrada das damas de espartilho e dos senhores de jaqueta, com a Virgem em andor. De seu alto barco de luzes, as asas da Virgem amparam e guiam.

Hoje é dia de Nossa Senhora dos Anjos, que no México dura uma semana de quermesses, e à margem da violenta alegria do povo, como que desejando merecê-la, nasce um novo jornal. Chama-se *Regeneración*. Herda os fervores e as dívidas de *El Demócrata*, fechado pela ditadura. Jesús, Ricardo e Enrique Flores Magón o escrevem, editam e vendem.

Os irmãos Flores Magón crescem sempre castigados. Desde que o pai morreu eles vêm alternando o cárcere com os estudos de Direito, os trabalhinhos de ocasião, o jornalismo brigão e as manifestações de rua, de pedradas contra tiros.

– *Tudo é de todos* – tinha-lhes dito o pai, o índio Teodoro Flores, aquela cara ossuda erguida entre as estrelas, e mil vezes lhes tinha dito: *Repitam!*

(287)

1900
Mérida de Iucatã

O HENEQUÉM

Um em cada três maias de Iucatã é escravo, refém do henequém, e escravos serão os seus filhos, que herdarão suas dívidas. As terras são vendidas com índios e tudo, mas as grandes plantações de henequém empregam métodos científicos e maquinaria moderna, recebem ordens por telégrafo e são financiadas pelos bancos de Nova York. As máquinas de raspar, movidas a vapor, desprendem as fibras; e os trens da International Harvester as deslizam até o porto chamado Progresso. Enquanto isso, os guardas trancam os índios em barracos, quando cai a noite, e ao amanhecer os arreiam, a cavalo, até as fileiras de plantas de erguidas farpas pontudas.

Com fio de sisal, fio de henequém, amarra-se tudo que existe na terra, e usa cordas de henequém tudo que é barco existente no mar. *Henequeando*, prospera Iucatã, uma das regiões mais ricas do México: em Mérida, a capital, douradas grades impedem que as mulas e os índios pisem nos jardins mal copiados de Versalhes. A carruagem do bispo é quase idêntica à que usa o papa em Roma, e de Paris chegam arquitetos que imitam castelos franceses da Idade Média, embora os heróis de agora não caminhem atrás de princesas prisioneiras e sim de índios livres.

O general Ignacio Bravo, olhos de punhal, bigode branco, boca muda, chegou a Mérida para exterminar os maias, que ainda fazem soar os tambores de guerra. Os canhões de São Benito saúdam o redentor do henequém. Na Praça de Armas, sob floridos lauréis, os amos de Iucatã oferecem ao general Bravo a espada de prata que aguarda o conquistador de Chan Santa Cruz, a cidade sagrada dos rebeldes na selva.

E depois cai, lenta pálpebra, a noite.
(273)

Do corrido mexicano do vinte e oito batalhão

Eu já vou-me embora, já vou-me embora,
vou-me embora e com prazer
porque os índios maias
estão morrendo de tanto temer.

Eu já vou-me embora, já vou-me embora,
ao outro lado do mar,
que já não tem os índios
nem caminho pra agarrar.

Eu já vou-me embora, já vou-me embora,
fica com Deus, triguenha,
porque já estão os índios maias
servindo de lenha.

Eu já vou-me embora, já vou-me embora,
pelo tempo do inverno,
porque já os índios maias
estão olhando o inferno.

(212)

1900
Tabi

A SERPENTE DE FERRO

Na frente rodam os canhões, virando barricadas e esmagando moribundos. Atrás dos canhões os soldados, índios quase todos, incendeiam os campos de milho das comunidades e disparam o Mauser de repetição contra velhas armas que se carregam pela boca. Atrás dos soldados, os peões, quase todos índios, estendem caminhos para a estrada de ferro e erguem postes para o telégrafo e a forca.

A estrada de ferro, serpente sem escamas, tem a cauda em Mérida e o longo corpo cresce até Chan Santa Cruz. A cabeça chega a Santa Maria e salta para Hobompich e de Hobompich a Tabi, dupla língua de ferro, veloz, voraz: rompendo selva, cortando terra, acossa, avança e morde; em sua marcha fulgurante vai engolindo índios livres e cagando escravos.

O santuário de Santa Cruz está condenado. Tinha nascido há meio século, parido por aquela cruzinha de caioba que apareceu na escuridão e disse:

– *Meu pai me enviou para que fale com vocês, que são terra.*

(273)

O PROFETA

Foi aqui, há mais de quatro séculos.

Deitado na esteira, de boca para cima, o sacerdote-jaguar de Iucatã escutou a mensagem dos deuses. Eles falaram com o sacerdote através do telhado, montados de pernas abertas sobre sua casa, num idioma que ninguém mais entendia.

Chilam Balam, o que era boca dos deuses, recordou o que ainda não tinha ocorrido e anunciou o que será:

– Se levantarão o pau e a pedra para a luta... Os cães morderão seus amos... Os de trono emprestado haverão de vomitar o que engoliram. Muito doce, muito saboroso foi o que engoliram, mas vomitarão tudo. Os usurpadores irão para os confins da água... Já não haverá devoradores de homens... Ao terminar a cobiça, vai se desamarrar a cara, vão se desamarrar as mãos, vão se desamarrar os pés do mundo.

(23)

(Fim do segundo volume de *Memória do Fogo*)

Fontes

1. Abreu y Gómez, Ermilo. *Canek. Historia y leyenda de un héroe maya*. México, Oasis, 1982.
2. Acevedo, Edberto Oscar. *El ciclo histórico de la revolución de mayo*. Sevilha, Escuela de Estudios Hispanoamericanos, 1957.
3. Acuña de Figueroa, Francisco. *Nuevo mosaico poético*, prólogo de Gustavo Gallinal. Montevidéu, Claudio García, 1944.
4. Adoum, Jorge Enrique. Las Galápagos: el origen de *El origen...*, e art. de Asimov, Pyke *et alii*. In: *Darwin, El Correo de la Unesco*, Paris, maio de 1982.
5. Aguirre, Nataniel. *Juan de la Rosa*. La Paz, Gisbert, 1973.
6. Ajofrín, Francisco de. *Diario de viaje*. Madri, Real Academia de la Historia, 1958.
7. Alcáraz, Ramón, *et alii*. *Apuntes para la historia de la guerra entre México y los Estados Unidos*, México, Siglo XXI, 1970.
8. Alemán Bolaños, Gustavo. *Sandino, el libertador*. México/Guatemala, Ed. del Caribe, 1951.
9. Anderson Imbert, Enrique. *Historia de la literatura hispano-americana*. México, FCE, 1974.
10. Anson, George. *Voyage autour du monde*. Amsterdam/Leipzig, Arkstée et Merkus, 1751.
11. Antonil, André João. *Cultura e opulência do Brasil por suas drogas e minas*, comentado por A. Mansuy. Paris, Université, 1968.
12. Aptheker, Herbert, org. A *documentary history of the negro people in the United States*. Nova York, Citadel, 1969.

13. Arciniegas, Germán. *Los comuneros*. México, Guarania, 1951.
14. Arnold, Mayer. *Del Plata a los Andes. Viaje por las provincias en la época de Rosas*. Buenos Aires, Huarpes, 1944.
15. Arriaga, Antonio. *La patria recobrada*. México, FCE, 1967.
16. Arzáns de Orsúa y Vela, Bartolomé. *Historia de la Villa Imperial de Potosí*. (Ed. de Lewis Hanke e Gunnar Mendoza), Providence, Brown University, 1965.
17. Astuto, Philip Louis. *Eugenio Espejo, reformador ecuatoriano de la Ilustración*. México, FCE, 1969.
18. Atl, Dr. *Las artes populares en México*. México, Instituto Nal. Indigenista, 1980.
19. Aubry, Octave. V*ie privée de Napoléon*. Paris, Tallandier, 1977.
20. Ayestarán, Lauro. *La música en el Uruguay*. Montevidéu, Sodre, 1953.
21. Baelen, Jean. Flora Tristán: *Feminismo y socialismo en el siglo XIX*. Madri, Taurus, 1974.
22. Barnet, Miguel. *Akeké y la jutía*. Havana, Unión, 1978.
23. Barrera Vásquez, Alfredo, & Rendón, Silvia, trad. e introd. *El libro de los libros de Chilam Balam*. México, FCE, 1978.
24. Barret, S. M., org. *Gerónimo, historia de su vida* (Notas de Manuel Sacristán). Barcelona, Grijalbo. 1975.
25. Barrett, William E. *La amazona*. Barcelona, Grijalbo, 1982.
26. Basadre, Jorge. *La multitud, la ciudad y el campo en la historia del Perú*. Lima, Treintaitrés y Mosca Azul, 1980.
27. Bastide, Roger. *Les religions africaines au Brésil*. Paris, Presses Universitaires, 1960.
28. _____ . *Les Amériques noires*. Paris, Payot, 1967.
29. Bazin, Germain. *Aleijadinho et la sculpture baroque au Brésil*. Paris. Du Temps, 1963.

30. Beck, Hanno. *Alexander von Humboldt*. México, FCE, 1971.
31. Benítez, Fernando. *Los indios de México*. t. 2. México, Era, 1968.
32. _____ . *Los indios de México*. t. 4. México, Era, 1972.
33. _____ . *El porfirismo. Lázaro Cárdenas y la revolución mexicana*. México, FCE, 1977.
34. Benítez, Rubén A. *Una histórica función de circo*. Buenos Aires Universidad, 1956.
35. Bermúdez, Oscar. *Historia del salitre, desde sus orígenes hasta la guerra del Pacifco*. Santiago de Chile, Universidad, 1963.
36. Bermúdez Bermúdez, Arturo. *Materiales para la historia de Santa Marta*. Bogotá, Banco Central Hipotecario, 1981.
37. Beyhaut, Gustavo. *America centrale e meridionale. Dall'indipendenza alla crisi attuale*. Roma, Feltrinelli, 1968.
38. Bierhorst, John. *In the trail of the wind. American indian poems and ritual orations*. Nova York, Farrar, Straus and Giroux, 1973.
39. Bilbao, Fancisco. *La revolución en Chile y los mensajes del proscripto*. Lima, Imprenta del Comercio, 1853.
40. Bolívar, Simón. *Documentos* (Selección de Manuel Galich). Havana, Casa de las Américas, 1975.
41. Boorstin, Daniel J. *The lost world of Thomas Jefferson*. Chicago, University of Chicago, 1981.
42. Bonilla, Heraclio *et alii*. *La independencia del Perú*. Lima, Instituto de Estudios Peruanos, 1981.
43. _____ . *Nueva historia general del Perú*. Lima, Mosca Azul, 1980.
44. Bonilla, Heraclio. *Guano y burguesía en el Perú*. Lima, Instituto de Estudios Peruanos, 1974.

45. _____ . *Un siglo a la deriva. Ensayos sobre el Perú, Bolivia y la guerra*. Lima, Instituto de Estudios Peruanos, 1980.
46. Botting, Douglas. *Humboldt and the Cosmos*. Londres, Sphere.
47. Box, Pelham Horton. *Los orígines de la guerra de la Triple Alianza*. Buenos Aires/Assunção, Nizza, 1958.
48. Boxer, C. R. *The golden age of Brazil (1695/1750)*. Berkeley, University of California, 1969.
49. Brading. D. A. *Mineros y comerciantes en el México borbónico (1763/1810)*. México, FCE, 1975.
50. Brooke, Frances. *The history of Emily Montague*. Toronto, McClelland and Stewart, 1961.
51. Brown, Dee. *Bury my heart at Wounded Knee. An indian history of the american West*. Nova York, Holt, Rinehart and Winston, 1971.
52. Brunet, Michel. *Les canadiens après la conquête (1759/1775)*. Montréal, Fides, 1980.
53. Busaniche, José Luis. *Bolívar visto por sus contemporáneos*. México, FCE, 1981.
54. _____ . *San Martín vivo*. Buenos Aires, Emecé, 1950.
55. _____ . *Historia argentina*. Buenos Aires, Solar/Hachette, 1973.
56. Cabrera, Lydia. *El monte*. Havana, CR, 1954.
57. Calderón de la Barca, Frances Erskine de. *La vida en México durante una residencia de dos anos en ese país*. México, Porrúa, 1959.
58. Canales, Claudia. Romualdo García. *Un fotógrafo, una ciudad, una época*. Guanajuato, Governo do Estado, 1980.
59. Cardoza y Aragón, Luis. *Guatemala: las líneas de su mano*. México, FCE, 1965.
60. Cardozo, Efraím. *Breve historia del Paraguay*. Buenos Aires, Eudeba, 1965.

61. _____ . Hace cien anos. *Crónicas de la guerra de 1864/1870*. Assunção, Emasa, 1967/1976.
62. Carlos, Lasinha Luís. *A Colombo na vida do Rio*. Rio de Janeiro, s. ed., 1970.
63. Carpentier, Alejo. *El reino de este mundo*. Barcelona, Seix Barral, 1975.
64. Carrera Damas. Germán. *Bolívar*. Montevidéu, Marcha, 1974.
65. Carvalho-Neto, Paulo de. *El folklore de las luchas sociales*. México, Siglo XXI, 1973.
66. _____ . *Contribución al estudio de los negros paraguayos de Acampamento Loma*, in *América Latina*, Rio de Janeiro, Centro Latino-americano de Pesquisas em Ciências Sociais, jan./jun. 1962.
67. Casarrubias, Vicente. *Rebeliones indígenas en la Nueva Espana*. México, Secretaria de Educação Pública, 1945.
68. Casimir, Jean. *La cultura oprimida*. México, Nueva Imagem, 1980.
69. Catton, Bruee. *Reflections on the Civil War*. Nova York, Berkele, 1982.
70. _____ . *Short history of the Civil War*. Nova York, Dell, 1976.
71. Césaire, Aimé. *Toussaint Louverture*. Havana, Instituto del Libro 1967.
72. Clastres, Hélène. *La terre sans mal. Le prophétisme tupi-guarani*. Paris, Seuil, 1975.
73. Clavijero, Francisco Javier. *Historia antigua de México*. México Editora México, 1958.
74. Conrad, Robert. *Os últimos anos da escravatura no Brasil*. Rio de Janeiro, Civilização Brasileira, 1975.
75. Corrêa Filho, Virgilio. *Joaquim Murtinho*. Rio de Janeiro, Imprensa Nacional, 1951.
76. Cortesão, Jaime. *Do Tratado de Madri à conquista dos Sete Povos*. Rio de Janeiro, Biblioteca Nacional, 1969.

77. Coughtry, Jay. *The notorious triangle. Rhode Island and the african slave trade, 1700/1807*. Filadélfia, Temple, 1981.
78. Craton, Michael. *Testing the chains. Resistance to slavery in the British West Indies*. Ithaca, Cornell University, 1982.
79. Crowther, J. G. *Benjamin Franklin y J. Willard Gibbs*. Buenos Aires, Espasa-Calpe, 1946.
80. Cunha, Euclides da. *Os sertões*. São Paulo, Alves, 1936.
81. Current, Richard N. *The Lincoln nobody knows*. Nova York, Hill and Wang, 1981.
82. Cháves, Julio César. *El Supremo Dictador*. Buenos Aires, Difusam, 1942.
83. _____ . *El presidente López. Vida y gobierno de don Carlos*. Buenos Aires, Ayacucho, 1955.
84. _____ . *Castelli, el adalid de Mayo*. Buenos Aires, Ayacucho, 1944.
85. Daireaux, Max. *Melgarejo*. Buenos Aires, Andina, 1966.
86. Dallas, Robert Charles. *Historia de los cimarrones*. Havana, Casa de las Américas, 1980.
87. Dalton, Roque. *Las historias proibidas del Pulgarcito*. México, Siglo XXI, 1974.
88. Darwin, Charles. *Mi viaje alrededor del mundo*. València, Sampere, s/f.
89. Davidson, Basil. *Black mother: Africa and the atlantic slave trade*. Londres, Pelican, 1980.
90. Debien, Gabriel. *Le marronage aux Antilles Françaises au XVIIIe. siècle, in Caribbean Studies*. v. 6, n. 3. Río Piedras, Institute of Caribbean Studies, out. 1966.
91. Debo, Angie. *A history of the indians of the United States*. Oklahoma, University of Oklahoma, 1979.
92. Defoe, Daniel. *Aventuras de Robinson Crusoé*. México, Porrúa 1975.

93. Descola, Jean. *La vida cotidiana en el Perú en tiempos de los espanoles (1710/1820)*. Buenos Aires, Hachette, 1962.
94. Díaz, Lilia. El liberalismo militante. *In Historia general de México*. México, El Colegio de México, 1977.
95. Doucet, Louis. *Quand les français cherchaient fortune aux Caraïbes*. Paris, Fayard, 1981.
96. Douville, Raymond, & Casanova, Jacques-Donat. *La vie quotidienne en Nouvelle-France. Le Canada, de Champlain a Montcalm*. Paris, Hachette, 1964.
97. _____ . *Des indiens du Canada a l'époque de la colonisation française*. Paris, Hachette, 1967.
98. Duchet, Michèle. *Antropología e historia en el Siglo de las Luces*. México, Siglo XXI, 1975.
99. Dugran, J. H. *Edgar A. Poe*. Buenos Aires, Lautaro, 1944.
100. Dujovne, Marta, con Augusto Roa Bastos *et alii*. *Cándido López*. Parma, Ricci, 1976.
101. Dumas, Alejandro. *Montevideo o una nueva Troya*. Montevidéu. Claudio García, 1941.
102. Duval Jr., Miles P. *De Cádiz a Catay*. Panamá, Editorial Universitaria, 1973.
103. Echagüe, J. P. *Tradiciones, leyendas y cuentos argentinos*. Buenos Aires, Espasa-Calpe, 1960.
104. Echeverria, Esteban. *La cautiva/El matadero*. Prólogo de Juan Carlos Pellegrini. Buenos Aires, Huemul, 1964.
105. Escalante Beatón, Aníbal. *Calixto García. Su campaña en el 95*. Havana, Ciencias Sociales, 1978.
106. Eyzaguirre, Jaime. *Historia de Chile*. Santiago de Chile, Zig-Zag, 1977.
107. _____ .*Chile y Bolivia. Esquema de un proceso diplomático*. Santiago de Chile, Zig-Zag, 1963.
108. Fals Borda, Orlando. *Historia doble de la costa*. Bogotá, Carlos Valencia, 1980/1981.

109. Faria, Alberto de. *Irineu Evangelista de Souza, barão e visconde de Mauá, 1813/1889*. São Paulo, Nacional, 1946.
110. Felce, Emma, & Benarós, Léon, selección. *Los caudillos del año 20*, Buenos Aires, Nova, 1944.
111. Fernández de Lizardi, José Joaquín. *El Periquillo Sarniento*. Buenos Aires, Maucci s.d.
112. Fernández Retamar, Roberto. *Introducción a José Martí*. Havana, Casa de las Américas, 1978.
113. Fohlen, Claude. *La vie quotidienne au Far West*. Paris, Hachette, 1974.
114. Foner, Philip S. *La guerra hispano-cubano-norteamericana y el surgimiento del imperialismo yanqui*. Havana, Ciencias Sociales, 1978.
115. Escalante Beatón, Aníbal. *Calixto García. Su campana en el 95*. Havana Academia de Ciências, 1966.
116. Frank, Waldo. *Nacimiento de um mundo. Bolívar dentro del marco de sus propios pueblos*. Havana, Instituto del Libro, 1967.
117. Freitas, Décio. *O socialismo missioneiro*. Porto Alegre, Movimento, 1982.
118. Freitas, Newton. *El Aleijadinho*. Buenos Aires, Nova, 1944.
119. Freyre, Gilberto. *Sobrados e mucambos*. Rio de Janeiro, José Olympio, 1951.
120. Friedemann, Nina S. de & Cross, Richard. *Ma Ngomber Guerreros y ganaderos en Palenque*. Bogotá, Carlos Valencia, 1979.
121. Friedemann, Nina S. de & Arocha, Jaime. *Herederos del jaguar y la anaconda*. Bogotá, Carlos Valencia, 1982.
122. Frieiro, Eduardo. *Feijão, água e couve*. Belo Horizonte, Itatiaia, 1982.
123. Frota, Lélia Coelho. *Ataíde*. Rio de Janeiro, Nova Fronteira, 1982.

124. Furst, Peter T. & Nahmad, Salomón. *Mitos y arte huicholes*. México, Sep/Setentas, 1972.

125. Fusco Sansone, Nicolás. *Vida y obras de Bartolomé Hidalgo*. Buenos Aires, s. ed. 1952.

126. Gantier, Joaquín. *Doña Juana Azurduy de Padilla*. La Paz, Icthus, 1973.

127. García Cantú, Gastón. *Utopías mexicanas*. México, FCE, 1978.

128. _____ . *Las invasiones norte-americanas em México*. México, Era, 1974.

129. _____ . *El socialismo en México, siglo XIX*. México, Era, 1974.

130. Garraty, John A., & Gay, Peter. *Columbia history of the world*. Nova York, Harper and Row, 1972.

131. Garrett, Pat. *La verdadera historia de Billy the Kid*. México, Premiá, 1981.

132. Geddes, Charles F. *Patiño, the tin king*. Londres, Hale, 1972.

133. Gendrop, Paul. La escultura clásica maya. In *Artes de México*, n. 167, México.

134. Gerbi, Antonello. *La disputa del Nuevo Mundo*. México, FCE, 1960.

135. Gibson, Charles. *Los aztecas bajo el dominio espanol (1519/1810)*. México, Siglo XXI, 1977.

136. Girod, François. *La vie quotidienne de la société créole (SaintDomingue au 18e. siècle)*. Paris, Hachette, 1972.

137. Gisbert, Teresa. *Iconografa y mitos indígenas en el arte*. La Paz, Gisbert, 1980.

138. Gisbert, Teresa & Mesa, José de. *Historia de la pintura cuzqueña*. Lima, Banco Wiese, 1982.

139. Gisler, Antoine. *L'esclavage aux Antilles françaises (XVIIe/XIXe. siècle)*. Paris, Karthala, 1981.

140. Godio, Julio. *Historia del movimiento obrero latino americano*. México, Nueva Imagen, 1980.

141. González, José Luis. *La llegada*. San Juan, Mortiz/Huracán, 1980.
142. González, Luis. El liberalismo triunfante. In *Historia general de México*. México, El Colegio de México, 1977.
143. González, Luis *et alii*. *La economía mexicana en la época de Juárez*. México, Secretaría de Industria y Comercio, 1972.
144. González Navarro, Moisés. *Raza y tierra. La guerra de castas y el henequén*. México, El Colegio de México, 1979.
145. González Prada, Manuel. *Horas de lucha*. Lima, Universo, 1972.
146. González Sánchez, Isabel. Sistemas de trabajo, salarios y situación de los trabajadores agricolas (1750/1810). In *La clase obrera en la historia de México. 1. De la colonia al imperio*. México, Siglo XXI, 1980.
147. Granada. Daniel. *Supersticiones del río de la Plata*. Buenos Aires, Kraft, 1947.
148. Gredilla, A. Federico. *Biografia de José Celestino Mutis y sus observaciones sobre las vigilias y sueños de algunas plantas*. Bogotá, Plaza y Janés, 1982.
149. Green, Martins. *Dreams of adventure, deeds of Empire*. Nova York, Basic Books, 1979.
150. Grigulévich, José. *Francisco de Miranda y la lucha por la liberación de la América Latina*. Havana, Casa de las Américas, 1978.
151. Griswold, C. D. *El istmo de Panamá y lo que vi en él*. Panamá, Ed. Universitaria, 1974.
152. Guasch, Antonio. *Diccionario castellano-guaraní y guarani-castellano*, Sevilha, Loyola, 1961.
153. Guerrero Guerrero, Raúl. *El pulque*. México, Instituto Nal. de Antropología e Historia, 1980.
154. Guier, Enrique. *William Walker*. São José da Costa Rica. s. ed., 1971.
155. Guiteras Holmes, Cali. *Los peligros del alma. Vision del mundo de un tzotzil*. México, FCE, 1965.

156. Guy, Christian. *Almanach historique de la gastronomie française.* Paris, Hachette, 1981.
157. Hassarick, Peter H., *et alii. Buffalo Bill and the Wild West.* Nova York, The Brooklyn Museum, 1981.
158. Hernández, José. *Martín Fierro.* Buenos Aires, Eudeba, 1963.
159. Hernández Matos, Román. *Micaela Bastidas, la precursora.* Lima, Atlas, 1981.
160. Herrera Luque, Francisco. *Boves, el Urogallo.* Caracas, Fuentes, 1973.
161. Hofstadter, Richard. *The american political tradition.* Nova York, Knopf, 1948.
162. Huberman, Leo. *We, the people. The drama of America.* Nova York, Monthly Review Press, 1970.
163. Humboldt, Alejandro de. *Ensayo político sobre el reino de la Nueva España,* México, Porrúa, 1973.
164. Ibáñez Fonseca, Rodrigo, *et alli. Literatura de Colombia aborigen.* Bogotá, Instituto Colombiano de Cultura, 1978.
165. Ibarra, Jorge. *José Martí, dirigente político e ideólogo revolucionário.* Havana, Ciencias Sociales, 1980.
166. Irazusta, Julio. *Ensayo sobre Rosas.* Buenos Aires, Tor, 1935.
167. Isaacs, Jorge. *María.* Introd. de Germán Arciniegas. Barcelona, Círculo de Lectores, 1975.
168. Jacobs, Paul, Landau, Saul & Pell, Eve. *To serve the Devil. A documentary analysis of America's racial history and why it has been kept hidden.* Nova York, Random, 1971.
169. Jane, Calamity. *Cartas a la hija (1877/1902).* Barcelona, Anagrama, 1982.
170. Juan, Jorge, & Ulloa, Antonio de. *Noticias secretas de América.* Caracas, Ayacucho, 1979.
171. Kaufmann, William W. *British policy and the independence of Latin America (1804/1828).* Yale, Archon, 1967.

172. Klein, Herbert S. *Bolivia. The evolution of a multiethnic society* Nova York/Oxford, Oxford University Press, 1982.
173. Kom, Anton de. *Nosotros, esclavos de Surinam*. Havana, Casa de las Américas, 1981.
174. Konetzke, Richard. *Colección de documentos para la historia de la formación social de Hispanoamérica*. Madri, Consejo Superior de Investigaciones Científicas, 1962.
175. Kossok, Manfred. *El virreynato del río de la Plata. Su estructura económico-social*. Buenos Aires, Futuro, 1959.
176. Lacourasière, J., Provencher, J. & Vaugeois, D. *Canada/Quebec. Synthése historique*. Montreal, Renouveau Pédagogique, 1978.
177. Lafargue, Pablo. *Textos escogidos*. Sel. e introd. de Salvador Morales. Havana, Ciencias Sociales, 1976.
178. Lafaye, Jacques. *Quetzalcóatl y Guadalupe. La formación de la conciencia nacional en México*. México, FCE, 1977.
179. Lanuza, José Luis. *Coplas y cantares argentinos*. Buenos Aires, Emécé, 1952.
180. Lara, Oruno. *La Guadeloupe dans l'histoire*. Paris, L'Harmattan, 1979.
181. Lautréamont, Conde de. *Oeuvres complètes*, prólogo de Maurice Saillet. Paris, Librairie Générale Française, 1963; *Obras completas*, prólogo de Aldo Pellegrini. Buenos Aires, Argonauta, 1964.
182. Laval, Ramón. *Oraciones, ensalmos y conjuros del pueblo chileno*. Santiago de Chile, 1910.
183. Lewin, Boleslao. *La rebelión de Túpac Amaru y los orígenes de la emancipación americana*. Buenos Aires, Hachette, 1957.
184. Liedtke, Klaus. Coca-Cola über alles. In *El País*. Madri, 30 jul. 1978.
185. Liévano Aguirre, Indalecio. *Los grandes conflictos sociales y económicos de nuestra historia*. Bogotá, Tercer Mundo, 1964.

186. Lima, Heitor Ferreira. Os primeiros empréstimos externos. In *Ensaios de Opinião*, n. 1/2, Rio de Janeiro, 1975.
187. López Cámara, Francisco. *La estructura económica y social de México en la época de la Reforma*. México, Siglo XXI, 1967.
188. Ludwig, Emil. *Lincoln*. Barcelona, Juventud, 1969.
189. Lugon, Clovis. *A república "comunista" cristã dos guaranis (1610/1768)*. Rio de Janeiro, Paz e Terra, 1977.
190. Machado de Assis. *Obras completas*. Rio de Janeiro, Jackson, 1961.
191. Madariaga, Salvador de. *El auge y el ocaso del imperio español en América*. Madri, Espasa-Calpe, 1979.
192. Maldonado Denis, Manuel. *Puerto Rico: una interpretación histórico-social*. México, Siglo XXI, 1978.
193. Mannix, Daniel P., & Cowley, M. *Historia de la trata de negros*. Madri, Alianza, 1970.
194. Manrique, Nelson. *Las guerrillas indígenas en la guerra con Chile*. Lima, CIC, 1981.
195. María, Isidoro de. *Montevideo antiguo. Tradiciones y recuerdos*. Montevidéu, Ministerio de Educación y Cultura, 1976.
196. Marmier, Xavier. *Buenos Aires y Montevideo en 1850*. Buenos Aires, El Ateneo, 1948.
197. Marmolejo, Lucio. *Efemérides guanajuatenses*. Guanajuato, Universidad, 1973.
198. Marriott, Alice, & Rachlin, Carol K. *American indian mythology*. Nova York, Mentor, 1972.
199. Martí, José. *Letras feras*. Sel. e pról. de Roberto Fernández Retamar. Havana, Letras Cubanas, 1981.
200. Martínez Estrada, Ezequiel. *Marti: el héroe y su acción revolucionaria*. México, Siglo XXI, 1972.
201. Marx, Karl, & Angels, Friedrich. *Materiales para la historia de América Latina*. Sel. e coment. de Pedro Scarón. México, Pasado y Presente, 1979.

202. Masur, Gerhard. *Simón Bolívar*. México, Grijalbo, 1960.

203. Matute, Álvaro. *México en el siglo XIX. Fuentes e interpretaciones, históricas* (antologia). México, UNAM, 1973.

204. Mauro, Frédéric. *La vie quotidienne au Brésil au temps de Pedro Segundo (1831/1889)*. Paris, Hachette, 1980.

205. Maxwell, Kenneth. *A devassa da devassa. A Inconfidência Mineira, Brasil-Portugal, 1750/1808*. Rio de Janeiro, Paz e Terra, 1978.

206. McLuhan, T. C., comp. *Touch the earth. A selfportrait of indian existence*. Nova York, Simon and Schuster, 1971.

207. Medina Castro, Manuel. *Estados Unidos y América Latina, siglo XIX*. Havana, Casa de las Américas, 1968.

208. Mejía Duque, Jaime. *Isaacs y Maria*. Bogotá, La Carreta, 1979.

209. Mello e Souza, Laura de. *Desclassificados do ouro; a pobreza mineira no século XVIII*. Rio de Janeiro, Graal, 1982.

210. Meltzer, Milton, comp. *In their own words. A history of the american negro (1619/1865)*. Nova York, Crowell, 1964.

211. Melville, Herman. *Moby Dick*. Trad. de José Maria Valverde. Barcelona, Bruguera, 1982.

212. Mendoza, Vicente T., *El corrido mexicano*. México, FCE, 1976.

213. Mercader, Martha. *Juanamanuela, mucha mujer*. Buenos Aires, Sudamericana, 1982.

214. Mercado Luna, Ricardo. *Los coroneles de Mitre*. Buenos Aires, Plus Ultra, 1974.

215. Mesa, José de & Gisbert, Teresa. *Holguín y la pintura virreinal en Bolivia*. La Paz, Juventud, 1977.

216. Mir, Pedro. *El gran incendio*. Santo Domingo, Taller, 1974.

217. Miranda, José. *Humboldt y México*. México, UNAM 1962.
218. Mitchell, Lee Clark. *Witnesses to a vanishing América. The nineteenth century response*. Princeton, Princeton University, 1981.
219. Molina, Enrique. *Una sombra donde sueña Camila O'Gonzaga*. Barcelona, Seix-Barral, 1982.
220. Montes, Arturo Humberto. *Morazán y la federación centro americana*. México, Libro Mex, 1958.
221. Morales, Franklin. Los albores del fútbol uruguayo. In *Cien años de fútbol*. Montevideo, Editores Reunidos, nov., n.1. 1969
222. Moreno Fraginals, Manuel. *El ingenio*. Havana, Ciencias Sociales, 1978.
223. Morin, Claude. *Michoacán en la Nueva Espana del siglo XVIII. Crecimiento y desigualdad en una economia colonial*. México, FCE, 1979.
224. Morison, Samuel Eliot; Commager, Henry Steele & Leuchtenburg, W. E. *Breve historia de los Estados Unidos*. México, FCE, 1980.
225. Mörner, Magnus. *La mezcla de razas en la historia de América Latina*. Buenos Aires, Paidós, 1969.
226. Mousnier, Roland, & Labrousse, Ernest. *Historia general de las civilizaciones. El Siglo XVIII*. Barcelona, Destino, 1967.
227. Muñoz, Rafael F. Santa Anna. *El que todo lo ganó y todo lo perdió*. Madri, Espasa-Calpe, 1936.
228. Museo Nacional de Culturas Populares. *El maíz, fundamento de la cultura popular mexicana*. México, SEP, 1982; *Nuestro maíz. Treinta monografias populares*. México, SEP, 1982.
229. Nabokov, Peter. *Native american testimony. An anthology of indian and white relations: First encounter to dispossession*. Nova York, Harper and Row, 1978.

230. Neihardt, John G. *Black Elk speaks*. Nova York, Washington Square, 1972.

231. Nevins, Allan. *John D. Rockefeller: the heroic age of american business*. Nova York, 1940.

232. Nimuendajú, Curt. *Los mitos de creación y de destrucción del mundo*. Lima, Centro Amazónico de Antropología, 1978.

233. Nino, Bernardino de. *Etnografia chiriguana*. La Paz, Argote, 1912.

234. Núñez, Jorge. *El mito de la independencia*. Quito, Universidad, 1976.

235. Ocampo López, Javier *et alii*. *Manual de historia de Colombia*. Bogotá, Instituto Colombiano de Cultura, 1982.

236. Oddone, Juan Antonio. *La formación del Uruguay moderno. La inmigración y el desarrollo económico-social*. Buenos Aires, Eudeba, 1966.

237. O'Kelly, James J. *La tierra del mambí*. Havana, Instituto del Libro, 1968.

238. O'Leary, Daniel Florencio. *Memorias*. Madri, América, 1919.

239. Ortega Peña, Rodolfo, & Duhalde, Eduardo. *Felipe Varela contra el Imperio británico*. Buenos Aires, Peña Lillo, 1966.

240. Ortiz, Fernando. *Los negros esclavos*. Havana, Ciencias Sociales, 1975.

241. _____ . *Los bailes y el teatro de los negros en el folklore de Cuba*. Havana, Letras Cubanas, 1981.

242. _____ . *Contrapunteo cubano del tabaco y el azúcar*. Havana, Consejo Nacional de Cultura, 1963.

243. Paine, Thomas. *Complete writings*. Nova York, Citadel, 1945.

244. Palacio, Ernesto. *Historia de la Argentina (1515/1943)*. Buenos Aires, Peña Lillo, 1975.

245. Palma, Ricardo. *Tradiciones peruanas.* Lima, Peisa, 1969.
246. Palma de Feuillet, Milagros. *El cóndor: dimensión mítica del ave sagrada.* Bogotá, Caja Agraria, 1982.
247. Paredes M. Rigoberto. *Mitos, supersticiones y supervivencias populares de Bolivia.* La Paz, Burgos, 1973.
248. Paredes-Candia, Antonio. *Leyendas de Bolivia.* La Paz/Cochabamba, Amigos del Libro, 1975.
249. Pareja Diezcanseco, Alfredo. *Historia del Ecuador.* Quito, Casa de la Cultura Ecuatoriana, 1958.
250. Parienté, Henriette, & Ternant, Geneviève de. *La fabuleuse histoire de la cuisine française.* Paris, Odil, 1981.
251. Pereda Valdés, Ildefonso. *El negro en el Uruguay. Pasado y presente.* Montevidéu, Instituto Histórico y Geográfico, 1965.
252. Pereira de Queiroz, María Isaura. *Historia y etnologia de los movimientos mesiánicos.* México, Siglo XXI, 1978.
253. Pereyra, Carlos. *Historia de América española.* Madri, Calleja, 1924.
254. _____ . *Solano Lopez y su drama.* Buenos Aires, Patria Grande, 1962.
255. Pérez Acosta, Juan F. *Francia y Bonpland.* Buenos Aires, Peuser 1942.
256. Pérez Rosales, Vicente. *Recuerdos del pasado.* Havana, Casa de las Américas, 1972.
257. Petit de Murat, Ulyses. *Presencia viva del tango.* Buenos Aires, Reader's Digest, 1968.
258. Pichardo, Hortensia. *Documentos para la historia de Cuba.* Havana, Ciencias Sociales, 1973.
259. Plath, Oreste. *Geografia del mito y la leyenda chilenos.* Santiago de Chile, Nascimento, 1973.
260. Poe, Edgar Allan. *Selected prose and poetry*, prólogo de W. H. Auden. Nova York, Rinehart, 1950.
261. Ponce de León, Salvador. *Guanajuato en el arte, en la historia y en la leyenda.* Guanajuato, Universidad, 1973.

262. Portuondo, José A., sele. e pról. *El pensamiento vivo de Maceo*. Havana, Ciencias Sociales, 1971.

263. Posada, José Guadalupe. *La vida mexicana*. México, Fondo Editorial de la Plástica Mexicana, 1963.

264. Price, Richard, comp. *Sociedades cimarronas*. México, Siglo XXI, 1981.

265. Price-Mars, Jean. *Así habló el Tío*. Havana, Casa de las Américas, 1968.

266. Prieto, Guillermo. *Memorias de mis tiempos*. México, Patria, 1964.

267. Puiggrós, Rodolfo. *La época de Mariano Moreno*. Buenos Aires, Partenón, 1949.

268. Querejazu Calvo, Roberto. *Guano, salitre, sangre. Historia de la guerra del Pacífico*. La Paz/Cochabamba, Amigos del Libro, 1979.

269. Ramírez Necochea, Hernán. *Historia del imperialismo en Chile*. Havana, Revolucionaria, 1966.

270. _____. *Balmaceda y la contrarrevolución de 1891*. Santiago de Chile, Universitaria, 1958.

271. Ramos, Jorge Abelardo. *Revolución y contrarrevolución en la Argentina*. Buenos Aires, Plus Ultra, 1965.

272. Ramos, Juan P. *Historia de la instrucción primaria en la Argentina*. Buenos Aires, Peuser, 1910.

273. Reed, Nelson. *La Guerra de Castas de Yucatán*. México, Era, 1971.

274. Reina, Leticia. *Las rebeliones campesinas en México (1819/1906)*. México, Siglo XXI, 1980.

275. Renault, Delso. *O Rio antigo nos anúncios de jornais*. Rio de Janeiro, José Olympio, 1969.

276. Revista *Signos*. Santa Clara, Cuba, jul./dez. 1979.

277. Reyes Abadie, W.; Bruschera, Oscar H. & Melogno, Tabaré. *El ciclo artiguista*. Montevidéu, Universidad, 1968.

278. Reyes Abadie, W. & Romero A. Vázquez. *Crónica general del Uruguay*. Montevidéu, Banda Oriental, 1979/1981.

279. Riazanov, David. *Karl Marx and Friedrich Engels. An introduction to their lives and work.* Nova York, Monthly Review, 1973.
280. Rippy, J. Fred. *La rivalidad entre Estados Unidos y Gran Bretaña por América Latina (1808/1830).* Buenos Aires, Eudeba, 1967.
281. Roa Bastos, Augusto. *Yo el Supremo.* Buenos Aires, Siglo XXI, 1974.
282. Robertson, James Oliver. *American myth, american reality.* Nova York, Hill and Wang, 1980.
283. Robertson, J. P. & G. P. *Cartas de Sud-América.* Pról. de José Luis Busaniche. Buenos Aires, Emecé, 1950.
284. Rodrigues, Nina. *Os africanos no Brasil.* São Paulo, Nacional, 1977.
285. Rodríguez, Simón. *Sociedades americanas.* Ed. facsimilar. Pról. de Germán Carrera Damas & J. A. Cora. Caracas, Catalá/Centauro, 1975.
286. Rodríguez Demorizi, Emilio. *Martí en Santo Domingo.* Havana, Ucar García, 1953.
287. Roeder, Ralph. *Hacia el México moderno: Porfírio Díaz.* México, FCE, 1973.
288. Rojas-Mix, Miguel. *La Plaza Mayor. El urbanismo, instrumento de dominio colonial.* Barcelona, Muchnik, 1978.
289. Romero, Emilio. *Historia económica del Perú.* Lima, Universo, 1949.
290. Romero, José Luis. *Las ideas políticas en Argentina.* México/Buenos Aires, FCE, 1956.
291. Rosa, José María. *La guerra del Paraguay y las montoneras argentinas.* Buenos Aires, Huemul, 1965.
292. Rosenberg, Bruce A. *The code of the West.* Bloomington, Indiana University, 1982.
293. Rossi, Vicente. *Cosas de negros.* Buenos Aires, Hachette, 1958.

294. Rubín de la Barbolla, Daniel F. *Arte popular mexicano*. México, FCE, 1974.
295. Rumazo González, Alfonso. *Manuela Sáenz. La libertadora del Libertador*. Caracas/Madri, Mediterráneo, 1979.
296. _____ . *Sucre*. Caracas, Presidencia de la Republica, 1980.
297. _____ . *Ideario de Simón Rodríguez*. Caracas, Centauro, 1980.
298. _____ . *Simón Rodríguez*. Caracas, Centauro, 1976.
299. Rumrrill, Roger & Zutter, Pierre de. *Amazonia y capitalismo. Los condenados de la selva*. Lima, Horizonte, 1976.
300. Sabogal, José. *El desván de la imaginería peruana*. Lima, Mejía Baca y Villanueva, 1956.
301. Salazar, Sonia, recomp. Testimonio sobre el origen de la leyenda del Señor de Ccoyllorithi. In: *Sur*, Cusco, n. 52, jul. 1982.
302. Salazar Bondy, Sebastián. *Lima la horrible*. Havana, Casa de las Américas, 1967.
303. Salomon, Noel. Introducción a José Joaquín Fernández de Lizardi. In: *Casa del Tiempo*, México, v. II, n.16, dez. 1981.
304. Sánchez, Luis Alberto. *La Perricholi*. Lima, Nuevo Mundo, 1964.
305. Sanford, John. *A more goodly country. A personal history of Americ*. Nova York, Horizon Press, 1975.
306. Sanhueza, Gabriel. *Santiago Arcos, comunista, millionario y calavera*. Santiago do Chile, Pacífico, 1956.
307. Santos, Joaquim Felício dos. *Memórias do Distrito Diamantino*. Belo Horizonte, Itatiaia. 1976.
308. Santos Rivera, José, recomp. *Rubén Darío y su tiempo*. Manágua, Nueva Nicarágua, 1981.
309. Sarabia Viejo, María Justina. *El juego de gallos en Nueva España*. Sevilha. Escuela de Estudios Hispano-Americanos, 1972.

310. Sarmiento, Domingo Faustino. *Vida de Juan Facundo Quiroga.* Barcelona, Bruguera, 1970.
311. _____ . *Conflicto y armonías de las rezas en América.* Buenos Aires, La Cultura Argentina, 1915.
312. Scobie, James R. *Buenos Aires del centro a los barrios (1870/1910).* Buenos Aires, Hachette, 1977.
313. Scott, Anne Firor. Self-portraits. In: *Women's America,* de Linda Kerber & Jane Mathews. Nova York, Oxford University, 1982.
314. Scroggs, William O. *Filibusteros y financieros. La historia de William Walker y sus asociados.* Manágua, Banco de América, 1974.
315. Schinca, Milton. *Boulevard Sarandí. 250 años de Montevideo; anécdotas, gentes, sucesos.* Montevidéu, Banda Oriental, 1976.
316. Scholes, Walter V. *Politica mexicana durante el régimen de Juárez (1855/1872).* México, FCE, 1972.
317. Selser, Gregorio. *Sandino, general de hombres libres.* Buenos Aires, Triángulo, 1959.
318. Servando, fray (Servando Teresa de Mier). *Memorias,* pról. de Alfonso Reyes. Madri, América, s. d.
319. Silva, José Asunción. *Prosas y versos,* pról. de Carlos García Prada. Madri, Eisa, 1960.
320. Silva Santisteban, Fernando. *Los obrajes en el Virreinato del Perú.* Lima, Museo Nacional de Historia, 1964.
321. Simpson, Lesley Byrd. *Muchos Méxicos.* México, FCE, 1977.
322. Solano, Francisco de. *Los mayas del siglo XVIII.* Madri, Cultura Hispánica, 1974.
323. Soler, Ricaurte. Formas ideológicas de la nación panameña. In: *Tareas.* Panamá, out./nov. 1963.
324. Sosa, Juan B. & Arce, Enrique J. *Compendio de historia de Panamá.* Panamá, Editorial Universitaria, 1977.
325. Souza, Márcio. *Gálvez, Imperador do Acre.* Rio de Janeiro, Civilização Brasileira, 1981.

326. Sozina, S. A. *En el horizonte está El Dorado*. Havana, Casa de las Américas, 1982.

327. Stein, Stanley J. *Grandeza e decadência do café no vale do Paraíba*. São Paulo, Brasiliense, 1961.

328. Stern, Milton R. *The fine hammered steel of Herman Melville*. Urbana, University of Illinois, 1968.

329. Stewart, Watt. *La servidumbre china en el Perú*. Lima, Mosca Azul, 1976.

330. Syme, Ronald. *Fur trader of the north*. Nova York, Morrow, 1973.

331. Taylor, William B. *Drinking, homicide and rebellion in colonial mexican villages*. Stanford, Stanford University, 1979.

332. Teja Zabre, Alfonso. *Marelos*. Buenos Aires, Espasa-Calpe, 1946.

333. Tibol, Raquel. *Hermenegildo Bustos, pintor de pueblo*. Guanajuato. Gobierno del Estado, 1981.

334. Tocantins, Leandro. *Formação histórica do Acre*. Rio de Janeiro, Civilização Brasileira, 1979.

335. Touron, Lucía Sala de; Torre, Nelson de la & Rodríguez, Julio C. *Artigas y su revolución agraria (1811/1820)*. México, Siglo XXI, 1978.

336. Trías, Vivian. *Juan Manuel de Rosas*. Montevidéu, Banda Oriental 1970.

337. Tristán, Flora. *Les pérégrinations d'une paria*. Paris, Maspero, 1979.

338. Tulard, Jean, recomp. *L'Amérique espagnole en 1800 vue par un savant allemand: Humboldt*. Paris, Calmann-Lévy, 1965.

339. Tuñón de Lara, Manuel. *La España del siglo XIX*. Barcelona, Laia, 1973.

340. Turner III, Frederick W. *The portable north-american indian reader*. Londres, Penguin, 1977.

341. Twain, Mark. *Un yanqui en la corte del rey Arturo*. Barcelona, Bruguera, 1981.

342. Un inglés. *Cinco años en Buenos Aires (1820/1825)*. Buenos Aires, Solar/Hachette, 1962.

343. Uslar Pietri, Arturo. *La isla de Robinsón*. Barcelona, Seix Barral, 1981.

344. Valcárcel, Carlos Daniel. *La rebelión de Túpac Amaru*. México, FCE, 1973.

345. _____ . Recomp. e coment. *Colección documental de la independencia del Perú*. t. II, v. 2. Lima, Cómisión Nacional del Sesquicentenario, 1971.

346. Vallo-Arizpe, Artemio de. *Fray Servando*. Buenos Aires, Espasa-Calpe, 1951.

347. Vargas, José Santos. *Diario de un comandante de la independencia americana (1814/1825)*. México, Siglo XXI, 1982.

348. Vargas Martínez, Ubaldo. *Morelos, siervo de la nación*. México, Porrúa, 1966.

349. Velasco, Cuauhtémoc. Los trabajadores mineros en la Nueva España (1750/1810). In: *La clase obrera en la historia de México. 1. De la colonia al imperio*. México, Siglo XXI, 1980.

350. Vidart, Daniel. *Et tango y su mundo*. Montevidéu, Tauro, 1967.

351. Vieira, Antonio. *Obras várias*. Lisboa, Sá da Costa, 1951/1953.

352. Villarroel, Hipólito. *Enfermedades políticas que padece la capital de esta Nueva España*. México, Porrúa, 1979.

353. Viñas, David. *Indios, ejército y frontera*. México, Siglo XXI, 1983.

354. Vitier, Cintio. *Temas martianos*. Havana, Centro de Estudios Martianos, 1969 e 1982.

355. Von Hagen, Víctor W. *Culturas preincaicas*. Madri, Guadarrama, 1976.

356. Walker, William. *La guerra de Nicaragua*. São José da Costa Rica, Educa, 1975.

357. Westheim, Paul *et alii*. *José Guadalupe Posada*. México, Instituto Nacional de Bellas Artes, 1963.
358. Whitman, Walt. *Hojas de hierba*. Trad. de Jorge Luis Borges. Barcelona, Lumen, 1972.
359. Williams García, Roberto. *Mitos tepehuas. México, Sep/ Setentas, 1972.*
360. Wissler, Clark. *Indians of the United States*. Nova York, Doubleday, 1967.
361. Ziegler, Jean. *Les vivants et la mort*. Paris, Seuil, 1975. Trad. castelhana: *Los vivos y la muerte*. México, Siglo XXI, 1976.

Sobre o autor

Eduardo Galeano (1940-2015) nasceu em Montevidéu, no Uruguai. Viveu exilado na Argentina e na Catalunha, na Espanha, desde 1973. No início de 1985, com o fim da ditadura, voltou a Montevidéu.

Galeano comete, sem remorsos, a violação de fronteiras que separam os gêneros literários. Ao longo de uma obra na qual confluem narração e ensaio, poesia e crônica, seus livros recolhem as vozes da alma e da rua e oferecem uma síntese da realidade e sua memória.

Recebeu o prêmio José María Arguedas, outorgado pela Casa de las Américas de Cuba, a medalha mexicana do Bicentenário da Independência, o American Book Award da Universidade de Washington, os prêmios italianos Mare Nostrum, Pellegrino Artusi e Grinzane Cavour, o prêmio Dagerman da Suécia, a medalha de ouro do Círculo de Bellas Artes de Madri e o Vázquez Montalbán do Fútbol Club Barcelona. Foi eleito o primeiro Cidadão Ilustre dos países do Mercosul e foi o primeiro escritor agraciado com o prêmio Aloa, criado por editores dinamarqueses, e também o primeiro a receber o Cultural Freedom Prize, outorgado pela Lannan Foundation dos Estados Unidos. Seus livros foram traduzidos para muitas línguas.

Coleção L&PM POCKET (Lançamentos mais recentes)

703. **Striptiras (3)** – Laerte
704. **Discurso sobre a origem e os fundamentos da desigualdade entre os homens** – Rousseau
705. **Os duelistas** – Joseph Conrad
706. **Dilbert (2)** – Scott Adams
707. **Viver e escrever** (vol. 1) – Edla van Steen
708. **Viver e escrever** (vol. 2) – Edla van Steen
709. **Viver e escrever** (vol. 3) – Edla van Steen
710. **A teia da aranha** – Agatha Christie
711. **O banquete** – Platão
712. **Os belos e malditos** – F. Scott Fitzgerald
713. **Libelo contra a arte moderna** – Salvador Dalí
714. **Akropolis** – Valerio Massimo Manfredi
715. **Devoradores de mortos** – Michael Crichton
716. **Sob o sol da Toscana** – Frances Mayes
717. **Batom na cueca** – Nani
718. **Vida dura** – Claudia Tajes
719. **Carne trêmula** – Ruth Rendell
720. **Cris, a fera** – David Coimbra
721. **O anticristo** – Nietzsche
722. **Como um romance** – Daniel Pennac
723. **Emboscada no Forte Bragg** – Tom Wolfe
724. **Assédio sexual** – Michael Crichton
725. **O espírito do Zen** – Alan W. Watts
726. **Um bonde chamado desejo** – Tennessee Williams
727. **Como gostais** seguido de **Conto de inverno** – Shakespeare
728. **Tratado sobre a tolerância** – Voltaire
729. **Snoopy: Doces ou travessuras? (7)** – Charles Schulz
730. **Cardápios do Anonymus Gourmet** – J.A. Pinheiro Machado
731. **100 receitas com lata** – J.A. Pinheiro Machado
732. **Conhece o Mário?** vol.2 – Santiago
733. **Dilbert (3)** – Scott Adams
734. **História de um louco amor** seguido de **Passado amor** – Horacio Quiroga
735.(11). **Sexo: muito prazer** – Laura Meyer da Silva
736.(12). **Para entender o adolescente** – Dr. Ronald Pagnoncelli
737.(13). **Desembarcando a tristeza** – Dr. Fernando Lucchese
738. **Poirot e o mistério da arca espanhola & outras histórias** – Agatha Christie
739. **A última legião** – Valerio Massimo Manfredi
741. **Sol nascente** – Michael Crichton
742. **Duzentos ladrões** – Dalton Trevisan
743. **Os devaneios do caminhante solitário** – Rousseau
744. **Garfield, o rei da preguiça (10)** – Jim Davis
745. **Os magnatas** – Charles R. Morris
746. **Pulp** – Charles Bukowski
747. **Enquanto agonizo** – William Faulkner
748. **Aline: viciada em sexo (3)** – Adão Iturrusgarai
749. **A dama do cachorrinho** – Anton Tchékhov
750. **Tito Andrônico** – Shakespeare
751. **Antologia poética** – Anna Akhmátova
752. **O melhor de Hagar 6** – Dik e Chris Browne

753.(12). **Michelangelo** – Nadine Sautel
754. **Dilbert (4)** – Scott Adams
755. **O jardim das cerejeiras** seguido de **Tio Vânia** – Tchékhov
756. **Geração Beat** – Claudio Willer
757. **Santos Dumont** – Alcy Cheuiche
758. **Budismo** – Claude B. Levenson
759. **Cleópatra** – Christian-Georges Schwentzel
760. **Revolução Francesa** – Frédéric Bluche, Stéphane Rials e Jean Tulard
761. **A crise de 1929** – Bernard Gazier
762. **Sigmund Freud** – Edson Sousa e Paulo Endo
763. **Império Romano** – Patrick Le Roux
764. **Cruzadas** – Cécile Morrisson
765. **O mistério do Trem Azul** – Agatha Christie
768. **Senso comum** – Thomas Paine
769. **O parque dos dinossauros** – Michael Crichton
770. **Trilogia da paixão** – Goethe
773. **Snoopy: No mundo da lua! (8)** – Charles Schulz
774. **Os Quatro Grandes** – Agatha Christie
775. **Um brinde de cianureto** – Agatha Christie
776. **Súplicas atendidas** – Truman Capote
779. **A viúva imortal** – Millôr Fernandes
780. **Cabala** – Roland Goetschel
781. **Capitalismo** – Claude Jessua
782. **Mitologia grega** – Pierre Grimal
783. **Economia: 100 palavras-chave** – Jean-Paul Betbèze
784. **Marxismo** – Henri Lefebvre
785. **Punição para a inocência** – Agatha Christie
786. **A extravagância do morto** – Agatha Christie
787.(13). **Cézanne** – Bernard Fauconnier
788. **A identidade Bourne** – Robert Ludlum
789. **Da tranquilidade da alma** – Sêneca
790. **Um artista da fome** seguido de **Na colônia penal e outras histórias** – Kafka
791. **Histórias de fantasmas** – Charles Dickens
796. **O Uraguai** – Basílio da Gama
797. **A mão misteriosa** – Agatha Christie
798. **Testemunha ocular do crime** – Agatha Christie
799. **Crepúsculo dos ídolos** – Friedrich Nietzsche
802. **O grande golpe** – Dashiell Hammett
803. **Humor barra pesada** – Nani
804. **Vinho** – Jean-François Gautier
805. **Egito Antigo** – Sophie Desplancques
806.(14). **Baudelaire** – Jean-Baptiste Baronian
807. **Caminho da sabedoria, caminho da paz** – Dalai Lama e Felizitas von Schönborn
808. **Senhor e servo e outras histórias** – Tolstói
809. **Os cadernos de Malte Laurids Brigge** – Rilke
810. **Dilbert (5)** – Scott Adams
811. **Big Sur** – Jack Kerouac
812. **Seguindo a correnteza** – Agatha Christie
813. **O álibi** – Sandra Brown
814. **Montanha-russa** – Martha Medeiros
815. **Coisas da vida** – Martha Medeiros
816. **A cantada infalível** seguido de **A mulher do centroavante** – David Coimbra
819. **Snoopy: Pausa para a soneca (9)** – Charles Schulz

820. De pernas pro ar – Eduardo Galeano
821. Tragédias gregas – Pascal Thiercy
822. Existencialismo – Jacques Colette
823. Nietzsche – Jean Granier
824. Amar ou depender? – Walter Riso
825. Darmapada: A doutrina budista em versos
826. J'Accuse...! – a verdade em marcha – Zola
827. Os crimes ABC – Agatha Christie
828. Um gato entre os pombos – Agatha Christie
831. Dicionário de teatro – Luiz Paulo Vasconcellos
832. Cartas extraviadas – Martha Medeiros
833. A longa viagem de prazer – J. J. Morosoli
834. Receitas fáceis – J. A. Pinheiro Machado
835.(14). Mais fatos & mitos – Dr. Fernando Lucchese
836.(15). Boa viagem! – Dr. Fernando Lucchese
837. Aline: Finalmente nua!!! (4) – Adão Iturrusgarai
838. Mônica tem uma novidade! – Mauricio de Sousa
839. Cebolinha em apuros! – Mauricio de Sousa
840. Sócios no crime – Agatha Christie
841. Bocas do tempo – Eduardo Galeano
842. Orgulho e preconceito – Jane Austen
843. Impressionismo – Dominique Lobstein
844. Escrita chinesa – Viviane Alleton
845. Paris: uma história – Yvan Combeau
846.(15). Van Gogh – David Haziot
848. Portal do destino – Agatha Christie
849. O futuro de uma ilusão – Freud
850. O mal-estar na cultura – Freud
853. Um crime adormecido – Agatha Christie
854. Satori em Paris – Jack Kerouac
855. Medo e delírio em Las Vegas – Hunter Thompson
856. Um negócio fracassado e outros contos de humor – Tchékhov
857. Mônica está de férias! – Mauricio de Sousa
858. De quem é esse coelho? – Mauricio de Sousa
860. O mistério Sittaford – Agatha Christie
861. Manhã transfigurada – L. A. de Assis Brasil
862. Alexandre, o Grande – Pierre Briant
863. Jesus – Charles Perrot
864. Islã – Paul Balta
865. Guerra da Secessão – Farid Ameur
866. Um rio que vem da Grécia – Cláudio Moreno
868. Assassinato na casa do pastor – Agatha Christie
869. Manual do líder – Napoleão Bonaparte
870.(16). Billie Holiday – Sylvia Fol
871. Bidu arrasando! – Mauricio de Sousa
872. Os Sousa: Desventuras em família – Mauricio de Sousa
874. E no final a morte – Agatha Christie
875. Guia prático do Português correto – vol. 4 – Cláudio Moreno
876. Dilbert (6) – Scott Adams
877.(17). Leonardo da Vinci – Sophie Chauveau
878. Bella Toscana – Frances Mayes
879. A arte da ficção – David Lodge
880. Striptiras (4) – Laerte
881. Skrotinhos – Angeli
882. Depois do funeral – Agatha Christie
883. Radicci 7 – Iotti
884. Walden – H. D. Thoreau
885. Lincoln – Allen C. Guelzo
886. Primeira Guerra Mundial – Michael Howard
887. A linha de sombra – Joseph Conrad
888. O amor é um cão dos diabos – Bukowski
890. Despertar: uma vida de Buda – Jack Kerouac
891.(18). Albert Einstein – Laurent Seksik
892. Hell's Angels – Hunter Thompson
893. Ausência na primavera – Agatha Christie
894. Dilbert (7) – Scott Adams
895. Ao sul de lugar nenhum – Bukowski
896. Maquiavel – Quentin Skinner
897. Sócrates – C.C.W. Taylor
899. O Natal de Poirot – Agatha Christie
900. As veias abertas da América Latina – Eduardo Galeano
901. Snoopy: Sempre alerta! (10) – Charles Schulz
902. Chico Bento: Plantando confusão – Mauricio de Sousa
903. Penadinho: Quem é morto sempre aparece – Mauricio de Sousa
904. A vida sexual da mulher feia – Claudia Tajes
905. 100 segredos de liquidificador – José Antonio Pinheiro Machado
906. Sexo muito prazer 2 – Laura Meyer da Silva
907. Os nascimentos – Eduardo Galeano
908. As caras e as máscaras – Eduardo Galeano
909. O século do vento – Eduardo Galeano
910. Poirot perde uma cliente – Agatha Christie
911. Cérebro – Michael O'Shea
912. O escaravelho de ouro e outras histórias – Edgar Allan Poe
913. Piadas para sempre (4) – Visconde da Casa Verde
914. 100 receitas de massas light – Helena Tonetto
915.(19). Oscar Wilde – Daniel Salvatore Schiffer
916. Uma breve história do mundo – H. G. Wells
917. A Casa do Penhasco – Agatha Christie
919. John M. Keynes – Bernard Gazier
920.(20). Virginia Woolf – Alexandra Lemasson
921. Peter e Wendy seguido de Peter Pan em Kensington Gardens – J. M. Barrie
922. Aline: numas de colegial (5) – Adão Iturrusgarai
923. Uma dose mortal – Agatha Christie
924. Os trabalhos de Hércules – Agatha Christie
926. Kant – Roger Scruton
927. A inocência do Padre Brown – G.K. Chesterton
928. Casa Velha – Machado de Assis
929. Marcas de nascença – Nancy Huston
930. Aulete de bolso
931. Hora Zero – Agatha Christie
932. Morte na Mesopotâmia – Agatha Christie
934. Nem te conto, João – Dalton Trevisan
935. As aventuras de Huckleberry Finn – Mark Twain
936.(21). Marilyn Monroe – Anne Plantagenet
937. China moderna – Rana Mitter
938. Dinossauros – David Norman
939. Louca por homem – Claudia Tajes
940. Amores de alto risco – Walter Riso
941. Jogo de damas – David Coimbra
942. Filha é filha – Agatha Christie
943. M ou N? – Agatha Christie

945. **Bidu: diversão em dobro!** – Mauricio de Sousa
946. **Fogo** – Anaïs Nin
947. **Rum: diário de um jornalista bêbado** – Hunter Thompson
948. **Persuasão** – Jane Austen
949. **Lágrimas na chuva** – Sergio Faraco
950. **Mulheres** – Bukowski
951. **Um pressentimento funesto** – Agatha Christie
952. **Cartas na mesa** – Agatha Christie
954. **O lobo do mar** – Jack London
955. **Os gatos** – Patricia Highsmith
956(22). **Jesus** – Christiane Rancé
957. **História da medicina** – William Bynum
958. **O Morro dos Ventos Uivantes** – Emily Brontë
959. **A filosofia na era trágica dos gregos** – Nietzsche
960. **Os treze problemas** – Agatha Christie
961. **A massagista japonesa** – Moacyr Scliar
963. **Humor do miserê** – Nani
964. **Todo o mundo tem dúvida, inclusive você** – Édison de Oliveira
965. **A dama do Bar Nevada** – Sergio Faraco
969. **O psicopata americano** – Bret Easton Ellis
970. **Ensaios de amor** – Alain de Botton
971. **O grande Gatsby** – F. Scott Fitzgerald
972. **Por que não sou cristão** – Bertrand Russell
973. **A Casa Torta** – Agatha Christie
974. **Encontro com a morte** – Agatha Christie
975(23). **Rimbaud** – Jean-Baptiste Baronian
976. **Cartas na rua** – Bukowski
977. **Memória** – Jonathan K. Foster
978. **A abadia de Northanger** – Jane Austen
979. **As pernas de Úrsula** – Claudia Tajes
980. **Retrato inacabado** – Agatha Christie
981. **Solanin (1)** – Inio Asano
982. **Solanin (2)** – Inio Asano
983. **Aventuras de menino** – Mitsuru Adachi
984(16). **Fatos & mitos sobre sua alimentação** – Dr. Fernando Lucchese
985. **Teoria quântica** – John Polkinghorne
986. **O eterno marido** – Fiódor Dostoiévski
987. **Um safado em Dublin** – J. P. Donleavy
988. **Mirinha** – Dalton Trevisan
989. **Akhenaton e Nefertiti** – Carmen Seganfredo e A. S. Franchini
990. **On the Road – o manuscrito original** – Jack Kerouac
991. **Relatividade** – Russell Stannard
992. **Abaixo de zero** – Bret Easton Ellis
993(24). **Andy Warhol** – Mériam Korichi
995. **Os últimos casos de Miss Marple** – Agatha Christie
996. **Nico Demo: Aí vem encrenca** – Mauricio de Sousa
998. **Rousseau** – Robert Wokler
999. **Noite sem fim** – Agatha Christie
1000. **Diários de Andy Warhol (1)** – Editado por Pat Hackett
1001. **Diários de Andy Warhol (2)** – Editado por Pat Hackett
1002. **Cartier-Bresson: o olhar do século** – Pierre Assouline
1003. **As melhores histórias da mitologia: vol. 1** – A.S. Franchini e Carmen Seganfredo
1004. **As melhores histórias da mitologia: vol. 2** – A.S. Franchini e Carmen Seganfredo
1005. **Assassinato no beco** – Agatha Christie
1006. **Convite para um homicídio** – Agatha Christie
1008. **História da vida** – Michael J. Benton
1009. **Jung** – Anthony Stevens
1010. **Arsène Lupin, ladrão de casaca** – Maurice Leblanc
1011. **Dublinenses** – James Joyce
1012. **120 tirinhas da Turma da Mônica** – Mauricio de Sousa
1013. **Antologia poética** – Fernando Pessoa
1014. **A aventura de um cliente ilustre** *seguido de* **O último adeus de Sherlock Holmes** – Sir Arthur Conan Doyle
1015. **Cenas de Nova York** – Jack Kerouac
1016. **A corista** – Anton Tchékhov
1017. **O diabo** – Leon Tolstói
1018. **Fábulas chinesas** – Sérgio Capparelli e Márcia Schmaltz
1019. **O gato do Brasil** – Sir Arthur Conan Doyle
1020. **Missa do Galo** – Machado de Assis
1021. **O mistério de Marie Rogêt** – Edgar Allan Poe
1022. **A mulher mais linda da cidade** – Bukowski
1023. **O retrato** – Nicolai Gogol
1024. **O conflito** – Agatha Christie
1025. **Os primeiros casos de Poirot** – Agatha Christie
1027(25). **Beethoven** – Bernard Fauconnier
1028. **Platão** – Julia Annas
1029. **Cleo e Daniel** – Roberto Freire
1030. **Til** – José de Alencar
1031. **Viagens na minha terra** – Almeida Garrett
1032. **Profissões para mulheres e outros artigos feministas** – Virginia Woolf
1033. **Mrs. Dalloway** – Virginia Woolf
1034. **O cão da morte** – Agatha Christie
1035. **Tragédia em três atos** – Agatha Christie
1037. **O fantasma da Ópera** – Gaston Leroux
1038. **Evolução** – Brian e Deborah Charlesworth
1039. **Medida por medida** – Shakespeare
1040. **Razão e sentimento** – Jane Austen
1041. **A obra-prima ignorada** *seguido de* **Um episódio durante o Terror** – Balzac
1042. **A fugitiva** – Anaïs Nin
1043. **As grandes histórias da mitologia greco-romana** – A. S. Franchini
1044. **O corno de si mesmo & outras historietas** – Marquês de Sade
1045. **Da felicidade** *seguido de* **Da vida retirada** – Sêneca
1046. **O horror em Red Hook e outras histórias** – H. P. Lovecraft
1047. **Noite em claro** – Martha Medeiros
1048. **Poemas clássicos chineses** – Li Bai, Du Fu e Wang Wei
1049. **A terceira moça** – Agatha Christie
1050. **Um destino ignorado** – Agatha Christie
1051(26). **Buda** – Sophie Royer
1052. **Guerra Fria** – Robert J. McMahon
1053. **Simons's Cat: as aventuras de um gato travesso e comilão – vol. 1** – Simon Tofield

1054. Simons's Cat: as aventuras de um gato travesso e comilão – vol. 2 – Simon Tofield
1055. Só as mulheres e as baratas sobreviverão – Claudia Tajes
1057. Pré-história – Chris Gosden
1058. Pintou sujeira! – Mauricio de Sousa
1059. Contos de Mamãe Gansa – Charles Perrault
1060. A interpretação dos sonhos: vol. 1 – Freud
1061. A interpretação dos sonhos: vol. 2 – Freud
1062. Frufru Rataplã Dolores – Dalton Trevisan
1063. As melhores histórias da mitologia egípcia – Carmem Seganfredo e A.S. Franchini
1064. Infância. Adolescência. Juventude – Tolstói
1065. As consolações da filosofia – Alain de Botton
1066. Diários de Jack Kerouac – 1947-1954
1067. Revolução Francesa – vol. 1 – Max Gallo
1068. Revolução Francesa – vol. 2 – Max Gallo
1069. O detetive Parker Pyne – Agatha Christie
1070. Memórias do esquecimento – Flávio Tavares
1071. Drogas – Leslie Iversen
1072. Manual de ecologia (vol.2) – J. Lutzenberger
1073. Como andar no labirinto – Affonso Romano de Sant'Anna
1074. A orquídea e o serial killer – Juremir Machado da Silva
1075. Amor nos tempos de fúria – Lawrence Ferlinghetti
1076. A aventura do pudim de Natal – Agatha Christie
1078. Amores que matam – Patricia Faur
1079. Histórias de pescador – Mauricio de Sousa
1080. Pedaços de um caderno manchado de vinho – Bukowski
1081. A ferro e fogo: tempo de solidão (vol.1) – Josué Guimarães
1082. A ferro e fogo: tempo de guerra (vol.2) – Josué Guimarães
1084(17). Desembarcando o Alzheimer – Dr. Fernando Lucchese e Dra. Ana Hartmann
1085. A maldição do espelho – Agatha Christie
1086. Uma breve história da filosofia – Nigel Warburton
1088. Heróis da História – Will Durant
1089. Concerto campestre – L. A. de Assis Brasil
1090. Morte nas nuvens – Agatha Christie
1092. Aventura em Bagdá – Agatha Christie
1093. O cavalo amarelo – Agatha Christie
1094. O método de interpretação dos sonhos – Freud
1095. Sonetos de amor e desamor – Vários
1096. 120 tirinhas do Dilbert – Scott Adams
1097. 200 fábulas de Esopo
1098. O curioso caso de Benjamin Button – F. Scott Fitzgerald
1099. Piadas para sempre: uma antologia para morrer de rir – Visconde da Casa Verde
1100. Hamlet (Mangá) – Shakespeare
1101. A arte da guerra (Mangá) – Sun Tzu
1104. As melhores histórias da Bíblia (vol.1) – A. S. Franchini e Carmen Seganfredo
1105. As melhores histórias da Bíblia (vol.2) – A. S. Franchini e Carmen Seganfredo
1106. Psicologia das massas e análise do eu – Freud
1107. Guerra Civil Espanhola – Helen Graham
1108. A autoestrada do sul e outras histórias – Julio Cortázar
1109. O mistério dos sete relógios – Agatha Christie
1110. Peanuts: Ninguém gosta de mim... (amor) – Charles Schulz
1111. Cadê o bolo? – Mauricio de Sousa
1112. O filósofo ignorante – Voltaire
1113. Totem e tabu – Freud
1114. Filosofia pré-socrática – Catherine Osborne
1115. Desejo de status – Alain de Botton
1118. Passageiro para Frankfurt – Agatha Christie
1120. Kill All Enemies – Melvin Burgess
1121. A morte da sra. McGinty – Agatha Christie
1122. Revolução Russa – S. A. Smith
1123. Até você, Capitu? – Dalton Trevisan
1124. O grande Gatsby (Mangá) – F. S. Fitzgerald
1125. Assim falou Zaratustra (Mangá) – Nietzsche
1126. Peanuts: É para isso que servem os amigos (amizade) – Charles Schulz
1127(27). Nietzsche – Dorian Astor
1128. Bidu: Hora do banho – Mauricio de Sousa
1129. O melhor do Macanudo Taurino – Santiago
1130. Radicci 30 anos – Iotti
1131. Show de sabores – J.A. Pinheiro Machado
1132. O prazer das palavras – vol. 3 – Cláudio Moreno
1133. Morte na praia – Agatha Christie
1134. O fardo – Agatha Christie
1135. Manifesto do Partido Comunista (Mangá) – Marx & Engels
1136. A metamorfose (Mangá) – Franz Kafka
1137. Por que você não se casou... ainda – Tracy McMillan
1138. Textos autobiográficos – Bukowski
1139. A importância de ser prudente – Oscar Wilde
1140. Sobre a vontade na natureza – Arthur Schopenhauer
1141. Dilbert (8) – Scott Adams
1142. Entre dois amores – Agatha Christie
1143. Cipreste triste – Agatha Christie
1144. Alguém viu uma assombração? – Mauricio de Sousa
1145. Mandela – Elleke Boehmer
1146. Retrato do artista quando jovem – James Joyce
1147. Zadig ou o destino – Voltaire
1148. O contrato social (Mangá) – J.-J. Rousseau
1149. Garfield fenomenal – Jim Davis
1150. A queda da América – Allen Ginsberg
1151. Música na noite & outros ensaios – Aldous Huxley
1152. Poesias inéditas & Poemas dramáticos – Fernando Pessoa
1153. Peanuts: Felicidade é... – Charles M. Schulz
1154. Mate-me por favor – Legs McNeil e Gillian McCain
1155. Assassinato no Expresso Oriente – Agatha Christie
1156. Um punhado de centeio – Agatha Christie
1157. A interpretação dos sonhos (Mangá) – Freud

1158. **Peanuts: Você não entende o sentido da vida** – Charles M. Schulz
1159. **A dinastia Rothschild** – Herbert R. Lottman
1160. **A Mansão Hollow** – Agatha Christie
1161. **Nas montanhas da loucura** – H.P. Lovecraft
1162. (28). **Napoleão Bonaparte** – Pascale Fautrier
1163. **Um corpo na biblioteca** – Agatha Christie
1164. **Inovação** – Mark Dodgson e David Gann
1165. **O que toda mulher deve saber sobre os homens: a afetividade masculina** – Walter Riso
1166. **O amor está no ar** – Mauricio de Sousa
1167. **Testemunha de acusação & outras histórias** – Agatha Christie
1168. **Etiqueta de bolso** – Celia Ribeiro
1169. **Poesia reunida (volume 3)** – Affonso Romano de Sant'Anna
1170. **Emma** – Jane Austen
1171. **Que seja em segredo** – Ana Miranda
1172. **Garfield sem apetite** – Jim Davis
1173. **Garfield: Foi mal...** – Jim Davis
1174. **Os irmãos Karamázov (Mangá)** – Dostoiévski
1175. **O Pequeno Príncipe** – Antoine de Saint-Exupéry
1176. **Peanuts: Ninguém mais tem o espírito aventureiro** – Charles M. Schulz
1177. **Assim falou Zaratustra** – Nietzsche
1178. **Morte no Nilo** – Agatha Christie
1179. **Ê, soneca boa** – Mauricio de Sousa
1180. **Garfield a todo o vapor** – Jim Davis
1181. **Em busca do tempo perdido (Mangá)** – Proust
1182. **Cai o pano: o último caso de Poirot** – Agatha Christie
1183. **Livro para colorir e relaxar** – Livro 1
1184. **Para colorir sem parar**
1185. **Os elefantes não esquecem** – Agatha Christie
1186. **Teoria da relatividade** – Albert Einstein
1187. **Compêndio da psicanálise** – Freud
1188. **Visões de Gerard** – Jack Kerouac
1189. **Fim de verão** – Mohiro Kitoh
1190. **Procurando diversão** – Mauricio de Sousa
1191. **E não sobrou nenhum e outras peças** – Agatha Christie
1192. **Ansiedade** – Daniel Freeman & Jason Freeman
1193. **Garfield: pausa para o almoço** – Jim Davis
1194. **Contos do dia e da noite** – Guy de Maupassant
1195. **O melhor de Hagar 7** – Dik Browne
1196. (29). **Lou Andreas-Salomé** – Dorian Astor
1197. (30). **Pasolini** – René de Ceccatty
1198. **O caso do Hotel Bertram** – Agatha Christie
1199. **Crônicas de motel** – Sam Shepard
1200. **Pequena filosofia da paz interior** – Catherine Rambert
1201. **Os sertões** – Euclides da Cunha
1202. **Treze à mesa** – Agatha Christie
1203. **Bíblia** – John Riches
1204. **Anjos** – David Albert Jones
1205. **As tirinhas do Guri de Uruguaiana 1** – Jair Kobe
1206. **Entre aspas (vol.1)** – Fernando Eichenberg
1207. **Escrita** – Andrew Robinson
1208. **O spleen de Paris: pequenos poemas em prosa** – Charles Baudelaire
1209. **Satíricon** – Petrônio
1210. **O avarento** – Molière
1211. **Queimando na água, afogando-se na chama** – Bukowski
1212. **Miscelânea septuagenária: contos e poemas** – Bukowski
1213. **Que filosofar é aprender a morrer e outros ensaios** – Montaigne
1214. **Da amizade e outros ensaios** – Montaigne
1215. **O medo à espreita e outras histórias** – H.P. Lovecraft
1216. **A obra de arte na era de sua reprodutibilidade técnica** – Walter Benjamin
1217. **Sobre a liberdade** – John Stuart Mill
1218. **O segredo de Chimneys** – Agatha Christie
1219. **Morte na rua Hickory** – Agatha Christie
1220. **Ulisses (Mangá)** – James Joyce
1221. **Ateísmo** – Julian Baggini
1222. **Os melhores contos de Katherine Mansfield** – Katherine Mansfied
1223. (31). **Martin Luther King** – Alain Foix
1224. **Millôr Definitivo: uma antologia de** *A Bíblia do Caos* – Millôr Fernandes
1225. **O Clube das Terças-Feiras e outras histórias** – Agatha Christie
1226. **Por que sou tão sábio** – Nietzsche
1227. **Sobre a mentira** – Platão
1228. **Sobre a leitura** *seguido do* **Depoimento de Céleste Albaret** – Proust
1229. **O homem do terno marrom** – Agatha Christie
1230. (32). **Jimi Hendrix** – Franck Médioni
1231. **Amor e amizade e outras histórias** – Jane Austen
1232. **Lady Susan, Os Watson e Sanditon** – Jane Austen
1233. **Uma breve história da ciência** – William Bynum
1234. **Macunaíma: o herói sem nenhum caráter** – Mário de Andrade
1235. **A máquina do tempo** – H.G. Wells
1236. **O homem invisível** – H.G. Wells
1237. **Os 36 estratagemas: manual secreto da arte da guerra** – Anônimo
1238. **A mina de ouro e outras histórias** – Agatha Christie
1239. **Pic** – Jack Kerouac
1240. **O habitante da escuridão e outros contos** – H.P. Lovecraft
1241. **O chamado de Cthulhu e outros contos** – H.P. Lovecraft
1242. **O melhor de Meu reino por um cavalo!** – Edição de Ivan Pinheiro Machado
1243. **A guerra dos mundos** – H.G. Wells
1244. **O caso da criada perfeita e outras histórias** – Agatha Christie
1245. **Morte por afogamento e outras histórias** – Agatha Christie
1246. **Assassinato no Comitê Central** – Manuel Vázquez Montalbán
1247. **O papai é pop** – Marcos Piangers

1248. **O papai é pop 2** – Marcos Piangers
1249. **A mamãe é rock** – Ana Cardoso
1250. **Paris boêmia** – Dan Franck
1251. **Paris libertária** – Dan Franck
1252. **Paris ocupada** – Dan Franck
1253. **Uma anedota infame** – Dostoiévski
1254. **O último dia de um condenado** – Victor Hugo
1255. **Nem só de caviar vive o homem** – J.M. Simmel
1256. **Amanhã é outro dia** – J.M. Simmel
1257. **Mulherzinhas** – Louisa May Alcott
1258. **Reforma Protestante** – Peter Marshall
1259. **História econômica global** – Robert C. Allen
1260(33). **Che Guevara** – Alain Foix
1261. **Câncer** – Nicholas James
1262. **Akhenaton** – Agatha Christie
1263. **Aforismos para a sabedoria de vida** – Arthur Schopenhauer
1264. **Uma história do mundo** – David Coimbra
1265. **Ame e não sofra** – Walter Riso
1266. **Desapegue-se!** – Walter Riso
1267. **Os Sousa: Uma família do barulho** – Mauricio de Sousa
1268. **Nico Demo: O rei da travessura** – Mauricio de Sousa
1269. **Testemunha de acusação e outras peças** – Agatha Christie
1270(34). **Dostoiévski** – Virgil Tanase
1271. **O melhor de Hagar 8** – Dik Browne
1272. **O melhor de Hagar 9** – Dik Browne
1273. **O melhor de Hagar 10** – Dik e Chris Browne
1274. **Considerações sobre o governo representativo** – John Stuart Mill
1275. **O homem Moisés e a religião monoteísta** – Freud
1276. **Inibição, sintoma e medo** – Freud
1277. **Além do princípio de prazer** – Freud
1278. **O direito de dizer não!** – Walter Riso
1279. **A arte de ser flexível** – Walter Riso
1280. **Casados e descasados** – August Strindberg
1281. **Da Terra à Lua** – Júlio Verne
1282. **Minhas galerias e meus pintores** – Kahnweiler
1283. **A arte do romance** – Virginia Woolf
1284. **Teatro completo v. 1: As aves da noite** seguido de **O visitante** – Hilda Hilst
1285. **Teatro completo v. 2: O verdugo** seguido de **A morte do patriarca** – Hilda Hilst
1286. **Teatro completo v. 3: O rato no muro** seguido de **Auto da barca de Camiri** – Hilda Hilst
1287. **Teatro completo v. 4: A empresa** seguido de **O novo sistema** – Hilda Hilst
1289. **Fora de mim** – Martha Medeiros
1290. **Divã** – Martha Medeiros
1291. **Sobre a genealogia da moral: um escrito polêmico** – Nietzsche
1292. **A consciência de Zeno** – Italo Svevo
1293. **Células-tronco** – Jonathan Slack
1294. **O fim do ciúme e outros contos** – Proust
1295. **A jangada** – Júlio Verne
1296. **A ilha do dr. Moreau** – H.G. Wells
1297. **Ninho de fidalgos** – Ivan Turguêniev
1298. **Jane Eyre** – Charlotte Brontë
1299. **Sobre gatos** – Bukowski
1300. **Sobre o amor** – Bukowski
1301. **Escrever para não enlouquecer** – Bukowski
1302. **222 receitas** – J. A. Pinheiro Machado
1303. **Reinações de Narizinho** – Monteiro Lobato
1304. **O Saci** – Monteiro Lobato
1305. **Memórias da Emília** – Monteiro Lobato
1306. **O Picapau Amarelo** – Monteiro Lobato
1307. **A reforma da Natureza** – Monteiro Lobato
1308. **Fábulas** seguido de **Histórias diversas** – Monteiro Lobato
1309. **Aventuras de Hans Staden** – Monteiro Lobato
1310. **Peter Pan** – Monteiro Lobato
1311. **Dom Quixote das crianças** – Monteiro Lobato
1312. **O Minotauro** – Monteiro Lobato
1313. **Um quarto só seu** – Virginia Woolf
1314. **Sonetos** – Shakespeare
1315(35). **Thoreau** – Marie Berthoumieu e Laura El Makki
1316. **Teoria da arte** – Cynthia Freeland
1317. **A arte da prudência** – Baltasar Gracián
1318. **O louco** seguido de **Areia e espuma** – Khalil Gibran
1319. **O profeta** seguido de **O jardim do profeta** – Khalil Gibran
1320. **Jesus, o Filho do Homem** – Khalil Gibran
1321. **A luta** – Norman Mailer
1322. **Sobre o sofrimento do mundo e outros ensaios** – Schopenhauer
1323. **Epidemiologia** – Rodolfo Saracci
1324. **Japão moderno** – Christopher Goto-Jones
1325. **A arte da meditação** – Matthieu Ricard
1326. **O adversário secreto** – Agatha Christie
1327. **Pollyanna** – Eleanor H. Porter
1328. **Espelhos** – Eduardo Galeano
1329. **A Vênus das peles** – Sacher-Masoch
1330. **O 18 de brumário de Luís Bonaparte** – Karl Marx
1331. **Um jogo para os vivos** – Patricia Highsmith
1332. **A tristeza pode esperar** – J.J. Camargo
1333. **Vinte poemas de amor e uma canção desesperada** – Pablo Neruda
1334. **Judaísmo** – Norman Solomon
1335. **Esquizofrenia** – Christopher Frith & Eve Johnstone
1336. **Seis personagens em busca de um autor** – Luigi Pirandello
1337. **A Fazenda dos Animais** – George Orwell
1338. **1984** – George Orwell
1339. **Ubu Rei** – Alfred Jarry
1340. **Sobre bêbados e bebidas** – Bukowski
1341. **Tempestade para os vivos e para os mortos** – Bukowski
1342. **Complicado** – Natsume Ono
1343. **Sobre o livre-arbítrio** – Schopenhauer
1344. **Uma breve história da literatura** – John Sutherland
1345. **Você fica tão sozinho às vezes que até faz sentido** – Bukowski

lepmeditores
www.lpm.com.br
o site que conta tudo

IMPRESSÃO:

PALLOTTI
GRÁFICA

Santa Maria - RS | Fone: (55) 3220.4500
www.graficapallotti.com.br